신앙고백을 어떻게 이해할 것인가?

- 네덜란드 신앙고백 해설 -

신앙고백을 어떻게 이해할 것인가?
- 네덜란드 신앙고백 해설 -

초판 1쇄 인쇄 2025년 06월 04일
초판 1쇄 발행 2025년 06월 11일

지은이 황대우
펴낸이 허태영
펴낸곳 에스에프씨(SFC)출판사
등록 서초구 제 2024-000047호
주소 (06593) 서울특별시 서초구 고무래로 10-5 2층 SFC출판부
Tel (02)596-8493
Fax 02)537-9389
홈페이지 www.sfcbooks.com
이메일 sfcbooks@sfcbooks.com
디자인 이웅석
ISBN 979-11-992988-1-1 [04230]
　　　　979-11-992988-0-4 [세트]

※ 신저작권법에 의하여 한국 내에서 보호받는 저작물이므로 무단 전재와 무단 복제를 금합니다.
※ 책 값은 뒷표지에 있습니다.
※ 잘못된 책은 구입처에서 교환하여 드립니다.

네덜란드 신앙고백 시리즈 **1**

신앙고백을 어떻게 이해할 것인가?

네덜란드 신앙고백 해설

원문번역

황대우 지음

SFC

서문 ••••• 6
시리즈 서문 - 네덜란드 신앙고백의 특징 ••••• 9

1. 하나님은 어떤 분이신가 ••••• 21
2. 어떻게 하나님을 알 수 있는가 ••••• 29
3. 성경이 하나님의 말씀이라는 의미는 무엇인가 ••••• 39
4. 왜 성경의 정경은 구약과 신약뿐인가 ••••• 47
5. 성경과 믿음의 관계는 무엇인가 ••••• 57
6. 외경은 무엇이며, 왜 성경, 즉 정경과 구별되어야 하는가 ••••• 65
7. 성경이 가장 완전하고 완벽한 책이라는 의미는 무엇인가 ••••• 73
8. 우리가 믿는 삼위일체 하나님, 즉 성부, 성자, 성령은 어떤 분이신가 ••••• 83
9. 초대교회의 대표적인 삼위일체 이단 사상가들은 누구인가 ••••• 93
10. 사람이 어떻게 하나님일 수 있는가 ••••• 105
11. 성령 하나님은 어떤 분이신가 ••••• 115
12. 성경이 말하는 천사는 누구이며 악의 기원은 무엇인가 ••••• 125
13. 세상만사는 우연인가, 운명인가, 아니면 섭리인가 ••••• 135
14. 인간의 타락 원인과 결과는 무엇인가 ••••• 145
15. 원죄 교리는 성경의 가르침인가 ••••• 157
16. 선택과 유기의 하나님은 사랑의 하나님이신가 ••••• 165

17. 타락한 아담은 하나님으로부터 어떤 약속의 위로를 받았는가 ···· 173
18. 전능하신 하나님께서 왜 연약한 인간으로 오셨는가 ···· 183
19. 무엇 때문에 그리스도는 하나님이시면서 동시에 인간이신가 ···· 193
20. 하나님의 가장 완벽한 사랑은 무엇인가 ···· 203
21. 어떻게 예수 그리스도는 대제사장이시면서 동시에 속죄제물이신가 ···· 211
22. 예수 그리스도만으로 만족할 수 있는가 ···· 221
23. 하나님 앞에서 의롭게 된 자의 복 ···· 231
24. 믿음이라는 나무와 선행이라는 열매 ···· 241
25. 그림자인 율법과 실체이신 그리스도 ···· 253
26. 중보자이신 그리스도 ···· 263
27. 교회란 무엇인가 ···· 275
28. "성도의 교제"란 무슨 뜻인가 ···· 285
29. 참 교회의 표지란 무엇인가 ···· 293
30. 교회의 영적 질서란 무엇인가 ···· 305
31. 교회 직분의 특징은 무엇인가 ···· 313
32. 교회법은 무엇이며 왜 필요한가 ···· 321
33. 성례란 무엇인가 ···· 331
34. 세례의 성례란 무엇인가 ···· 341
35. 성만찬의 성례란 무엇인가 ···· 351
36. 그리스도인에게 국가와 정부의 권력은 무엇인가 ···· 363
37. 그리스도의 재림과 최후의 심판이란 무엇인가 ···· 373

저자 서문

오늘날 우리에게는 신뢰할 만한 신앙고백이 여럿 있습니다. 우리의 선조들은 훌륭한 신앙고백을 우리에게 유산으로 남겨 주었습니다. 이러한 신앙고백은 성경에 출중한 학자들과 신자들이 오랫동안 치열한 연구와 토론을 거쳐 만들어 낸 것입니다. 신앙고백은 성경으로부터 교훈을 끄집어내어서 정리한 것입니다. 우리는 성경을 절대적인 권위를 가진 하나님의 말씀으로 받아들이지만, 교회가 공적으로 인정한 신앙고백을 통해서 성경을 통전적으로 이해할 수 있습니다. 따라서 신앙고백을 공부하는 것은 매우 유익합니다.

이 책은 교회 역사적으로 가장 탁월한 신앙고백 가운데 하나인 '네덜란드 신앙고백'을 잘 이해하는 데 도움을 줄 것입니다. 이 신앙고백은 배경인 16세기 종교개혁의 정신, 특히 개혁교회의 선구자들이 가르친 개혁 사상의 진수가 무엇인지 탁월하게 요약하고 있습니다. 네덜란드 신앙고백은 단순히 고백으로만 그치지 않습니다. 왜냐하면 그것은 칭의(iustificatio)뿐만 아니라 성화(sanctificatio)를 가르치기 때문입니다.

개혁교회의 선구적인 종교개혁가들은 칭의와 성화를 동전처럼 앞면과 뒷면으로 구분되지만 서로 불가분리의 양면이라는 사실을 강조합니다. 하나 없이는 다른 하나도 참일 수 없습니다. 다만 앞면과 뒷면, 즉 먼저 오는 것과 뒤에 따르는 것의 차이는 존재합니다.

따라서 네덜란드 신앙고백은 "사랑으로써 역사하는 믿음"(갈 5:6)의 고백서입니다. 이 성경 구절은 로마 가톨릭 교회가 공로 사상의 근거로 왜곡했고, 요한 웨슬리도 참 신자와 명목상의 신자를 구분하는 근거로 오용했습니다. 로마 가톨릭 교회나 요한 웨슬리 모두 사랑이 동전의 앞면이고 믿음이 동전의 뒷면, 즉 믿음이 사랑의 결과라고 오해한 것입니다. 하지만 종교개혁가들, 특히 개혁교회의 선구적 종교개혁자들은 이 구동성으로 믿음이 앞면이고 사랑이 뒷면, 즉 사랑이란 믿음의 결과라고 생각했습니다. 그러므로 개혁신학의 진수 가운데 하나는 '믿음'에 의한 '칭의'와 '사랑'에 의한 '성화'를 불가분리의 관계로 가르치는 것입니다. 다만 믿음이 첫 번째 자리에 와야 한다는 사실이 중요합니다. 이러한 성경적 진리를 잘 담아낸 것이 네덜란드 신앙고백입니다.

순수한 복음에 다른 요소를 조금만 첨가해도 이단이 탄생하는 것처럼 성경 교리의 순서만 살짝 바꾸어도 구원의 진리는 심각하게 왜곡됩니다. 네덜란드 신앙고백은 성경이 가르치는 복음의 주요 진리를 어떤 요소의 가감이나 어떤 순서의 변경 없이 제시합니다. 구원 계시의 구약과 신약 성경은 하나님의 영광과 인간의 구원이라는 신비를 가장 명확하게 알려주는 유일무이한 복음의 책입니다. 이 복음의 진수가 무엇인지 짧고 굵게 알고 싶은 분들에게 네덜란드 신앙고백은 최고의 안내자가 될 것입니다. 네덜란드 신앙고백은 구원에 필요한 모든 비타민을 가진 최고의 음식입니다. 그것의 해설서인 본서를 통해 독자 분들이 개혁교회의 신앙적 정체성 즉 개혁신학의 진수를 맛보신다면 이 해설서의 목적은 이미 이루어진 것입니다.

본서와 황원하 목사님의 실천편, 그리고 한동은 목사님의 설교편은 네덜란드 신앙고백의 삼중주입니다. 아름다운 하모니의 삼중주를 듣는 것은 지혜로운 독자의 짜릿하고 즐거운 선택일 것입니다.

2025년 4월
황대우

네덜란드 신앙고백의 특징

네덜란드 신앙고백(Nederlandse Geloofsbelijdenis)은 '낮은 땅'을 의미하는 '네덜란드' 최남단 벨기에 출신인 귀도 드 브레(Guido de Brès, 1522-1567)가 1561년에 작성한 것으로 알려져 있다.[1] 이 신앙고백이 작성될 당시, 16세기 네덜란드(화란어: Nederlanden, 독일어: Niederlanden, 영어: Netherlands)에 해당하는 불어 '뻬이-바'(Pays-Bas)와 라틴어 '벨기카'(Belgica)는 오늘날의 네덜란드 남부, 벨기에, 룩셈부르크, 그리고 프랑스 북부 지역을 일컫는 말이었다. 이미 로마 시대에 이 지역을 '벨가에'(Belgae) 혹은 '갈리아 벨기카'(Gallia Belgica)로 지칭했다.[2] 네덜란드 신앙고백은 라틴어로 '콘페시오 벨기카'(Confessio

---

1 네덜란드 신앙고백의 저자는 다음을 참조하라. Nicolaas Gootjes, *The Belgic Confession: Its History and Sources* (Grand Rapids: Baker Academic, 2007), 33-58.

2 로마 시대 지도는 다음을 참조하라. Alb. van Kampen, ed., *Atlas Antiquus* (Gotha: Justus Perthes, 1897). 라틴어로 'Belgiolum'은 프랑스 북부를, 'Belgis'는 모젤(Mosel) 강과 라인 강 유역을 의미한다. 참고. J. G. Th. Graesse, *Orbis latinus order Verzeichnis der wichtigsten lateinischen Orts- und*

Belgica)라 불리며, 여기서 '벨직 컨페션'(Belgic Confession)이라는 영어 명칭이 유래했다. 따라서 한글로는 '벨직 신앙고백' 또는 '네덜란드 신앙고백'으로 번역할 수 있다. 그러나 벨기에가 19세기 초 네덜란드로부터 독립하여 별개의 국가가 되었다는 점을 고려하면, '네덜란드 신앙고백'이라는 번역이 가장 적절할 것으로 보인다.

역사적 사실로 알려진 내용 가운데 확실하지 않은 것도 많으며, 네덜란드 신앙고백도 그 가운데 하나다. 하이델베르크 신앙교육(Heidelberger Katechismus)의 저자가 우르시누스라는 것이 '대체로 사실'인 것처럼, 네덜란드 신앙고백서의 저자가 귀도 드 브레라는 것도 '대체로 사실'이다. 역사적 사실 가운데 '대체로 사실'인 것이 '확실한 사실'보다 더 많다는 점은 역설적이다. 실제로 반박 불가능한 '절대적 사실'보다는 '대체로 사실'이 훨씬 더 많다. 이러한 역사적 사실은 역사를 배우는 이들에게 겸손을 요구한다. 엄청난 길이와 넓이와 깊이의 역사 앞에서 압도되지 않을 사람은 아무도 없다. 반면에 확실한 역사적 지식은 그리 많지 않다. 그러므로 겸손하게 배우려는 사람에게 역사는 깊은 감동의 물결처럼 흐르고 스며들어, 그 자신과 타인의 삶을 더욱 풍성하고 의미 있게 만든다. 이것이 역사적 지식의 진가다. 그러나 겸손한 자세를 동반하지 않는 역사적 지식은 다른 견해를 무자비하게 비판하는 도구로 전락할 가능성이 농후하다.

1561년 불어판 신앙고백이 네덜란드어로 번역된 것은 이듬해인 1562년이다. 불어 원본이 가장 먼저 네덜란드어로 번역된 이유는 그 지역의 시민들 가운데 불어가 아닌 네덜란드어를 사용하는 사람이 적지 않았기 때문이다. 이것은 오늘날 벨기에의 공용어가 불어와 네덜란드어인 이유이기도 하다. 16세기 당시 지금의 벨기에 위쪽 네덜란드 남부 지역

Ländernamen (Berlin: VEB Verlag, 1980), 41.

에서는 네덜란드어를 사용하는 사람들이 대부분이었다. 따라서 네덜란드어로 번역하는 것은 매우 자연스러운 일이었다. 네덜란드 신앙고백의 원본은 라틴어가 아니라 불어이며, 이것은 오늘날의 프랑스인을 위한 것이 아니라, 프랑스 북부와 벨기에, 그리고 네덜란드 남부 지역의 개혁교도들을 위한 신앙고백이었다. 프랑스의 개신교도인 위그노를 위한 신앙고백은 1559년에 작성된 프랑스 신앙고백이다.

1559년은 프랑스 신앙고백이 작성되어 박해받던 프랑스 개신교회에 의해 받아들여졌을 뿐만 아니라, 칼빈의 『기독교 강요』 최종판이 완성된 해이기도 하다. 그 라틴어 최종판의 최초 번역은 1560년에 출간된 불어판 『기독교 강요』이며, 불어로 번역된 바로 다음 해인 1561년에 네덜란드어로 번역되었다. 이것은 공통적으로 불어를 사용하는 프랑스 북부와 벨기에 및 네덜란드 개혁교도들이 제네바의 영향을 깊이 받았음을 짐작하게 한다. 제네바로부터 영적 영양분을 공급받던 프랑스 위그노는 16세기 후반 이후 프랑스의 종교 내전 동안 신앙의 독립을 위해 '낮은 땅' 지역 교회의 개신교도들과 매우 강력한 신앙적 연대감을 형성한 것으로 보인다. 프랑스 위그노와 '낮은 땅' 지역의 개혁교도들은 모두 당시 로마 가톨릭교회로부터 독립하기 위해 목숨을 걸고 싸웠다.

오늘날 벨기에를 포함한 네덜란드 지역은 16세기 당시 스페인에 속한 땅이었기 때문에, 카를 5세가 황제로 등극하기 전부터 스페인의 왕으로서 그 땅의 주인이었다. 1555년부터는 그의 아들 빌립 2세가 스페인을 물려받았기 때문에, 오늘날 베네룩스 3국은 스페인 왕 빌립의 땅이었다. 1560년부터 그 지역에 재세례파가 번성하자, 개혁교회 교인들은 재세례파로부터 자신들을 구분하기 위해 신앙을 보호하고 변호해야 할 상황에 놓이게 되었다. 한마디로, 재세례파와 다른 개혁교회의 신앙을 적극적으로 대변할 필요가 있었는데, 이런 상황에서 귀도 드 브레가 작성한 네덜란드 신앙고백의 출간은 매우 시의적절한 일이었다. 네덜란드 신앙고백은 18항, 34항, 그리고 36항에서 재세례파를 반대함으로써, 재세례파의 확산을 방지하고 개혁 신앙을 방어하는 데 아주 효과적인 대책이었다. 1561년 네덜란드 신앙고백은 '낮은 땅'에 세워진 개혁교회들을 한편으로는 로마 가톨릭교회로부터, 다른 한편으로는 재세례파 교회로부터 확실하게 구분해 주는 분명한 표지였다.

19세기 헨리쿠스 에흐베르투스 핑커(Henricus Egbertus Vinke) 교수는 네덜란드 신앙고백과 하이델베르크 신앙교육의 원문 및 각각의 번역본을 최초의 학문적 편집본으로 출간했다. 그는 네덜란드 신앙고백의 불어 원문으로 1566년 판을 실었으며, 네덜란드어 번역본으로는 1564년 판과 1582년 판을 비교하였다. 또한, 라틴어 번역본은 돌트 총회(Synode of Dort)로 알려진 1619년 도르트레흐트 국제회의(de Nationale Synode van Dordrecht)에서 공식적으로 수용한 내용을 제공한다.[3] 1561년에 출간된 불어 원본과 1년 뒤인 1562년에 네덜란드어로 번역·출간된 판본은 스-흐라펀하허('s-Gravenhage)에 있는 네덜란드 왕립도서관에 소장된 것이 유일하다. 한편, 불어 신앙고백의 초판본과 네덜란드어 최초 번역본이 발견된 것은 각각 1855년과 1864년이다.[4] 1561년의 불어 초판본은 1566년에 일부 수정되어 다시 출간되었다.[5] 현존하는 1566년 네덜란드 신앙고백의 불어 수정판 인쇄본은 제네바

---

3 Henricus Egbertus Vinke, ed., *Libri symbolici ecclesiae reformatae nederlandicae* (Utrecht: J. G. van Terveen Et fil., 1846).

4 F. L. Los, *Tekst en toelichting van de geloofsbelijdenis der Nederlandsche Hervormde Kerk* (Utrecht: Kemink & Zoon N.V., 1929), V-VI. 여기서 저자는 1855년과 1864년을 "신앙고백을 위한 행운의 두 해"(twee geluksjaren voor de Geloofsbelijdenis)라고 부른다.

5 두 판본에 대한 교과서적 비교 연구는 다음을 참조하라. J. N. Bakhuizen van den Brink, "Quelques Notes sur l'Histoire de la Confession des Pays-Bar en 1516 et en 1566" in J. N. Bakhuizen van den Brink, *Ecclesia* II. Een bundel opstellen ('s-Gravenhage Martinus Nijhoff, 1966), 296-308.

에서 출간된 것으로, 1551년부터 제네바에 거주하다가 1561년에 정식 시민이 된 인쇄업자 쟝 보네푸와(Jean Bonnefoy)가 출간한 판본이다.[6] 그는 네덜란드 신앙고백을 1557년에 제네바에 정착한 책 판매상 니콜라 뒤 바르(Nicolas du Bar)를 위해 인쇄한 것으로 알려져 있다. 1566년 네덜란드 신앙고백의 수정판은 16세기 후반에 이미 세 차례나 언급되었는데, 프란시스쿠스 유니우스(Franciscus Junius)에 따르면, 이 수정판은 1566년 안트베르뻰(Antwerpen)에서 개최된 노회(Synode)의 결정에 따른 것이었다. 유니우스는 수정본의 복사본을 제네바에 있는 출판사로 보내 출간을 요청하였고, 허락을 받아 이를 출간하게 되었다.[7] 이 판본은 출판사 표시 없이 1580년에 출간되었으며, "왈룬 사본"(Waals manuscript)이라 불렸다. 1619년 네덜란드 도르트레흐트에서 개최된 개혁교회 국제회의까지, 이 판본은 불어로 설교하는 네덜란드 교회들에서 권위 있는 신앙고백 판본으로 인정받았다. 또한, 1581년 제네바에서 출간된 개혁신앙 고백서들의 모음집『신앙고백들의 조화』(Harmonia Confessionum)에 실려있는 네덜란드 신앙고백의 라틴어 번역본의 원본이 되었다.[8]

제네바 종교개혁자 칼빈은 자신의 고향 누와용(Noyon)이 파리 북쪽 피카르디 지방에 위치한 도시였기 때문에, 종종 자신을 '낮은 땅' 즉 벨기에 출신으로 소개하곤 했다. 그런데 그가 불어로 작성된 네덜란드 신앙고백을 달갑게 여기지 않았다고 전해진다.[9] 그러나 이것은 칼빈이 네

---

6   J. N. Bakhuizen van den Brink, ed., *De Nederlandse Belijdenisgeschriften in authentieke teksten met inleiding en tekstvergelijkingen* (Amsterdam: Uitgeverij Ton Bolland, 1976), 17-18.

7   Gootjes, *The Belgic Confession*, 97-99, 117-118.

8   Bakhuizen van den Brink, ed., *De Nederlandse Belijdenisgeschriften*, 18-19.

9   이 주장을 처음 제기한 사람은 17세기 마르티누스 스호오크(Martinus Schoock)로 보인다. 참조. Gootjes, *The Belgic Confession*, 43-46, 특히 62쪽 각

덜란드 신앙고백을 싫어했다는 직접적이고 확실한 증거가 없기 때문에 논란의 여지가 있는 주장이다. 물론, 교회들로부터 이미 공적으로 인정받은 신앙고백이 존재하는데도 누군가가 새로운 신앙고백을 작성하는 것에 대해 칼빈이 불편함을 느꼈을 가능성은 부인할 수 없다.[10] 또한, 칼빈이 교회의 혼란과 분열을 극도로 싫어했다는 점도 사실이다. 따라서 하나가 아닌 복수의 신앙고백이 동일한 언어를 사용하는 신자들과 교회들에게 혼란과 분열을 초래할 가능성을 칼빈이 우려했으리라는 추정은 충분히 개연성이 있다.

하지만 이러한 사실들을 근거로, 누군가가 네덜란드 신앙고백의 내용이 칼빈의 심기를 불편하게 만들었다거나 칼빈 신학에서 벗어났다고 주장한다면, 이것은 근거 없는 비난에 불과하다. 네덜란드 신앙고백은 내용적으로 칼빈 신학에 상당히 많은 빚을 지고 있을 뿐만 아니라, 칼빈의 후계자인 베자(Theodore Beza)의 신앙고백으로부터 받은 영향도 결코 무시할 수 없을 정도로 크다.[11] 무엇보다도, 1561년에 작성된 네덜란드 신앙고백은 프랑스 개혁교회가 1559년에 공적으로 인정한 프랑스 신앙고백에 상당히 의존적이었으며, 마치 그것을 옆에 두고 보면서 작성했을 것이라 상상한다 해도 전혀 이상하지 않을 정도다.[12] 따라서

주 18번. 이 책에서 저자 고재수 교수는 스호오크의 주장이 사실무근이라고 상당히 설득력 있게 비판한다. 그러나 원문을 근거로 볼 때, 칼빈이 신앙고백의 작성 자체에 반대한 것이 아니라, 신앙고백의 출간에만 반대했다는 고재수 교수의 주장은 어불성설(語不成說)로 보인다.

10 Bakhuizen van den Brink, ed., *De Nederlandse Belijdenisgeschriften*, 9-10. 특히 10쪽의 각주 1번을 참조하라.

11 칼빈과 베자의 영향에 대해서는 다음을 참조하라. Gootjes, *The Belgic Confession*, 59-91.

12 1559년의 프랑스 신앙고백과 1561년의 네덜란드 신앙고백을 비교 연구한 뛰어난 논문으로는 다음을 참조하라. J. N. Bakhuizen van den Brink, "La Confession de foi des Églises Réformées de France, de 1559, et la Confession des Pays-Bas, de 1561" in J. N. Bakhuizen van den Brink,

1561년의 네덜란드 신앙고백을 1559년의 프랑스 신앙고백과 '형제 신앙고백'이라 불러도 무방할 것이다. 프랑스 신앙고백의 초안을 칼빈이 작성한 점을 고려하면, 네덜란드 신앙고백 역시 칼빈 신학을 반영한 것으로 볼 수 있다. 칼빈 신학을 대변하는 제네바 신앙고백이 제네바 시에 제한적이었고, 프랑스 신앙고백이 이후 프랑스 국가의 영역을 크게 벗어나지 못했던 반면, 네덜란드 신앙고백은 역사적으로 전 세계 개혁교회가 보편적으로 수용하는 신앙고백으로 자리 잡게 되었다.

1561년에 출간된 네덜란드 신앙고백의 제목은 다음과 같다. "우리 주 예수 그리스도의 복음의 순수성에 따라 살기를 열망하는, 네덜란드에 흩어져 있는 신자들의 공통적인 동의로 만들어진 신앙고백."[13] 네덜란드 신앙고백은 제목에서뿐만 아니라 순서, 구성, 그리고 내용 면에서도 프랑스 신앙고백과 유사한 부분이 많아 사실상 프랑스 신앙고백의 확장판 혹은 자매 신앙고백이라고 해도 과언이 아니다. 프랑스 신앙고백의 제목은 다음과 같다. "우리 주 예수 그리스도의 복음의 순수성에 따라 살기를 열망하는 프랑스인들의 공통적인 동의로 만들어진 신앙고백."[14] 네덜란드 신앙고백은 제목만 프랑스 신앙고백과 일치하는 것이 아니라, 제목 아래 인용된 성경 구절(벧전 3:15)까지도 정확히 동일하다."[15] 역사적으로 프랑스 신앙고백이 네덜란드 신앙고백보다 먼저 작성되었

    Ecclesia II. Een bundel opstellen ('s-Gravenhage: Martinus Nijhoff, 1966), 309-335.

13 *CONFESSION DE FOY, Faicte d'vn commun accord par les fideles qui conuersent és pays bas, lesquels desirent viure selon la pureté de l'Euangile de nostre Seigneur Iesus Christ.*

14 *CONFESSION DE FOI FAITE DVN COMMVN accord par les Fraçois qui desirent vivire selon la pureté de l'Evangile de nôtre Seigneur Jesus-Christ.*

15 1566년 수정판에서도 1561년의 네덜란드 신앙고백 원본 제목과 제목 하단의 성구를 전혀 변경 없이 그대로 따른다.

지만, 역설적으로 후자가 전자보다 더 광범위하게 사용되었으며, 따라서 네덜란드 신앙고백이 프랑스 신앙고백보다 훨씬 더 잘 알려져 있다. 프랑스에서는 앙리 4세(Henri IV)가 1598년 위그노의 신앙을 인정하는 낭트칙령(Édit de Nantes)을 선언함으로써 개신교도와 가톨릭교도의 공존을 공식적으로 인정했으나, 루이 14세(Louis XIV)가 1685년 낭트칙령을 철회하고 프랑스를 로마가톨릭 신앙으로 되돌림으로써 위그노가 급격히 쇠퇴했다. 이 역사적 사건으로 인해 네덜란드 신앙고백에 비해 프랑스 신앙고백의 확장성은 제한될 수밖에 없었다. 또한, 미국으로 이주한 개혁교도들이 프랑스 위그노들보다 네덜란드 개혁교회 성도들이었다는 점도 네덜란드 신앙고백의 확장성에 영향을 미친 중요한 요인으로 보인다.

"프랑스 신앙고백과 스코틀랜드 신앙고백(1560년)처럼 네덜란드 신앙고백도 첫 번째 조항의 주제가 '하나님'이다. 이것은 '성경'을 제1조항의 주제로 시작하는 스위스 신앙고백이나 웨스트민스터 신앙고백과 확연히 구별되는 특징이다. 40개 조항으로 구성된 프랑스 신앙고백과 37개 조항으로 이루어진 네덜란드 신앙고백은 30개 조항의 스위스 신앙고백(1566년)이나 33개 조항의 17세기 웨스트민스터 신앙고백(1646년)보다 상대적으로 짧다. 스코틀랜드 장로교에서 16세기에 작성된 스코틀랜드 신앙고백은 17세기 웨스트민스터 총회를 통해 웨스트민스터 신앙고백으로 대체되었으나, 네덜란드 신앙고백은 17세기 초 네덜란드 남부 도시 도르트레흐트에서 열린 국제회의에서 웨스트민스터 총회와 달리 새로운 신앙고백을 작성하지 않았다. 대신 개혁교회가 전통적으로 수용해 온 네덜란드 신앙고백을 그대로 인준하였으며, 이로 인해 오늘날까지 개혁교회의 유일한 공적 신앙고백으로 인정받고 있다.

네덜란드 신앙고백의 생명력과 확장성은 16세기에 작성된 수많은 개혁신학의 신앙고백들, 예컨대 제네바 신앙고백, 베자 신앙고백, 프랑스 신앙고백과 같은 불어 신앙고백뿐만 아니라, 제1·제2 스위스 신앙고백과 같은 라틴어 신앙고백까지도 대체했다고 말해도 과언이 아닐 정도다. 오늘날까지 개혁교회의 공적 신앙고백으로 당당히 살아남은 네덜란드 신앙고백의 37개항 전체는 다음과 같이 다섯 개 항목으로 구조적으로 분류 및 요약할 수 있다.

    1. 하나님과 계시. 1–11항.
    2. 인간과 타락. 12–15항.
    3. 예수 그리스도와 구원. 16–26항.
    4. 교회와 성화. 27–36항.
    5. 최후의 심판. 37항.

한글로 번역된 네덜란드 신앙고백 37개 조항은 불어 원문에서 번역된 것이므로, 가독성을 충분히 고려하지 못하여 다소 투박하고 거칠다. 한글 번역과 함께 대조하여 제공되는 네덜란드 신앙고백의 권위 있는 불어 원문은 1561년에 출간된 초판본도, 1566년의 수정본도 아닌, 흔히 '돌트 총회'로 알려진 1619년 도르트레흐트 국제회의에서 공인된 최종 수정본이다. 이 국제회의 직후부터 네덜란드 신앙고백서, 하이델베르크 신앙교육서, 그리고 도르트 신조는 '교회 일치 양식'(Formulieren van eenheid)으로 불리기 시작했다.

한글 번역은 직역을 원칙으로 삼았으나, 문장이 너무 길 경우 끊어서 번역하였고, 의미가 자연스럽도록 하기 위해 [ ]를 사용하여 원문에 없는 내용을 삽입하였다. 또한, 일부 내용이 오해되지 않도록 약간의 의역을 시도한 곳도 있다. 즉, 일관된 번역 방식을 유지하지 못한 부분이 있음을 의미한다. 모든 번역은 번역자의 책임이므로, 미숙한 번역이나 오역이 발견될 경우 그 책임 역시 번역자에게 있다. 그럼에도 불구하고, 이것이 네덜란드 신앙고백의 불어 원문을 한글로 번역한 최초의 번역이라는 것은 부인할 수 없는 사실이며, 이를 위안으로 삼고자 한다.
번역자의 일천한 불어 실력 때문에, 네덜란드 공인 번역과 라틴어 공인 번역을 참고하여 번역하였다. 여기에 제시한 불어 원문은 1619년 도르트레흐트 국제회의에서 공인한 최종 수정본으로, 레이든(Leiden) 국립대학 교수 얀 니콜라스 바크하위전 판 덴 브링크(Jan Nicolaas Bakhuizen van den Brink) 박사가 비평 편집한 『네덜란드 신앙고백서들』에 수록되어 있다.[16] 이 책은 네덜란드 신앙고백의 권위 있는 네 가지 본문을 비교하기 쉽게, 프랑스 신앙고백 불어 원문(1559), 네덜란드 신앙고백 공인 불어 원문(1619), 라틴어 공인 번역문(1620), 그리고 네덜란드어 공인 번역문(1619) 순으로 나란히 병렬하여 제공하고 있다. 또한, 각주를 통해 1561년 초판본과 1566년 수정본을 비교 분석하였다.

---

16 Bakhuizen van den Brink, ed., *De Nederlandse Belijdenisgeschriften*, 70-145.

신앙고백,
우리 주 예수 그리스도의
복음의 순수성에 따라 살기를 열망하는,
네덜란드에 흩어져 있는,
신자들의 공통적인 동의로 작성됨.

CONFESSION DE FOY,
Faicte d'vn commun accord par les fideles qui conuersent és pays bas, lesquels desirent viure selon la pureté de l'Euangile de nostre Seigneur Iesus Christ.

1561.

하나님은 어떤 분이신가?

Article I.

Nous cryons tous de coeur, et confessons de bouche, qu'il y a une seule et simple essence spirituelle, laquelle nous appellons Dieu, eternel, incomprehensible, invisible, immutable, infini, lequel est tout puissant, tout sage, juste et bon, et fontaine tresabondante de tous biens.

제1항. [하나님의 존재와 속성]

우리 모두는 우리가 하나님이라 부르는 유일하고 순전한 영적 존재가 계신다는 것을 마음으로 믿고, 입으로 고백합니다. [그분은] 영원하시며, 불가해하고, 불가시적이시고, 불변하시고, 무한하실 뿐만 아니라, 전능하시며, 완전히 지혜로우시고, 공의로우시며, 선하시며, 모든 선이 넘쳐나는 원천이십니다.

관련성경

고후 3:17; 요 4:24; 사 40:44.

네덜란드 신앙고백 제1항은 하나님의 존재와 속성을 정의함으로써 시작한다. 신론으로 시작하는 것이 중세 스콜라주의 신학의 영향이라고 너무 쉽게 단정해서는 안 된다. 왜냐하면 사도신경이나 니케아신경과 같이 고대의 기독교 신앙고백들도 하나님에 대한 고백으로 시작하기 때문이다. 물론 제1, 제2 스위스 신앙고백처럼 제1항을 성경을 주제로 시작하는 16세기 개혁교회 신앙고백들도 있다. 스코틀랜드 신앙고백과 달리, 네덜란드 신앙고백은 제1항에서 삼위일체에 대한 언급이 전혀 없으며, 대신 8-9항에서 따로 상세하게 다룬다. 제1항의 특징은 하나님을 순수한 영적 존재로 정의할 뿐만 아니라, 또한 모든 선의 원천으로 설명한다.

네덜란드 신앙고백은 하나님을 두 가지, 즉 "유일무이한 존재"와 "순수하게 영적인 존재"로 믿고 고백한다. 영적 존재에는 하나님뿐만 아니라, 천사와 사람도 속하지만, 인간은 순수하게 영적인 존재가 아니며, 천사는 유일무이한 존재가 아니다. 오직 하나님 한 분만이 유일무이한 존재이시며, 동시에 순수하게 영적인 존재이시다. 하나님의 유일성에 대한 성경적 근거는 엡 4:6; 딤전 2:5; 신 6:4; 말 2:10; 고전 8:4, 6 등이 있으며, 영적 존재로서의 하나님에 대한 근거 구절은 고후 3:17; 요 4:24 등이다. 복수가 아닌 단수의 하나님, 복잡하지도 어떤 다른 무엇도 섞이지 않은 순수하게 영적 존재이신 하나님을 고백함으로써 이것을 부정하거나 이와 다르게 주장하는 모든 불순한 이단 사상을 배격한다.

하나님은 순전한 영이시므로 우리의 눈으로는 볼 수 없는 분이시다. 그래서 구약에서 하나님은 천사의 모습으로 나타나시거나 사람의 모습으로 나타나신다. '하나님의 뒷모습'이란 표현 역시 천사 또는 사람의 뒷모습에 유비적 표현이다. 하나님은 순수하게 영적이신 분이시기 때문에 십계명에서 하나님의 형상에 대한 그림이나 조각 등을 일체 금하신다. "너를 위하여 새긴 우상을 만들지 말고, 또 위로 하늘에 있는 것이나 아래로 땅에 있는 것이나 땅 아래 물 속에 있는 것의 어떤 형상도 만들지 말며 그것들에게 절하지 말며 그것들을 섬기지 말라"(출 20:4-5). 하나님의 형상을 그리거나 만든 것 자체가 '우상'이다.

16세기 종교개혁 당시 개혁교도들과 청교도들은 십계명을 문자 그대로 실행해야 한다고 믿었기 때문에, 중세 성당에 있던 모든 그림과 조각을 과감하게 파괴하고 없애버렸다. 왜냐하면 중세 그리스도인들은 불가시적인 하나님을 대신하여 가시적인 그림과 조각에 절하고 기도하며, 그것들을 섬기는 신앙생활이 습관화 되어 있었기 때문이다. 습관을 벗어나기는 결코 쉬운 일이 아니었기 때문에, 그 대상을 모조리 없애버리는 것만이 유일한 해결 방법이라 인식한 사람들은 파괴적이고 폭력적일 수밖에 없었다. 그들에게 그림과 조각의 역사적·예술적 가치를 고려할 여유는 없었으며 왜곡되고 잃어버린 신앙을 회복하는 것보다 더 시급하고 중요한 일은 없었다.

영원불변하시고 무한하시며 전능하신 하나님

인간과 달리 하나님은 결코 변덕스러운 분이 아니시다. 하나님의 뜻은 영원하고 불변하다. 마치 인간처럼 하나님께서 후회하신다는 성경의 표현은 연약한 우리의 눈높이에 맞추신 하나님의 적응(accomodatio Dei) 방식을 묘사한 것일 뿐이다. 하나님의 계획, 즉 작정과 예정은 조령모개(朝令暮改)와 조변석개(朝變夕改) 하는 인간의 그것과 달리, 영원하고 불변하다. 그렇다면, 왜 성경에서는 마치 하나님께서도 후회하시는 분인 것처럼 묘사하는가? 그것은 하나님의 실제적인 변심(變心)을 의미하는 것이 아니라, 우리가 잘 이해할 수 있도록 표현한 것이다. 우리의 이성으로 하나님과 하나님의 뜻을 완전히 이해하는 것은 사실상 불가능하다. 이것을 신학적 용어로 '하나님의 불가해성'(incomprehensibilitas Dei)이라 한다. 하나님은 '불가해한'(incomprehensible) 분이시다.

영원과 불변과 무한과 전능은 그 자체로 우리의 이성으로 이해하기 불가능한 대표적인 신적 속성들이다. 이와 같은 하나님의 속성들은 철학적 신 개념과 구분되어야 한다. 예컨대, 하나님의 영원성과 불변성은 아리스토텔레스의 신, 즉 스스로 불변하지만 모든 변화의 기원인 '최초의 동자'(primum movens)나 '최초의 원인'(prima causa) 같은 철학적 신의 개념과 무관한 속성이다. 영원성과 불변성은 모두 하나님의 존재뿐만 아니라, 하나님의 뜻과 진리를 위한 속성이다. 하나님의 뜻과 진리는 영원하고 불변하다.

창조주 하나님은 피조세계와의 관계에서 초월적이시면서 동시에 내재적이시다. 무에서 유를 창조하신 하나님의 능력은 그분이 피조세계 밖의 초월적인 분이시라는 가장 강력한 증거이며 그와 같은 창조는 우리의 상상을 초월하는 불가해한 사건이다. 동시에 우주만물을 창조하신 창조자 하나님은 그 피조세계 어디에나 계시는 무소부재하신 분으로 내재적이시다. 하나님은 창조주뿐만 아니라 구속주로서 자신의 선하신 뜻에 따라 모든 것을 예정하시는 분이신 동시에 섭리하시는 분이시다. 영원하시고 무한하시며 불변하시고 전능하신 하나님 앞에서 모든 인생은, 비록 타락하지 않은 상태였을지라도, 하나님 앞에서 피조물로서 자신의 한계와 덧없음과 무능을 인정하지 않을 수 없기 때문에 항상 겸손의 자리에 설 수밖에 없다.

가장 지혜로우시고 가장 공의로우신 하나님

지혜와 공의와 선, 이 세 가지는 우리 인간에게서도 발견되는 것이므로 공유적 속성이다. 반면에 영원과 무한과 불변과 전능 등은 하나님의 비공유적 속성이다. 인간은 유한하고 가변적이며 결코 전능한 존재가 아니기 때문이다. 비록 지혜와 공의와 선이 우리 인간에게 있는 것이긴 해도 하나님의 속성과는 질적으로 다르다. 다만 하나님께서 자신의 속성을 자신의 형상인 우리 인간에게 나누어주신 것은 그 속성들을 올바르게 발휘하고 지키라는 사명과 같다. 따라서 우리는 하나님을 닮은 하나님의 형상으로서 마땅히 지혜롭고 공의롭고 선하게 살아가야 한다. 우리에게 주어진 지혜와 공의와 선은 다른 피조물을 위한 이타적 속성들이다.

먼저, 하나님은 가장 지혜로우신 분, 즉 지혜의 근원이심을 기억하자. 이 지혜로 세상과 온 우주만물을 창조하셨다. 인간의 지혜란 단순히 자신의 존재와 위치를 알고 자신의 미래를 계획하는 정도의 지혜 이상 발휘하기 어렵다. 우리는 우리 자신 밖의 그 어떤 것에 대해서도 확실하게 예측하거나 단언할 수 없다. 비록 우리가 타락하지 않은 상태요, 죄 없는 상태라 해도 다를 것은 없다. 우리는 결코 다른 사람의 생각이나 마음이 정확히 무엇인지 헤아릴 수도 알 수도 없다. 하지만 하나님께서는 모든 것은 다 아신다. 하나님은 전지(全知)하신 분이기 때문이다. 전지하신 하나님보다 더 지혜로운 존재는 없다. 따라서 전지하신 하나님의 판단과 결정은 가장 지혜로운 것일 수밖에 없다. 하나님의 완전한 지혜는 우리의 파편적인 지혜와 차원이 달라서 도무지 파악할 수도 도달할 수도 없는 심연과 같다. 하지만 하나님의 지혜는 항상 궁극적으로 그분 자신의 선과 공의와 사랑을 지향한다. 따라서 하나님은 전능하시지만, 어떤 경우에도 불의하거나 거짓되거나 악한 지혜를 발휘하시지 않는다.

가장 지혜로우신 하나님은 가장 공의로우신 분이다. 최상의 지혜는 최상의 공의로 통한다. 가장 지혜롭고 공의로우신 하나님은 좌로나 우로나 치우침이 없어서 각 개인의 은밀한 생각과 판단뿐만 아니라 어떤 미세한 불의와 불공정도 정확하게 시시비비를 가려내서서 가장 적확하고 정당하게 처벌하는 판사이신 동시에 이 세상 어디에도 완벽한 공정을 기대할 수 없다는 사실을 가르치는 가장 지혜로운 교사이시다. 가장 지혜로우신 하나님의 공의보다 더 완전한 공의는 없다. 유한한 인간의 이성으로 나님의 공의를 제대로 파악하기란 불가능하다. 이처럼 불가해한 하나님의 공의가 드러난 곳이 바로 그리스도의 십자가다.

십자가는 하나님께서 자신의 사랑으로 죄인인 우리를 구원하신 곳이자 동시에 자신의 공의로 죄인인 우리를 대신하여 의인이신 독생자 그리스도를 처벌하신 곳이다. 그곳은 우리의 죄가 처벌되는 동시에 죄인인 우리가 용서받는 자리이다. 그리스도의 십자가 죽음은 하나님의 무한한 사랑이 하나님의 엄중한 공의를 통해 고통스럽지만 아름답게 구원의 열매를 맺는 순간이다. 우리의 구원은 십자가 위에서, 그리스도의 육체적 죽음이라는 고통을 뚫고 피어난 하나님 사랑의 꽃이다. 십자가 위에 피어난 구원의 꽃은, 하나님께서 자신의 사랑으로 자신의 공의를 극복하신 가장 확실하지만 불가해한 증거다. 하나님의 공의는 하나님의 존재만큼이나 불가해하다.

하나님의 공의는 하나님의 선과 불가분의 관계에 있다. 가장 공의로우신 하나님은 가장 선하신 분이다. 하나님은 가장 선하시기 때문에 가장 공의로우시다. 하나님의 공의는 선을 지향하고 선을 이루고야 만다. 최상의 선은 곧 최고의 공의다. 공의와 선이 무결하고 그 자체로 최고이자 최상이라 할지라도 하나님의 사랑 없이는 가장 아름다운 열매를 맺을 수는 없다. 최고의 공의와 최대의 선이 사랑으로 최상의 열매를 맺는다. 자기희생이라는 구원의 열매를! 하나님의 지혜와 공의와 선은 하나님 자신을 나누어주는 이타적, 자기희생적 사랑으로 나타난다.

하나님의 지혜와 공의와 선이 완전하며 절대적인 반면에, 우리 인간의 지혜와 공의와 선은 불완전하고 상대적이다. 불완전하고 상대적인 지혜와 공의와 선은 심지어 타락 후에 이기적이고 자기중심적으로 변질되었다. 자기중심적인 지혜는 모든 것을 조작하는 능력을 장착하게 되는데, 옳은 것을 옳지 않은 것으로 조작하고 그 반대로도 조작 가능하다. 그래서 하나님의 공의를, 하나님 없는 인간만의 정의로 축소하고 왜곡한다. 하나님의 절대적인 선을 인간의 상대적이고도 자기중심적인 선으로 대체한다. 하나님께서 주신 순수한 지혜는 이타적이기 때문에 자기중심적인 조작이 필요 없다. 따라서 공의나 선을 조작할 일도 없다.

가장 선하신 하나님, 모든 선의 원천이신 하나님

하나님을 선하신 분으로 설명하는 것은 일반적이지만, "모든 선의 매우 풍부한 원천"(fontaine tresabondante de tous biens)이라는 표현은 독특하다. 하나님은 가장 선하신 분이실 뿐만 아니라 모든 선이 넘쳐나는 선의 원천이시다. 하나님은 절대 선이시다. 절대 선이 아닌 신은 신이 아니다. 하나님보다 더 선한 존재는 있을 수 없다. 하나님은 선의 기준이시며 선의 기원이시다. 하나님 없이는 선도 없다. 세상의 모든 선이 절대 선이신 오직 하나님 한분으로부터만 흘러나온다. 선하신 하나님께서 무한하시고 영원하신 것처럼 하나님의 선도 무한하고 영원하다. 하나님과 무관한 선, 하나님께 돌리지 않는 선, 하나님을 기쁘시게 하지 못하는 선은 진정한 선이 아니다. 시대와 장소에 따라 달라지는 가변적인 선을 선이라 할 수 있을까? 가변적인 선은 결코 진리를 담보할 수 없다. 진리가 불변하듯이 선도 불변한 것이다. 이 시대는 불변의 진리와 선을 싫어한다. 진리와 선의 절대성을 거부한다. 그래서 참된 선이 아닌, 유사 선이 난무하는 시대, 선을 가장한 악도 얼마든지 가능한 시대다. 모든 참된 선은 그 동기와 과정 및 목적까지도 절대 선이신 하나님 자신으로 귀결된다. 절대 선이신 하나님은 또한 모든 선의 원천이시다.

어떻게 하나님을
알 수 있는가?

Article II.

Nous le cognoissons par deux moyens: premierement par la creation, conservation, et gouvernement du monde universel, d'autant que c'est devant nos yeux comme un beau livre, auquel toutes creatures petites et grandes servent de lettres, pour nous faire contempler les choses invisibles de Dieu, assavoir, sa puissance eternelle et sa divinité, comme dit l'Apostre S. Paul: Rom. 1. 20. Toutes lesquelles choses sont suffisantes pour convaincre les hommes, et les rendre inexcusables. Secondement il se donne à cognoistre à nous plus manifestement par sa saincte et divine parole; voire autant pleinement, qu'il nous est de besoin en ceste vie pour sa gloire, et le salut des siens.

제2항. [하나님을 인식할 수 있는 두 가지 방법]

우리는 그분을 두 가지 방법으로 인식합니다. 첫째로는 우주적인 세상의 창조와 보존과 통치에 의한 것인데, 이것은 마치 우리 눈앞에 펼쳐진 아름다운 책과 같으며, 이 책 속에서 크고 작은 모든 피조물은 글자들로서 섬기는데, 사도 바울이 로마서 1장 20절에서 말한 것처럼, [그것들은] 우리에게 "하나님의 보이지 않는 것들, 곧 그분의 영원하신 능력과 신성을 보여"줍니다. 그 모든 것들은 사람들에게 증거하기에도, 그들의 모든 핑계거리를 차단하기에도 충분합니다. 둘째로는 하나님께서 자기 자신을 우리로 하여금 더욱 분명하게 인식하도록 자신의 거룩하고 신적인 말씀을 통해 제공하시는 것인데, 실로 이생에서 그분의 영광과 그분 백성의 구원에 대해 우리에게 필요한 만큼 충분하게 [제공하십니다].

관련성경

시 19:2; 엡 4:6; 딤전 2:5; 신 6:4; 말 2:10; 고전 8:4, 6; 고전 12; 고전 1장.

프랑스 신앙고백은 제2항에서 '하나님께서 인간에게 자신을 계시하시는' 두 가지 방법을 언급하는 반면, 네덜란드 신앙고백은 '인간이 하나님을 인식하는' 두 가지 방법을 제시한다. 하나님의 계시 없이는 인간의 신인식이 불가능하기 때문에 신적 계시의 방편 두 가지와 인적 인식의 수단 두 가지는 사실상 동일한 내용에 대한 접근 방법의 차이를 의미한다. 동일한 내용 두 가지는 피조세계인 자연과 하나님의 말씀인 성경이다. 프랑스 신앙고백이 강조하는 것은 "하나님의 계시"이고 네덜란드 신앙고백이 강조하는 것은 "인간의 인식"이다.

하나님을 알 수 있는 첫 번째 수단인 자연은 "아름다운 책"(un beau livre)이며, 만물은 그 책에 새겨진 "글자들"(lettres)이므로 피조세계와 만물은 하나님의 영원한 신성과 능력을 보여주고 증명하기에 충분하여 누구도 하나님이 없다고 핑계할 수 없다. 이것은 창조 세계를 넓고 찬란한 집으로, 자연만물을 하나님의 영광의 극장으로 묘사한 칼빈의 가르침과도 일맥상통한다. "하늘이 하나님의 영광을 선포하고 궁창이 그의 손으로 하신 일을 나타내는도다"(시 19:1). 하지만 이것이 중세의 자연신학, 즉 은총 없이도 자연 구원이 가능하다는 주장을 의미하는 것이 아니며, 오히려 그러한 주장과 의미를 단호히 배격한다.[1] 다만 성경이 제시하는 것처럼, 하나님께서 온 우주를 만드신 창조주시라는 창조신학을 인정할 뿐이다.

---

[1] 칼 바르트(Karl Barth)와 에밀 브루너(Emil Brunner) 사이에 벌어진 자연신학 논쟁은 계시에 근거한 신학에 대한 두 신학자의 정의가 다르기 때문에 여기서 다룰 필요는 없다. 두 신학자의 주요 논쟁에 대해서는 다음을 참고하라. Karl Barth, *Nein! Antwort an Emil Brunner*, Theologische Existenz heite 14 (München: Chr. Kaiser Verlag, 1934); Emil Brunner, *Natur und Gnade zum Gespräch mit Karl Barth* (Tübingen: J. C. B. Mohr (Paul Siebeck), 1935). 이 두 책의 한글 번역은 다음을 참고하라. 『자연신학』, 김동건 역 (서울: 한국장로교출판사, 1997).

하나님을 알 수 있는 첫 번째 수단: 창조세계

네덜란드 신앙고백은 "우주적인 세상의 창조와 보존과 통치"에 의해 (par la creation, conservation, et gouvernement du monde universel) 하나님을 알 수 있다고 주장한다. 성경은 하나님께서 세상을 지으셨다는 선언으로부터 계시의 역사를 시작한다. 온 우주 만물의 창조자는 하나님이시다. 하나님께서 우주 만물을 창조하신 후에 피조 세계를 떠나 계시지 않고 오히려 친히 보살피시기로 하셨는데, 이것이 우주 세계에 대한 하나님의 '보존과 통치'이다. 즉, 하나님은 우주 만물을 창조하신 후에도 자신의 피조 세계를 친히 보호하시고 다스리신다는 것이다. 하나님의 피조 세계에 대한 보존과 통치 덕분에 피조 세계가 지금과 같이 질서정연하게 돌아갈 뿐만 아니라, 자연 질서에 역행하는 돌발 사건들과 질서파괴적인 죄악들에도 불구하고 우주가 쉽게 무너지거나 무질서해지지 않는다.

이러한 '보존과 통치'를 다른 말로 '하나님의 섭리'(providentia Dei)라고 부른다. 네덜란드 신앙고백은 기독교의 하나님을 단순히 창조의 하나님으로만 인정하지 않고 피조 세계를 친히 다스리시는 섭리의 하나님으로도 인정한다. 창조신앙이란 창조주 하나님을 단지 세상을 창조하신 창조사역에만 국한하지 않고 자신이 창조하신 우주 만물을 지금도 친히 다스리신다는 섭리의 하나님으로 믿고 고백하는 것이다. 비록 하나님의 창조와 섭리를 인정하는 창조신앙이 죄인을 구원의 길로 안내하지는 못하지만 그리스도를 유일한 구원자로 믿는 기독교 신앙은 창조신앙을 배제하지 않고 오히려 회복한다.

네덜란드 신앙고백에 따르면 구원과 무관하게 모든 사람은 자연과 자연의 질서를 보면서 창조주의 손길을 느낄 수 있을 뿐만 아니라, 반드시 느껴야 한다. "땅과 거기에 충만한 것과 세계와 그 가운데에 사는 자들은 다 여호와의 것이로다. 여호와께서 그 터를 바다 위에 세우심이여, 강들 위에 건설하셨도다"(시 24:1-2). "주께서 옷을 입음 같이 빛을 입으시며 하늘을 휘장같이 치시며 물에 자기 누락의 들보를 얹으시며 구름으로 자기 수레를 삼으시고 바람 날개로 다니시며 바람을 자기 사신으로 삼으시고 불꽃으로 자기 사역자를 삼으시며 땅에 기초를 놓으사 영원히 흔들리지 아니하게 하셨나이다"(시 104:2-5).

하지만 사실상 그와 같은 창조주 하나님, 섭리의 하나님을 인정하고 싶어 하지 않는 자들이 대다수다. 그래서 성경은 이렇게 말한다. "하나님의 진노가 불의로 진리를 막는 사람들의 모든 경건하지 않음과 불의에 대하여 하늘로부터 나타나나니, 이는 하나님을 알 만한 것이 그들 속에 보임이라. 하나님께서 이를 그들에게 보이셨느니라. 창세로부터 그의 보이지 아니하는 것들 곧 그의 영원하신 능력과 신성이 그가 만드신 만물에 분명하게 보여 알려졌나니 그러므로 그들이 핑계하지 못할지니라"(롬 1:18-20). 죄를 저지른 자들마다 전지하신 하나님을 인정하지 않는 이유는 본능적으로 자신의 죄를 감추려 하며, 또한 신이 없다면 자신의 죄를 영원히 감출 수 있으리라 착각하기 때문이다. 그래서 죄를 습관처럼 짓는 사람, 죄에 익숙한 사람은 점차 두려움이 사라지는데, 먼저 하나님에 대한 두려움이 사라지고, 그 다음으로는 사람에 대한 두려움도 사라진다.

하나님을 알 수 있는 첫 번째 수단인 하나님의 피조 세계와 자연 질서만으로는 우리 스스로 하나님을 구원자이신 "나의 주 나의 하나님"으로 깨닫고 고백할 수 없다. 피조 세계와 자연 질서를 통해 하나님을 인식하는 방법은 타락 이후 심각하게 훼손되어 온전하지도 충분하지도 않을 뿐만 아니라, 구원을 위해서는 헛된 무용지물에 불과하다. 오늘날 사람들이 하나님을 부정하기 위해 사용하는 최선의 도구는 자연과학이다. 모든 자연 법칙과 물리 법칙을 근거로 신을 부정한다. 이것은 자연과학에 대한 명백한 악용이다. 귀납적 방법의 자연과학은 사실상 신을 부정할 수도, 인정할 수도 없기 때문이다. 자연과학으로 하나님께 영광을 돌리지 않는다는 것은 확실하다.

자연과학은 물질의 법칙을 밝히는 수단이다. 반기독교적 입장을 가진 사람들에 의해 쉽게 바벨탑처럼 악용되고 있는 것이 현실이지만 우리 그리스도인들은 자연과학 자체를 부정하지도 멀리해서는 안 된다. 왜냐하면 자연과학이 밝힌 물질과 물질의 법칙은 하나님께서 우주만물을 만드신 창조원리의 결과이기 때문이다. 그러므로 오히려 우리는 하나님을 증거하기 위해 자연과학을 활용할 수 있어야 한다. 그러기 위해서는 신실한 그리스도인들 가운데 세계적인 과학자들이 많이 배출되도록 기도하고 노력할 필요가 있다. 무신론자가 첨단과학을 동원하여 신이 없다고 주장할 수는 있다. 하지만 어떤 첨단과학이라 해도 과학적인 방법으로 신의 부재를 증명하는 것은 불가능하다. 하나님은 신앙의 대상일 뿐, 결코 증명의 대상이 아니다.

하나님을 알 수 있는 두 번째 수단: 성경말씀

두 번째 인식수단인 성경은 하나님의 "거룩하고 신적인 말씀"(saincte et divine parole)으로, 창조 세계보다 훨씬 더 분명하게 하나님을 알려주는 계시의 책이다. 또한 성경은 이 땅에 사는 모든 인생에게 필수적인 지식, 즉 하나님의 "영광과 그분 백성의 구원을 위해"(pour sa gloire, et le salut des siens) 필요한 지식을 충분하고도 완전하게 제공한다. 성경은 하나님의 말씀이다. 거룩한 말씀, 신적인 말씀이다. 여기서 말씀은 실제 들리는 음성의 소리를 의미한다. 성경에서 발견되는 말씀은 제2위이신 성자 하나님, 성경, 설교 이 세 가지다. 그리스도는 하나님의 두 번째 위격(persona secunda)이신 말씀이시고, 성경은 하나님의 기록된 말씀이요, 설교는 하나님의 듣는 말씀이다. 물론 한글로 '말'과 '말씀'은 구분되지만 서양 언어에는 그와 같은 구분이 없다.

성경에서 하나님의 말 즉 말씀은 입에서 나는 소리이며 귀로 듣는 음성이다. 그리스도는 하나님의 말씀으로 불린다. 이 말씀으로 성부 하나님은 우주 만물을 창조하셨다. 즉, "빛이 있어라!" 말씀하시니 빛이 있었다. 이 말씀은 단순한 창조 수단이 아니다. 왜냐하면 그 말씀은 태초에 성부 하나님과 함께 만물을 창조하신 하나님이기 때문이다. "태초에 말씀이 계시니라. 이 말씀이 하나님과 함께 계셨으니 이 말씀은 곧 하나님이시니라. 만물이 그로 말미암아 지은 바 되었으니, 지은 것이 하나도 그가 없이는 된 것이 없느니라"(요 1:1-3). 태초에 계신 말씀 하나님은 그리스도로 이 땅에 오셨다. 말씀이신 그리스도는 생명의 빛이시다. "참 빛 곧 세상에 와서 각 사람에게 비추는 빛"이시다(요 1:9).

두 번째 하나님의 말씀은 성경이다. 기록된 말씀인 성경은 본래 들리는 음성으로 주어진 말씀이다. 따라서 우리는 기록된 말씀을 보거나 들을 때 하나님께서 친히 들려주시는 그분 자신의 음성으로 받아야 한다. 성경은 하나님의 거룩한 말씀이기 때문이다. 모세가 구약성경을 기록하기 이전에는 오직 하나님께서 자신의 뜻을 직접 혹은 천사를 통해 음성으로 들려주셨다. 따라서 구약에 기록된 하나님의 말씀 외에도 기록되지 않은 많은 말씀을 주셨으리라 짐작할 수 있다. 기록된 말씀은 일회적인 휘발성의 말씀이 아니라 하나님의 백성이 반드시 기억하고 가르쳐야 할 영원한 진리의 말씀이다. 성경 66권은 하나님께서 역사 속에서 어떻게 자신의 백성을 택하시고, 부르시며, 다스리시는지 아주 분명하게 가르친다. 성경에는 구원의 복음이 충분하고도 완전하게 기록되어 있으며, 그 모든 구원의 길은 오직 한 분 예수 그리스도로 통한다.

기록된 말씀인 성경은 하나님의 말씀이신 그리스도를 유일한 구원자로 선언한다. 기록된 말씀은 태초의 말씀이신 그리스도만을 구원의 유일한 길이요, 진리요, 생명으로 제시한다. 태초의 말씀이신 그리스도는 기록된 말씀의 종착역이다. 따라서 세상의 모든 설교도 그리스도로 귀결된다. 기록된 말씀을 청중에게 하나님의 음성으로 들려주는 것이 설교다. 청중은 설교자를 통해 기록된 말씀을 하나님께서 친히 각자에게 말씀하시는 음성을 들을 수 있어야 한다. 아마도 이것은 오늘날 설교를 목사의 소리이지 하나님의 음성이라 생각하지 않는 모든 그리스도인들에게 충격적이고 당황스러운 가르침일 것이다.

설교는 하나님의 말씀이다. 설교하는 자도, 설교를 듣는 자도 설교가 하나님의 말씀 즉 하나님의 음성이라는 점을 명심해야 한다. 설교도 성경과 같이 하나님의 말씀이다. 오직 성경(sola scriptura)이라는 종교개혁의 구호는 종교개혁이 기록된 말씀뿐만 아니라, 자국어로 듣는 설교 말씀의 회복 운동이었다는 사실을 알려준다. 종교개혁자들의 자국어 설교가 16세기 종교개혁을 가능하게 만들었다. 오늘날 한국교회가 설교를 하나님의 말씀으로 인정하는 것, 즉 설교의 권위를 회복하는 것은 무엇보다 시급하고 중요하다. 교회는 하나님의 말씀인 설교를 통해 "그분의 영광과 그분 백성의 구원"을 청중에게 "필요한 만큼 충분하게" 들려주어야 한다.

인간의 구원을 위한 지식은 하나님의 영광을 위한 지식과 결코 분리되지 않는다. 하나님의 영광과 하나님 백성의 구원은 동전의 양면과 같다. 영광 없는 구원이나 구원 없는 영광은 불가능하다. 하나님께서 기쁘게 받으시는 최고최대의 영광은 다름 아닌 구원이다. 구원보다 하나님을 더 영화롭게 하고 기쁘게 하는 것은 없다. 자기 백성의 구원은 하나님께서 세상을 사랑하신 이유, 독생자까지도 아끼지 않으신 이유다. 구원과 영광에는 이기적인 요소가 전무하다.

믿음으로 구원받는다는 것은 성경의 진리다. 하지만 구원받는 믿음은 곧 하나님의 영광을 위한 믿음이므로 결코 자신의 구원만 챙기는 이기적인 믿음일 수 없다. 성경은 인간의 구원만을 위한 책이 아니라, 하나님의 영광을 위한 책이기도 하다. 인간을 위한 구원과 하나님을 위한 영광이라는 이 두 가지 주제는 죄악과 죽음의 심연에 빠진 모든 인생에게 유일한 희망의 빛이다. 이 빛 없이는 누구도 구원을 받거나 하나님께 영광을 돌릴 수 없다.

제3항

성경이 하나님의 말씀이라는 의미는 무엇인가?

Article III.

Nous confessons que ceste parole de Dieu n'a point esté envoyée, ni apportée par volonté humaine: mais les saincts hommes de Dieu ont parlé estans poussez du Sainct Esprit, comme dit S. Pierre: puis apres parle soing singulier que nostre Dieu a de nous et de nostre Salut, il a commandé ses serviteurs les Prophetes et Apostres de rediger ces oracles par escrit: et luy mesme a escrit de son doigt les deux tables de la Loy. Pour ceste cause, nous appellons tels escrits, Escritures Sainctes et divines.

제3항. [거룩하고 신적인 성경, 하나님의 말씀]

우리는, 성 베드로 [사도]가 말한 것처럼, 하나님의 이 말씀이 사람의 뜻에 의해 보내졌거나 전달된 것이 아니라, 하나님의 거룩한 사람들이 성령의 영감을 받아 말한 것이라 고백합니다. 그런 다음 또한 우리 하나님께서 우리와 우리의 구원에 관하여 설명하시는 특별한 돌보심으로, 자신의 종들인 선지자들과 사도들에게 그 계시를 기록으로 작성하도록 명령하셨습니다. 그리고 그분은 자신의 손가락으로 율법의 두 판을 기록하셨습니다. 이런 이유 때문에 우리는 그런 기록물을 거룩하고 신적인 성경이라 부릅니다.

관련성경

벧후 1:21; 시 102:19; 출 17:14; (신 3장), 출 34:27; 신 5:22; 출 31:18.

1항에서는 하나님을, 2항에서는 그 하나님을 인식할 수 있는 두 종류의 책, 즉 하나님께서 선하게 창조하신 우주세계와 하나님께서 자신을 계시하신 성경 말씀에 대한 믿음을 고백했기 때문에, 3항에서 계시의 말씀인 성경이 무엇인지 고백하는 것은 논리적으로 자연스럽다.

무엇보다도 먼저, 네덜란드 신앙고백은 성경을 인간 저자의 말과 성령의 말씀으로 구분하는 것이 매력적인 특징이다. 이런 특징은 칼빈의 『기독교 강요』 1권 6장 2절에서도 잘 나타난다.

성경 저자는 성령과 인간 둘이지만 성경에는 어떤 갈등이나 충돌, 차이나 모순도 없다. 그 둘은 분명히 구분되지만 결코 분리될 수는 없다. 왜냐하면 인간 저자는 성령의 감동하심으로 성경을 기록했기 때문이다. 따라서 비록 성경이 인간의 기록물이지만 그 내용은 저자의 의도가 아니라 하나님의 의도와 정확히 일치한다.

성경은 성령의 영감으로 기록된 하나님의 말씀이다. 16세기 종교개혁 시대까지 성령 하나님께서 성경의 저자라는 것을 의심한 사람은 거의 아무도 없었다. 성경의 영감 교리는 성경을 다른 책들과 구분하는 차별성의 근거일 뿐만 아니라, 또한 성경의 권위를 의미하는 자증성의 근거이기도 하다. 그래서 종교개혁자들은 하나같이 "오직 성경"(sola Scriptura)을 종교개혁의 대원리로 내세웠다. 물론 하나님의 말씀인 성경이 성령에 의해 영감되었다는 주장은 믿음을 전제한다. 이러한 성경에 대한 믿음은 계몽주의 시대를 지나면서 주관적인 확신으로, 모든 세상 종교의 공통적인 근원으로 전락하는데, 이런 현상은 예수 그리스도의 신성을 부정할 뿐만 아니라, 성경의 권위까지도 뿌리째 흔드는 중대한 변화를 초래했다.

성경의 영감 문제는 19세기부터 20세기 초반까지 뜨거운 신학 논쟁의 주제였다. 성경을 하나님의 말씀으로 받아들이는 신학자들은 성령의 영감 교리를 철저하게 고수한다. 물론 성령의 영감에 관한 그들의 설명이 완벽하게 일치하는 것은 아니다. 학자들마다 설명하는 내용이 약간씩 차이가 있다. 그래서 기계적 영감(Mechanic inspiration), 축자적 영감(Verbal inspiration), 유기적 영감(Organic inspiration) 등과 같은 용어가 등장하고 이 용어에 대한 해설도 학자들마다 미세하게 다르다. 성경 영감 교리의 이견에 등장하는 민감한 용어 문제도 있는데, 무오(inerrancy)와 무류(infallibility)가 그것이다. 신학 논쟁은 때때로 너무 사소하거나 지엽적인 문제로 촉발되곤 하는데, 결론을 내리기 불가능해 보이는 것들도 있다. 성경의 무오성은 결코 사소하지 않은 중요한 주제이지만 무오 논쟁은 지나치게 세밀한 것이 문제다. 또한, 각자 결론을 정해놓고 시작하기 때문에 합의적 결론 도출이 불가능한 논쟁이다.

성경의 영감 교리에 근거한 성경의 무오성은 과학적으로 혹은 경험적으로 증명 불가능하다. 하지만 성경이 하나님의 말씀이라는 사실을 스스로 증언하고 있다는 점에서 어떤 다른 기독교 교리보다 확실하다. 성령 하나님만이 성경을 하나님의 말씀으로 증명하실 수 있다. 성경은 성령의 저작물이다. 성령의 영감은 하나님의 명령이라는 방식으로 이루어졌다. 왜냐하면 성경이란 "하나님께서 …. 자신의 종들인 선지자들과 사도들에게 그 계시를 기록으로 작성하도록 명령하셨기"(il a commandé à ses serviteurs les Prophetes et Apostres de rediger ces oracles par escrit) 때문이다. 그러므로 성경은 오류가 있을 수 없다. 즉, 성경은 일점일획이라도 변경될 수 없는 하나님의 무오한 말씀이다.

성경무오 개념과 관련하여 개혁주의 신학은 기계적 영감설이 아닌, 축자적 영감설을 지지한다. 왜냐하면 기계적 영감설이 엄밀한 의미에서 오직 하나님만을 성경의 저자로 인정하고 인간을 받아쓰기 기계에 불과한 것으로 간주하는 반면에, 축자적 영감설은 성경의 저자가 성령 하나님이신 동시에 선지자들과 혹은 사도들이라고 주장하기 때문이다. 그렇다면 하나님과 사람이 성경의 공동저술가라는 의미는 무엇인가?

이 질문에 대해 귀도 드 브레는 하나님께서 자신의 계시를 기록하도록 선지자들과 사도들에게 명령하셨다고 설명한다. 하나님께서는 주인으로서 명령하시고 인간은 종으로서 하나님의 명령에 순종한다. 하나님의 명령은 성령의 감동을 통해 기록물로 완성된다. 즉 성경은 하나님의 명령이 인간의 손에 의해 성령의 감동으로 완성된 기록물이다. "이런 이유로 우리는 그와 같은 기록물들을 거룩하고 신적인 책들이라 부른다."(Pour ceste cause, nous appellons tels escrits, Escritures Sainctes et divines.) "거룩하고 신적인 책들"인 성경은 다른 어떤 훌륭한 경건 서적과도 비교할 수 없는 절대적 권위의 책이다.

성경은 하나님께서 친히 저술하신 유일무이한 책이다. 그러므로 기록된 계시의 책 성경은 "하나님의 말씀"(parole de Dieu)이다. 하지만 동시에 성경은 "성령의 인도하심을 받은 하나님의 거룩한 사람들이 말했던"(les saincts hommes de Dieu ont parlé estans poussez du Sainct Esprit) 것이다. 즉 인간의 말이기도 하다. 성경은 하나님의 말씀인 동시에, 인간의 언어로 기록된 인간의 말이다. 이것은 성경이 인간의 뜻을 반영한 책이라는 의미가 아니다. 비록 성경의 표현 방식에서 당대의 문화, 언어 표현 양식, 그리고 인간 저자의 특성이 반영되었을 가능성을 부인하긴 어렵겠지만 그렇다고 성경에 인간의 의도나 뜻이 반영되었다고 볼 수는 없다. 하나님만이 성경의 저작권을 가지신 원저자이시며, 주저자이시므로, 성경은 하나님의 의도와 뜻만을 반영한다. 네덜란드 신앙고백에 따르면, 성경 속의 진리는 인간 저자의 어떤 의도와 뜻도 반영하지 않으며, 오롯이 하나님의 의도와 뜻일 뿐이다. 이것이 바로 성경이 성령의 감동으로 기록되었다는 의미다. 이런 독보적 진리의 담지자인 성경을 칼빈은 "신적인 무엇을 호흡하는 것"(divinum quiddam spirare), 즉 '신적인 영감을 받아 기록되었을 뿐만 아니라, 신적인 영감을 불러일으키는 책'으로 묘사한다.

성경을 기록한 "거룩한 사람들" 즉 하나님의 "종들인 선지자들과 사도들"은 하나님께서 명령하신 내용을 기록했는데, 이것은 마치 로봇과 같은 기계처럼 정신이 흘려서 자신도 모르게 성경을 기록했다는 의미가 아니다. 그들은 약이나 술에 취한 것처럼 몽롱한 상태가 아니라, 맑은 정신 상태로, 다만 성령의 감동으로 성경을 기록했다는 뜻이다. 성령의 감동은 단순히 성경을 기록하는 바로 그 순간의 상태에만 적용되지 않는다. 오히려 성령 하나님께서는 성경 기록 전에 성경 저자들을 거룩한 사람들로 만드셨다는 뜻이다. 즉, 하나님의 말씀을 기록으로 남길 만한 자격과 자질을 갖추도록 미리 준비시키셨다. 왜냐하면 성경은 "오직 성령의 감동하심을 받은 사람들이 하나님께 받아 말한 것"(벧후 1:21)이기 때문이다. 신앙고백은 이것을 하나님의 "특별한 돌보심"이라 언급하는데, 이것은 하나님께서 자신의 구원 계시를 인간 저자들이 한 치의 오차도 없이 기록하고 설명하도록 특별히 관리하셨다는 뜻이다. 또한 성경의 기록 방법을 여호와 하나님께서 "자신의 손가락으로" 두 돌판에 기록하신 십계명과 동일한 것으로 언급한다. 따라서 성경 원문에 기록된 내용은 일점일획도 틀림없이 무오하다. 하지만 성경의 "일점일획도"(마 5:18)라는 말씀을 성경 문자주의로 오해하지는 말아야 한다. 그리고 지금 우리가 가진 성경은 사본이므로 아주 드물게 오류가 발견될 수 있다. 필사본의 오류, 즉 사본상의 오류는 칼빈도 인정했지만 그 오류조차 매우 사소한 것뿐이다. 원본의 무오 교리는 성경이 구원계시로서 충분히 신뢰할 수 있고 완전히 충족한 내용으로 구성된 진리임을 의미다.

제1 스위스 신앙고백(1536년)으로 알려진 제2 바젤 신앙고백은 성경을 "성령께서 주신" 것으로, "선지자들과 사도들을 통해 세상에 알려진 하나님의 말씀"으로 규정한다. 네덜란드 신앙고백의 원조인 프랑스 신앙고백(1559년)은 하나님의 말씀인 성경을 "신앙의 확실한 규칙"으로 정의하면서 "모든 진리의 척도이며, 하나님을 섬기는 일과 인간의 구원에 필요한 모든 것을 함유한" 것으로 주장한다. 왜냐하면 "모든 성경은 하나님의 감동으로 된 것으로 교훈과 책망과 바르게 함과 의로 교육하기에 유익"(딤후 3:16)하기 때문이다. 불링거(Bullinger)가 작성한 제2 스위스 신앙고백(1566년) 또한 성경이 "구원에 이르는 믿음과 하나님을 기쁘시게 하는 삶이 어떤 것인지에 대한 완전한 설명을 보유"한 책이라고 인정한다. 성경은 구원 계시의 책이면서 동시에 기독교 신자의 삶을 위한 신앙생활의 규정집이다.

네덜란드 신앙고백은 성경을 "우리와 우리의 구원에 관한"(de nous et de nostre Salut) 내용으로 요약한다. 즉 성경은 우리 인간에 관한 책인 동시에 우리 인간의 구원에 관한 신적 계시의 책이라는 뜻이다. 우리 인간은 누구인가? 죄인이다. 죄인이기 때문에 구원이 필요하다. 성경은 아담의 불순종으로 피조 세계 전체가 파멸적 저주 아래 놓였으나, 그리스도의 순종으로 다시 구원의 소망을 얻게 되었다고 가르친다. 피조 세계에 대한 하나님의 절대 사랑은 복음이며, 이 복음은 하나님의 종들인 선지자들과 사도들에게 위탁되었다. 하나님께서는 성경의 저자이시지만 성경을 이해불가의 신적 언어가 아닌, 자신의 종들을 통해 이해 가능한 인간의 언어로 기록하셨다. 이것은 하나님의 은혜. 이 은혜를 칼빈은 "하나님의 적응"(accomodatio Dei)으로 설명한다. 즉, 하나님께서 연약한 인간에게 적응하심으로 누구나 쉽게 이해할 수 있도록 인간의 눈높이에 맞춘 인간의 언어로 자신의 뜻을 기록하게 하셨다는 뜻이다.

만일 하나님께서 우리 인간의 눈높이에 맞추어 기록하게 하시지 않았다면, 아무도 하나님의 뜻을 깨닫지 못할 것이다. 따라서 성경은 신적 은혜의 가장 확실한 증거다. 하나님의 말씀인 성경은 결코 과거에 기록된 기독교 경전으로만 남겨진 것이 아니다. 왜냐하면 성경은 지금도 성령을 통해 우리 영혼의 골수를 찔러 쪼갤 수 있는 하나님의 말씀이기 때문이다. 언제 어디서나 성경은 살아계신 하나님의 살아 있는 말씀이다. 우리가 성경 말씀을 보거나 들으면서도 아무런 성령의 감동을 받지 못한다면, 이것은 틀림없이 우리 영혼이 잠자고 있다는 강력한 증거이자 동시에 하나님의 심각한 경고다. 우리 그리스도인의 영혼은 항상 말씀 앞에 깨어 있어야 한다. 매일 우리가 우리 각자의 눈높이에 맞추어 말씀하시는 하나님의 음성을 성령의 감동으로 듣고 전율한다면, 이보다 더 큰 일상적 은혜와 기적의 경험이 과연 있을까!

제4항

왜 성경의 정경은
구약과 신약뿐인가?

Article IV.

Nous comprenons L'Escriture saincte es deux volumes du Viel et du Nouveau Testment, qui sont livres Canoniques, ausquels il n'y a que repliquer. Le nombre en est tel en l'Eglise de Dieu: Du Viel Testament: Les cinq livres de Moyse, Genese, Exode, Levitique, Nombres, Deuteronome: Le livre de Iosué, des Iuges, Ruth, les deux livres de Samuel, et deux des Rois, les deux livres des Chroniques dits Paralipomenon, le premier d'Esdras, Nehemie, Esther, Iob: les Pseaumes de David, les trois livres de Salomon, asavoir, les Proverbes, l'Ecclesiaste, et le Cantique: Les quatres grands Prophetes Esaïe, Ieremie, Ezehiel, Daniel: puis les autres douze petits Prophetes: Osee, Ioel, Amos, Abdias, Ionas, Michée, Nahum, Abacuc, Sophonie, Haggée, Zacharie, Malachie. Du Nouveau Testmanet Les quatres Euangelistes, S. Matthieu, S. Marc, S. Luc, S. Iehan: Les Actes des Apostres, Les quatorze Epistres de S. Paul, aux Romains, deux aux Corinthiens, aux Galates, Ephesiens, Philippiens, Colossiens, deux aux Thessaloniciens, deux à Timothée, à Tite, Philemon, aux Hebrieux: et les sept Epistres des aultres Apostres: de S. Iacques, deux de S. Pierre, trois de S. Iehan, de S. Iude, et l'Apocalypse de S. Iehan Apostre.

제4항. [구약과 신약이라는 정경]

우리는 성경을 구약과 신약, 두 권으로 이해합니다. 이 [구약과 신약]은 결코 반박할 수 없는 정경 책들입니다. 그러므로 이 [책들]이 하나님의 교회에서는 [다음과 같이] 계수됩니다. 즉, 구약에 속한 [책들로는] 모세 오경인 창세기, 출애굽기, 레위기, 민수기, 신명기; 여호수아서, 사사기, 룻기, 상하로 불리는 사무엘의 두 책과 열왕기의 두 책과 역대기의 두 책, 첫 번째 에스드라(=에스라), 느헤미야, 에스더, 욥기; 다윗의 시편, 솔로몬의 세 책인 잠언, 전도서, 아가; 네 명의 대선지자인 이사야, 예레미야, 에스겔, 다니엘; 열 두 명의 소선지자인 호세아, 요엘, 아모스, 오바

댜, 요나, 미가, 나훔, 하박국, 스바냐, 학개, 스가랴, 말라기[가 있고], 신약에 속한 [책들로는] 네 명의 복음전도자인 성 마태, 성 마가, 성 누가, 성 요한; 사도행전, 성 바울의 열 네 편지인 로마서, 고린도전후서, 갈라디아서, 에베소서, 빌립보서, 골로새서, 데살로니가전후서, 디모데전후서, 디도서, 빌레몬서, 히브리서; 또한 다른 사도들의 일곱 편지인 성 야고보의 것, 성 베드로의 두 개, 성 요한의 세 개, 성 유다의 것, 그리고 성 요한 사도의 계시록[이 있습니다].

네덜란드 신앙고백의 네 번째 조항은 정경으로서의 성경 목록을 제시한다. 그리스도인들은 이미 성경 목록을 잘 알고 있기 때문에, 신앙고백에서 굳이 그 긴 목록을 제시하는 것이 낯설게 느껴질 수도 있다. 그러나 종교개혁 시대인 16세기에는 성경 목록에 어떤 책들이 있는지가 초미의 관심사였다. 왜냐하면 16세기 종교개혁 때까지 교회가 인정한 유일한 성경, 즉 공인성경(Textus Receptus)은 '불가타'(Bulgata, 영어. Vulgate)라 불리는 라틴어 번역 성경뿐이었는데, 이 번역서에는 정경(canon)뿐만 아니라 외경(apocrypha)도 들어 있었기 때문이다.

정경을 의미하는 단어 '카논'은 '막대기, 측량하는 잣대, 규칙' 등을 의미하는 헬라어를 그대로 음역한 것이다. '갈대, 저울' 등을 의미하는 히브리어 단어 '카네'(קָנֶה, qāneh 영어. cane)에서 유래한 것으로 알려져 있다. 외경을 의미하는 단어 '아포크리파'(apocrypha) 역시 '숨겨진 것들'을 의미하는 헬라어이다. 네덜란드 신앙고백은 정경을 "결코 반박할 수 없는"(ausquels il n'y a que repliquer) 책들로 정의한다. 이렇게 정의한 이유는 16세기 독자들이 '정경'이라는 단어를 어떤 책들과도 비교할 수 없는 '절대적인 최고 권위의 책'이라는 의미로 알고 있었기 때문이다. 정경이란 그 기원이 인간이 아니라 하나님이시다. 즉, 신적 권위의 책이라는 뜻이다. 그러므로 정경으로서의 성경은 신적인 절대 권위의 책이기 때문에 감히 아무도 그것에 저항하거나 반대할 수 없다. 성경의 정경성은 교회의 권위 있는 선택으로 확보된 것이 아니다. 오히려 교회가 정경을 발견한 것이라 할 수 있다. 즉, 하나님께서 성령의 감동으로 기록하신 구약과 신약을 친히 자신의 교회에 거룩한 책으로 주셨는데, 이 거룩한 책인 정경을 초대교회가, 마치 밭에 감추인 값진 보화를 찾듯이, 역사 속에서 찾았다는 뜻이다. 지상 교회가 비록 하나님의 교회일지라도 구약과 신약이라는 성경에 정경성을 부여할 어떤 권한을 가진 것은 아니다. 네덜란드 신앙고백처럼 다만 "하나님의 교회"는 성경을 호명하고 선언하는 역할만 감당하는 것이다.

성경은 초대교회가 정경으로 선택한 덕분에 비로소 오늘날과 같은 성경이 탄생한 것이 아니다. 왜냐하면 성경이 성경이라는 사실을 증명하는 것은 오직 성경만이 가능하기 때문이다. 이것은 성경의 자증성(autopiston)이라 불리는데, 성경은 자신이 성경이라는 사실을 스스로 증명한다는 뜻이다. 성경은 성령으로 기록된 하나님의 말씀이다. 따라서 성령의 증언이 곧 성경의 자증 원리다. 성경의 권위는 성령으로부터 나온다. 왜냐하면 성령은 성경의 원저자이실뿐만 아니라, 성경의 증거자이시기 때문이다. 따라서 성령의 능력으로 조명을 받지 않고는 아무도 성경을 성경으로 받아들일 수 없다. 이러한 성령의 조명은 우리 편에서는 믿음이다. 이러한 믿음이란 성령의 역사 없이는 불가능하다. 그래서 칼빈은 그것을 "하나님의 영이 우리 마음속에 인치는 참 믿음"이라 부른다. 성도의 믿음을 통해 성경은 "진리의 힘"을 발휘한다. 이런 점에서 성경의 고유한 능력은 다름 아닌 성령의 능력이요, 믿음의 능력이다.

네덜란드 신앙고백은 성경 목록에 구약 39권과 신약 27권을 정경으로 제시하는데, 이것은 프랑스 신앙고백(1559년)과 웨스트민스터 신앙고백(1647년)이 제시하는 목록, 그리고 오늘날 우리가 가진 성경 목록과 정확하게 일치한다. 물론 책 이름이 생소한 것도 있다. 예컨대 에스라서를 "에스드라 1권"(le premier d'Esdras)이라 부른다. 이것은 초대교회의 교부 히에로니무스(Hieronymus, 347-420) 즉 제롬(Jerome)이 391년에 번역을 시작하여 406년에 완성한 라틴어 불가타 성경의 목록을 모르면 이해하기 어렵다. '불가타'라는 단어는 '대중적인'을 의미하는 라틴어인데, 아마도 교회가 공적으로 인정한 보편적 성경이라는 의미로 사용한 듯하다. 이 라틴어 번역 성경은 구약과 신약의 정경뿐만 아니라, 구약 외경도 포함하는데, 에스라서를 에스드라 1권, 느헤미야서를 에스드라 2권으로 표기하고, 외경인 에스드라 1권과 2권을 에스드라 3권과 4권으로 표기한다. 그러므로 당시 에스라서는 에스드라의 첫 번째 책으로 더 잘 알려져 있었다.

네덜란드 신앙고백의 성경 목록에서 발견할 수 있는 특이한 점은 또 있다. 구약 성경 각권에 등장하는 이름, 예를 들면 모세, 여호수아, 다윗, 솔로몬 등과 모든 선지자들의 이름 앞에는 '거룩한 자'를 의미하는 "성"(Saint)이 붙지 않는 반면, 신약 성경 각권의 저자들 앞에는 하나 같이 모두 "성"이 붙어 있다. '성자' 혹은 '성도'를 의미하는 '하기오스'라는 헬라어 형용사의 명사화는 신약 성경에서 기독교 신자를 의미하지만 초대교회와 중세를 거치면서 오직 죽은 신자, 즉 모범적인 삶을 살다가 죽은 신자에게만 적용하는 용어가 되었다. 이런 전통은 종교개혁자들의 글에서도 쉽게 발견할 수 있는데, 비록 그들이 중세의 성자숭배 사상을 강력하게 비판하고 거부했음에도 불구하고, 죽은 신자를 그리스도의 교회에 속한 형제와 자매, 즉 '성도'로 간주했기 때문이다. 이 전통을 종교개혁자들은 단순히 거부해야 할 중세교회의 미신적 유산이 아니라, 계승해야 할 초대교회의 성경적 유산으로 간주했다. 왜냐하면 그들이 살아 있든 죽었든 기독교 신자라면 누구나 하나님의 거룩한 자, 즉 성도라고 믿었기 때문이다. 그래서 신약 성경의 저자들 앞에 "성도"라는 호칭을 공통적으로 붙였고, 이 전통 덕분에 지금도 기독교 신자의 무덤 앞 비석에서 '성도'라는 호칭을 발견할 수 있다. '성도'라는 이름은 목사, 장로, 집사라는 직함보다 훨씬 자랑스러운 호칭이자 모든 그리스도인이 공유하는 유일한 호칭이다.

흔히 한글 신약성경에서 '전후서'로 번역된 바울 서신들이 네덜란드 신앙고백 원문에는 "~~에게 보낸 두 [서신]"으로 표기되어 있으나 이곳의 한글 번역문에서는 편의상 우리에게 익숙한 '전후서'로 번역했다. 사실 이러한 제목 표기는 특별한 것이 아니라 헬라어와 라틴어를 포함한 모든 서구 알파벳 언어의 공통이다. 하지만 본 번역에서는 일관성 있게 '전후서'로 번역하지 않았다. "다른 사도들의 일곱 서신"을 열거하는 곳에서는 달리 번역했다. 즉 이름 앞에 '성'이 붙어 있어서 베드로전후서 대신 "성 베드로의 두 [서신]" 또는 요한 일이삼서 대신에 "성 요한의 세 [서신]" 등으로 번역했다.

네덜란드 신앙고백은 구약과 신약의 목록을 몇 개의 그룹으로 구분한다. 가령 구약은 다섯 가지 그룹, 즉 모세오경, 역사서(여호수아부터 욥기까지), 시가서(시편부터 아가서까지), 대선지서(이사야서부터 다니엘서까지), 소선지서(호세아서부터 말라기서까지)로 구분하고, 신약은 네 가지 그룹, 즉 복음서, 바울 사도의 행적과 서신(사도행전부터 히브리서까지), 다른 사도들의 일곱 서신(야고보서부터 유다서까지), 계시록으로 구분한다. 이런 구분법은 초대교회의 전통, 즉 라오디게아 교회 회의(약 363년) 결정과 아타나시우스(Athanasius) 정경 목록을 따른 것으로 보인다. 아마도 오늘날 구약학자들과 신약학자들은 저 구분법에 동의하지 않고 이의를 제기할지도 모른다. 16세기의 칼빈도 히브리서가 바울의 저술이라는 당대의 일반적인 주장에 대해 동의하기보다는 의문을 제기했다. 따라서 칼빈의 의견을 반영한 프랑스 신앙고백은 제3항의 성경 목록에서 히브리서를 바울 사도의 서신으로 분류하지 않았다.

하지만 칼빈도 네덜란드 신앙고백이나 프랑스 신앙고백처럼 구약 39권과 신약 27권을 하나님의 거룩한 책인 정경의 권위로 받아들였다는 점에는 의문의 의지가 없다. 칼빈이 요한계시록 주석을 남기지 않았는데, 이것을 이유로 마치 그가 계시록을 정경으로 여기지 않은 것처럼 오해하곤 한다. 칼빈이 주석으로 남기지 못한 성경은 계시록만이 아니다. 예를 들어, 네덜란드 신앙고백이 솔로몬의 저술로 제시하는 잠언과 전도서와 아가서에 대한 구약성경의 주석을 남기지 않았고, 또한 신약성경에서는 요한의 세 서신과 유다서에 대한 주석도 없다. 하지만 칼빈은 자신의 수많은 저술들에서 그가 주석하지 않은 성경도 그가 주석한 성경과 동일한 정경의 권위로 인정하고 인용했다는 것은 명백한 사실이다. 요한계시록을 정경으로 전제하고 인용한 것 역시 의문의 여지가 없다.

네덜란드 신앙고백이 인정하는 성경은 구약 39권과 신약 27권뿐이다. 이것에 성경을 더하거나 뺄 수 있는 권한을 가진 지상 교회는 어디에도 어느 시대에도 없다. 구약성경의 정경성은 예수께서 인용을 통해 인정하셨고 사도들도 동일한 방법으로 인정했기 때문에 논쟁의 여지가 없지만 신약성경의 정경성은 마치 초대교회가 결정한 것처럼 오해하는 경우가 많다. 물론 초대교회는 이단들, 특히 신약성경을 누가복음과 바울의 열 개 서신으로 축소한 말시온(Marcion)과 기록된 성경 대신 성령의 새로운 예언에 권위를 부여한 몬타누스(Montanus) 등과 같은 이단들에 대항하여 싸워야 했고 그 과정에서 성경의 정경성 문제를 다루지 않을 수 없었다. 하지만 그 과정에서 정립된 27권이라는 신약성경은 교회의 발견이지, 교회의 결정이 아니다.

종교개혁의 원리 '오직 성경'(sola Scriptura)은 오직 구약 39권과 신약 27권만이 교회를 위한 최고의 권위라는 사실을 천명한다. 성경에 대한 이런 입장은 루터교회보다는 개혁교회에서 훨씬 확고하고 분명하다. 루터가 구약의 율법과 신약의 복음을 대조적인 개념으로 강조하고 야고보서를 지푸라기 서신으로 간주한 반면, 칼빈은 구약과 신약을 동등한 권위를 가진, 하나님의 점진적 계시로 강조하고 신약의 모든 성경을 예외 없이 동등한 정경으로 인정했다. 루터보다 칼빈이 성경의 정경성을 더 확고하고 분명하게 지지한다. 그렇다고 성경의 정경성에 대한 루터와 칼빈의 입장이 다르다고 보긴 어렵다. 루터와 칼빈은 공히 구약과 신약의 강력한 연결고리를 '예수 그리스도 한 분'에게서 찾기 때문이다. 즉, 그들은 정경성의 내용적 원리를 예수 그리스도로 간주하는데, 이것이 '오직 그리스도'(solus Christus)의 원리다. 그들은 한 목소리로 구약은 오실 그리스도가, 신약은 오신 그리스도가 핵심 내용이라고 주장한다.

예수 그리스도는 구약과 신약이라는 두 권의 책을 하나의 정경으로 묶을 수 있는 유일한 끈이다. 그래서 구약과 신약은 한 권의 정경으로 '전체 성경'(tota Scriptura)을 구성한다. '전체 성경'이란 특히 성경을 해석할 때 반드시 요구되는 필수 개념이다. 그래야 자신의 필요에 따라 성경의 몇몇 구절을 근거로 내세워 자의적으로 해석하는 어리석은 일을 피할 수 있다. 창세기부터 요한계시록까지 성경은 성경으로 해석되어야 하고 구약의 계시는 신약의 계시를 통해 해석되어야 한다. 성경의 가장 훌륭한 해석자는 성경 자신이다. "성경이 성경의 해석자"(Scriptura ipsius interpres)이기 때문이다. 우리는 성경에서 성령의 음성을 듣되, 성경 전체의 가르침에서 벗어나지 않는 말씀을 들어야 한다. 각자 마치 자기 자신이 성경의 해석자인 것처럼 착각해서는 안 된다. 신자 개개인은 성경 본문을 눈으로 보고 귀로 들을 때 말씀하시는 하나님의 음성을 듣는 수동적인 청취자일뿐이다. 성경의 해석자는 성경 자체이며, 전달자는 성령 하나님이시다. 하나님의 말씀, 성령의 세미한 음성을 듣기 위해 성경의 주파수를 잘 감지할 수 있도록 믿음의 안테나를 높이 들고 겸손히 귀 기울여 듣는 신자가 바로 성도, 즉 거룩하신 하나님의 거룩한 백성이자 자녀다.

성경과 믿음의 관계는 무엇인가?

Article V.

Nous recevons tous ces livres-là seulement pour saincts et Canoniques, pour regler, fonder, et establir nostre foy: et indubitablement croyons toutes les choses qui sont contenues en iceux, non pas tant, pource que l'Eglise les reçoit et approuve tels; mais principalement, pour ce que le S. Esprit nous rend tesmoignage en nostre coeur qu'ils sont de Dieu, et aussi qu'ils sont approuvez tels par eux-mesmes, quand les aveugles mesme peuvent appercevoir, que les choses adviennent qui y sont preditttes.

제5항. [믿음을 규정하고 다지고 세우는 성경]

우리는 이 모든 책만을 거룩하고 정경적인 것으로 받아들이는데, [이는] 우리의 믿음을 규정하고 다지고 세우기 위해서입니다. 또한 [우리는] 그 모든 것이 그 자체로 형성된 것임을 아무 의심 없이 믿습니다. 왜냐하면 교회가 그것들을 그와 같이 받아들이고 승인했기 때문이 아니라, 특별히 성령께서 우리에게, 그것들이 하나님께로부터 유래한다는 증거를 우리 마음에 주시기 때문이요, [또한] 그것들도 스스로 그와 같이 승인하기[=증거하기] 때문입니다. 그 [정경 책들] 속에 예언된 것들이 [그대로] 발생한다는 [사실은] 장님조차도 더듬거리며 알아챌 수 있습니다.

관련성경

딤후 3:17; 벧전 1:12

네덜란드 신앙고백 제5항은 제4항에 이어 다시 성경의 정경성을 다룬다. 제4항에서는 정경의 구체적인 목록을 제시하고, 제5항에서는 정경인 성경과 기독교 신앙의 관계가 무엇인지 그 상관관계뿐만 아니라, 왜 지금의 성경 목록만이 정경인지 그 이유까지도 아주 명확하게 설명한다.

먼저, 성경의 정경성부터 살펴보자. 정경의 권위는 어디로부터 오는 것인가? 즉, 왜 지금의 기독교 성경 목록만이 정경인가? 이것은 정경이 갖는 권위의 근거, 기원, 그리고 이유에 해당하는 질문이다. 네덜란드 신앙고백은 제4항에서 제시한 성경 목록만이 정경이라고 선언한다.

가톨릭교회로 불리는 로마교회는 성경의 정경적 권위가 교회에 의해 세워진 것으로 주장한다. 즉, 교회가 성경을 정경으로 수용하고 승인했기 때문에 정경의 지위를 얻게 된 것이라고 가르친다. 이것은 어느 책이 정경인지 아닌지를 결정하는 권리는 교회에 있기 때문에 정경으로 결정된 성경 위에 교회의 권위가 있다는 것을 의미한다. 따라서 성경의 권위보다 교회의 권위가 더 높으며, 교회의 권위 위에는 그리스도의 지상대리자로 간주하는 교황의 권위가 있다. 이것이 정경과 성경의 권위에 대한 로마교회의 입장이다.

하지만 성경은 하나님의 말씀이기 때문에 스스로 절대적 권위를 가진다. 종교개혁자들은 성경의 정경성을 교회의 승인이 아닌, 하나님 자신에게 호소한다. 즉, 성경의 권위를 "말씀하시는 하나님의 인격"(a Dei loquentis persona), 즉 신격에서 기원하는 것으로 주장한다. 그래서 네덜란드 신앙고백도 정경이 된 성경들은 "하나님께로부터 유래한다"(qu'ils sont de Dieu)고 선언한다. 또한, 성경의 정경성에 대해 친히 "성령께서 우리에게, 우리의 마음속에 증거를 제공하신다"(le S. Esprit nous rend tesmoignage en nostre coeur)고 강조한다. 따라서 성경의 정경성은 하나님 자신의 권위로부터 나오는 것이며, 성령의 증거로 확증되는 것이지, 결코 교회의 선택과 결정에 따른 결과물이 아니다.

이와 같은 성령의 내적 증거에 대해 마치 그것이 직통 계시를 말하는 것처럼 오해하는 것은 금물이다. 성경은 성령의 감동으로 기록되었을 뿐만 아니라, 그 신적 권위도 성령의 증거에 의해 증명된다. 그러나 이러한 성령의 내적 증거를 흔히 신자 개인이 성령으로부터 받는 직통 계시로 오해하지 말아야 한다. 이미 초대교회가 성령의 직통 계시를 기록된 말씀보다 중시했던 몬타누스(Montanus)와 그 추종자들을 이단으로 정죄한 사실에서도 우리는 직통 계시의 위험성이 얼마나 교회에 위협적인지 충분히 배울 수 있다. 몬타누스주의자들, 즉 직통계시주의자들에게는 기록된 성경뿐만 아니라, 성경에 대한 설교도 별로 중요하지 않았다. 그러나 하나님의 말씀은 우리 속에서 발생하는 것이 아니라, 우리를 향해 다가오는 것이다. 따라서 성령의 내적 증거는 우리에게 다가오는 증거를 의미한다.

성령의 내적 증거에 대한 오해를 방지하기 위해 네덜란드 신앙고백은 성경의 외적 증거를 동시에 첨언한다. 성경책들이 정경이 된 것은 그 성경책들 "스스로 그와 같이 승인하기"(qu'ils sont spprouyez tels par eux-mesmes) 때문이라고 언급한다. 성경의 정경성은 성령의 내적 증거뿐만 아니라, 성경 자체의 증언으로부터도 증명된다. 성경책들을 정경으로 승인하는 것은 교회가 아니라 성경책들 자체다. 이것은 성경 자체가 자신을 정경으로 승인한다는 뜻이다. 하나님의 말씀인 성경으로 승인하고 증거하는 것은 오직 정경인 성경책들 외에 다른 어떤 것도 아니다. 우리는 이것을 '정경에 대한 성경의 외적 증거'라고 부른다.

성경의 정경성은 이와 같이 성령의 내적 증거와 성경의 외적 증거에 근거한 것이지 성경을 정경으로 받아들인 교회의 인정과 결정 때문이 아니다. 교회는 성경을 정경으로 인정하거나 증거하는 권위를 가진 것이 아니라, 단순히 성경의 정경성을 인식할 뿐이다. 성경은 성경 자체의 권위, 즉 신적 기원의 권위 덕분에 정경의 위치를 차지하는 것이다. 교회의 역할이란 성경이 자체의 권위를 가진 정경이라는 사실을 인식하는 것, 즉 하나님의 말씀인 성경을 발견하는 것일 뿐이다. 따라서 성경이 정경으로 인정받는 확실한 이유는 우리의 마음을 감동시키시는 성령의 내적 증거와 기록된 하나님의 말씀인 성경 자체의 외적 증거 때문이다.

그렇다면 성경이 자신을 정경으로 승인한다는 사실을 어떻게 알 수 있는가? 무엇으로 성경이 자신을 정경으로 증거한다고 단언할 수 있는가? 이 질문에 대한 해답을 네덜란드 신앙고백은 성경의 예언과 그 예언이 반드시 이루어진다는 사실에서 찾는다. 성경은 예언의 말씀이며, 약속의 말씀이다. 성경은 예언으로 약속하신 하나님의 말씀이자, 그 약속을 실제로 성취하신 하나님의 말씀이다. 구약은 예언의 약속이고 신약은 성취의 약속이다.

물론 하나님의 모든 약속이 남김없이 성취된 것은 아니다. 신약은 성취의 약속이면서 동시에 구약의 갱신, 즉 새로운 약속이다. 우리 신자는 하나님께서 친히 자신의 약속을 이루신 것처럼, 반드시 그 모든 약속을 남김없이 이루시고 완성하실 것을 믿어 의심치 않는다. 이러한 확신에 대해 네덜란드 신앙고백은 "장님도 더듬어서 알아챌 수 있을"(les aveugles mesme peuvent appercevoir) 정도라고 말한다. 성경 속에 기록된 예언과 성취는 성경이 성경이라는 것을 스스로 증명하는 아주 분명한 증거다.

장님은 귀로 들을 수 있으나, 눈으로 볼 수는 없다. 기록된 성경은 먼저 눈으로 볼 수 있는 문자다. 하지만 16세기에 성경을 읽을 수 있는 사람은 그렇게 많지 않았다. 당시 하나님의 말씀인 성경은 눈으로 보기보다는 귀로 들을 수 있는 기회가 절대적으로 많았다. 종교개혁자들은 귀로 듣는 말씀의 중요성, 즉 설교의 중요성을 이구동성으로 강조했다. 들을 수 있는 귀를 가진 사람은 하나님의 말씀을 깨달아 알 수 있다.

믿음의 귀를 가진 그리스도인이라면 누구나, 목사가 강단에서 외치는 설교를 통해 성령의 깨닫게 하시는 내적 음성을 들을 수 있다. 그래서 진정한 기독교 신자는 결코 설교를 무시하지 않는다. 왜냐하면 그것은 들을 수 있는 하나님의 말씀이기 때문이다. 하지만 내적 음성만을 듣고자 하는 자들은 설교뿐만 아니라, 기록된 하나님의 말씀인 성경까지도 무시하는 경향이 강하다. 여기서 우리는 성경의 정경성이 기독교 신앙과 아주 밀접하게 연결되어 있다는 사실을 부인하기 어렵다.

두 번째로, 정경과 신앙, 즉 하나님의 말씀과 그리스도인의 믿음이 어떤 관계인지부터 살펴보자. 성경과 믿음의 관계에 대한 네덜란드 신앙고백의 정의는 프랑스 신앙고백이 성경을 "정경적인 것이요, 우리 믿음의 확실한 규칙"(canoniques et reigle trescertaine de nostre foy)으로 정의하는 것과 크게 다르지 않다. 성경이 기독교 신앙의 가장 확실한 규칙이라는 것은, 그리스도인의 믿음은 성경으로부터 나와서 성경을 통과하여 성경으로 귀결된다는 의미다. 이것을 한 문장으로 요약하면, 정경으로서 성경은 기독교 신앙의 전부다.

그렇다면 성경과 무관한 믿음은 기독교 신앙이 아니다. 즉, 비기독교 신앙이다. 그리고 성경을 벗어난 믿음은 참 기독교 신앙이 아니다. 즉, 가짜 기독교 신앙이다. 이러한 가짜 신앙과 유사 신앙을 기독교 역사는 이단적 신앙으로 규정한다. 왜냐하면 믿음은 오직 하나님의 말씀을 듣는 것에서만 나기 때문이다. "믿음은 들음에서 나며 들음은 그리스도의 말씀으로 말미암았느니라"(롬 10:17). 이 성구가 "하나님의 말씀을 들음으로부터 나는 믿음"(fides ex auditu verbi Dei)이라는 위대한 종교개혁적 가르침의 가장 중요한 근거다.

모든 종교개혁자들에게 기록된 말씀인 성경은 반드시 사람들의 귀에 울려 퍼져야 했다. 설교단에서 들려지는 설교 말씀은 기록된 성경 말씀만큼 중요한 것으로 간주되었다. 왜냐하면 말씀을 듣지 않고는 믿음이

생겨날 수 없다는 것은 성경적 진리였기 때문이다. 16세기 당시에는 비록 인쇄술이 발명되어 수많은 번역 성경이 출간되었음에도 불구하고, 성경을 가진 사람도, 성경을 읽을 수 있는 사람도 많지 않았다. 하지만 누군가 자국의 언어로 번역된 성경을 읽어주면 자국민은 누구든지 그 말씀을 듣고 알 수 있었다. 그래서 종교개혁자들은 목회자의 자국어 설교를 강조했던 것이다.

기독교 신앙의 모든 교리적이고 실천적인 원리는 정경인 성경에서만 나온다. 성경은 믿음의 원리일 뿐만 아니라 또한 믿음의 기초와 근거다. 성경 없이는 믿음이 세워질 수 없다. 그래서 네덜란드 신앙고백은 우리가 성경을 정경으로 받아들이는 목적에 대해 "우리의 믿음을 규정하고, 다지고, 세우기 위해서"(pour regler, fonder, et establir nostre foy)라고 아주 분명하게 제시한다. 네덜란드 신앙고백은 제4항에서 제시한 성경 목록의 책들만을 정경으로 인정한다. 그 성경들을 정경으로 받아들이는 이유는 그것이 기독교 신앙과 직결되기 때문이다. 정경으로서의 성경은 믿음의 규칙을 만들고, 믿음의 토대를 다지며, 믿음의 건축물을 세운다.

구원하는 믿음은 성경을 읽고 들음으로 발생한다. 그러므로 성령의 구원 역사는 기록된 하나님의 말씀인 성경과 불가분의 관계다. 성경은 결코 죽은 문자도, 죽이는 문자도 아니다. 성경은 하나님의 살아 있는 말씀이요, 살리는 말씀이다. 살아계신 성령은 살리시는 영이시다. 성령은 죽은 우리를 말씀으로 살리신다. 성령께서 말씀으로 우리의 믿음을 규정하시며, 기초를 놓으시며, 건축해 나가신다. 거룩한 책 성경은 거룩한 영, 성령의 책이다. 성경은 믿음의 책이다. 믿음은 오직 말씀으로부터만 태어난다. 그 믿음의 눈으로만 성경을 정경으로 알아볼 수 있다. 그 믿음으로만 우리는 성경을 하나님의 말씀으로 받아들일 수 있다.

결론적으로, 하나님의 말씀 없이는 믿음도 없다. 믿음 없이는 아무도 성경을 하나님의 말씀이라는 보물로 알아볼 수 없다. 하나님의 말씀은 믿음을 이끌고, 믿음은 하나님의 말씀을 따라간다. 기록된 형식이든, 선포된 형식이든 하나님의 말씀과 기독교 신앙은 불가분의 관계다. 성경을 읽든지 듣든지 하나님의 말씀으로 받지 않으면 아무런 영적 유익을 얻지 못한다. 기독교 신앙의 모든 형식과 내용은 오직 성경에만 의존한다. 성경은 믿음의 길, 구원의 길을 내고 우리 모두를 그 길로 인도한다. 오직 기록된 성경의 외적 증거와 깨닫게 하시는 성령의 내적 증거로만 성경은 정경의 권위를 가진다. 우리의 믿음을 위하여(ad fidem nostram)!

제6항

외경은 무엇이며, 왜 성경, 즉 정경과 구별되어야 하는가?

Article VI.

Nous mettons difference entre ces saincts livres, et les livres Apocriphes: qui sont, Le 3. et 4. livre d'Esdras, le livre de Tobie, Iudith, Sapience, Ecclesiastique, Baruc, ce qui a esté adjousté à l'histoire d'Esther, le Cantique des trois enfans en la fournaise, l'histoire de Susanne, l'histoire de l'Idole Bel, et du Dragon, l'Oraison de Manasse, et les deux livres de Maccabée: Lesquels l'Eglise peut bien lire, et d'iceux prendre instruction es choses accordantes aux livres Canoniques; mais ils n'ont point telle force et vertu, que par aucun tesmoignage d'iceux, on puisse arrester quelque chose de la foy ou religion Chrestienne, tant s'en fault, qu'ils puissent ramoindrir l'autorité des autres saincts livres.

제6항. [정경과 외경]

우리는 이 거룩한 책들을 외경들과 구분합니다. [외경으로는] 제3 및 제4 에스드라서(=에스라 상하), 토빗서, 유디트서, 지혜서, 집회서, 바룩서, 에스더의 역사에 첨부된 것들, 풀무불 속 세 소년의 찬미, 수산나의 역사, 벨과 용의 우상, 므낫세의 기도, 두 권의 마카비서(=마카비 상하) 등이 있습니다. [그 외경들을] 교회는 읽어도 무방하며 그것들이 정경 책들과 일치할 경우에는 교훈을 얻을 수도 있습니다. 하지만 그것들은 [정경 책들과 같은] 그런 힘과 능력이 없습니다. 그래서 그것들의 증언으로는 기독교 신앙이나 경건의 어떤 요소도 확증할 수 없습니다. 그렇기 때문에 다른 거룩한 책들의 권위를 떨어뜨릴 가능성조차 없습니다.

네덜란드 신앙고백 제6항은 "외경 책들"(les livres Apocriphes)에 관한 설명으로, 프랑스신앙고백에 없는 독특한 내용이다. 먼저, 어떤 책들이 외경으로 분류되는지 살펴볼 것이다. 외경(Apocrypha)이란 단어는 헬라어, 즉 그리스어 '숨겨진'을 의미하는 단어에서 유해한 것으로 복수형이다.

네덜란드 신앙고백은 "거룩한 책들"(saincts livres)이라 불리는 성경, 즉 하나님의 책들을 정경으로 정의한다. 그리고 외경을 정경인 성경으로부터 구별한다. 이것은 외경이 하나님께서 저술하신 거룩한 책, 즉 성경이 아니라는 뜻이다. 일반적으로 외경은 가짜 문서를 의미하는 위경(Pseudepigrapha)과 구분되지만, 외경과 위경의 구분 기준 및 경계가 아주 분명하고 확실하다고 단정하기는 어렵다.

성경에 포함되지 않는 외경의 목록은 "제3, 제4 에스드라서, 토빗서, 유디트서, 지혜서, 집회서, 바룩서, 에스더의 역사에 첨부된 것들, 풀무불 속 세 소년의 찬미, 수산나의 역사, 벨과 용의 우상, 므낫세의 기도, 두 권의 마카비서"(le 3. et 4. livre d'Esdras, le livre de Tobie, Iudith, Sapience, Ecclesiastique, Baruc, ce qui a esté adjousté à l'histoire d'Esther, le Cantique des trois enfans en la fournaise, h'histoire de Susanne, l'histoire de l'Idole Bel, et du Dragon, l'Oraison de manasse, et les deux livres Maccabée) 등 총 14권이다. 네덜란드 신앙고백 라틴어판은 바룩서를 "예레미야 서신을 포함한 바룩"(Baruch cum epistola Ieremiae)으로 기록하는데, 바룩서와 예레미야 서신를 구분하면 총 15권이다.

14-15권의 외경 목록은 모두 구약성경과 연관된 내용으로 구약 외경이며, 신약 외경에 해당하는 책은 단 한 권도 없다. 16세기 종교개혁 당시, 천주교 교황이 소집한 교회회의, 즉 이탈리아 북부 도시 트렌트(Trento, 독일어: Trent, 영어: Trient)에서 개최된 공회(1545-1563)가 저

외경 목록 가운데 토빗서, 유디트서, 지혜서, 집회서, 바룩서, 에스더의 역사에 첨부된 것들, 풀무불 속 세 소년의 찬미, 두 권의 마카비서 등을 정경으로 인정했기 때문에, 이후 천주교 성경의 정경 목록은 오늘날 개신교 성경과 결정적으로 달라지게 되었다. 지금 천주교는 외경을 제2정경(deuterocanonica)이라 부르고 위경을 외경이라 부르지만, 이로써 오히려 정경과 외경 및 위경을 구분할 근거가 불확실하고 애매모호한 혼란스러운 결과뿐만 아니라, 정경의 권위 역시 심각하게 훼손하는 결과도 초래했다.

정경과 외경을 확실하게 구분하고, 그 관계를 상세하게 설명하면서 외경의 목록까지 제시한 것은 16세기 개신교 신앙고백 가운데 네덜란드 신앙고백이 최초이고 독보적이다. 아마도 네덜란드 신앙고백 제6항의 내용은 1546년 4월 8일 트렌트 공회에 참석한 천주교 고위 성직자 53명이 외경을 정경으로 결정한 저 트렌트공회의 결정을 확실하고도 명확하게 반대하기 위해 작성되었을 가능성이 높다. 물론 루터의 독일어 번역 성경이나 다른 유럽 국가의 번역 성경도 성경도 외경까지 번역하여 성경에 부록으로 실었지만, 결코 정경으로 간주하지 않았으며, 오히려 정경이 아니라고 못 박아 선언했다.

외경은 대부분 구약과 신약 중간기의 역사와 연관된 자료들로서, 초대교회 시절 유대인들의 종교 관습을 이해하는 데 상당히 중요한 역사적 자료로 사용되곤 한다. 헬라어에 능통한 신약성경의 저자라면 외경뿐만 아니라 위경까지도 알았을 가능성이 있다. 왜냐하면 외경 대부분은 이미 기원전 300년경, 구약 히브리어 성경을 헬라어로 번역한 70인역(Septuaginta) 속에 포함되어 있었기 때문이다.

1-2세기에 기독교가 유대교로부터 분리되면서 70인역 성경은 유대교인들이 아닌 기독교인들에게 활용도가 매우 높았다. 그래서 70인역 필사본들 대부분은 기독교 필사자들의 것이다. 뿐만 아니라, 초대교회 교

부들은 대부분 외경을 유감없이 자주 인용했으며, 몇몇 교부들은 외경을 정경과 같이 영감 받은 것으로 간주하여 정경과 동등하게 인용하는 경우도 적지 않았다. 심지어 아우구스티누스, 즉 어거스틴도 외경과 정경을 구분 없이 인용했다.

하지만 4세기 이후 동방교부들은 외경을 정경으로부터 구분하기 시작했다. 대표적으로 동방교부 아타나시우스(Athanasius of Alexandria. 296-373)와 서방교부 히에로니무스(Hieronymus. 약342[?347]-420), 즉 제롬(Jerome)은 정경의 권위를 가진 구약성경 39권과 그렇지 않은 외경을 확실하게 구분했다. 아타나시우스는 집사일 때부터 아리우스(Arius) 장로와 싸워 기독교의 삼위일체 교리를 지켜낸 교부로 유명하지만, 완전한 정경 목록으로 구약성경 39권과 신약성경 27권을 처음으로 제시한 교부로도 유명하다. 제롬은 성경 언어인 히브리어와 헬라어를 모르는 서방 교회를 위해 구약성경과 신약성경 전체를 라틴어로 번역한 불가타(Vulgata) 성경의 번역자로 유명하다. 물론 제롬의 불가타 성경에도 라틴어로 번역된 외경이 포함되어 있다.

종교개혁자들도 가끔 외경을 인용했지만, 정경의 권위와는 확실하게 구분했다. 루터의 독일어성경(1534) 역시 외경을 구약성경 마지막에 부록으로 추가했으나, 루터는 외경을 정경인 성경과 동등한 권위로 간주하지 말아야 한다고 주장했다. 히브리어 정경인 구약성경을 외경과 확실하게 구분한 최초의 종교개혁자는 루터가 아니라, 루터의 스승이자 동료인 안드레아스 카를슈타트(Andreas Rudolph Bodenstein von Karlstadt. 1486-1541)였다. 그는 1520년에 출간한 『성경의 정경성에 관하여』(De canonicis Scripturis libellus)라는 책에서 외경을 두 종류로 구분하면서 그 중 지혜서, 집회서, 유디트서, 토빗서, 마카비 상하를 "거룩한 기록물"로 인정하는데, 이 여섯 권의 외경을 정경보다 못하지만 일반 경건서적보다 높은 가치의 책으로 간주했다.

칼빈도 자신의 『기독교 강요』에서 외경을 10여 차례 인용하지만, 기독교 교리의 내용으로 인용하지 않을 뿐만 아니라, 같은 책에서 4,000번 이상 인용한 성경의 권위와 등등하게 취급하지도 않는다. 칼빈은 외경을 정경의 부록 정도로 생각하는데, 이런 인식은 초대교회 교부 제롬으로부터 시작하여 종교개혁자들에 이르기까지 공통적이고 일반적이었다고 볼 수 있다. 네덜란드 신앙고백 역시 외경에 대해 비슷한 입장이다. 즉, 외경을 "교회는 읽어도 무방하며, 그것들이 정경 책들과 일치할 경우 교훈을 얻을 수도 있다." 칼빈과 네덜란드 신앙고백에 의하면 외경은 '교회의 책들'(libri ecclesiastici)이지만, 결코 믿음의 교리를 세우는 '정경의 책들'(libri canonici)이라 볼 수는 없다.

하지만 분명한 것은, 아무리 교훈적인 내용이라 할지라도 외경은 결코 정경과 동등한 "힘과 능력"(force et vertu)을 가진 것으로 간주할 수 없다. 즉, 외경의 내용에는 어떠한 정경적 권위도 없다는 의미다. 그래서 네덜란드 신앙고백은 외경에 대해 다음과 같이 결론을 내린다. "그것들의 증언으로는 기독교 신앙이나 경건의 어떤 요소도 확증할 수 없다. 그렇기 때문에, 다른 거룩한 책들의 권위를 떨어뜨릴 가능성조차 없다." 기독교 신앙과 교리의 어떤 요소도 외경의 도움을 받을 수 없으며, 받아서도 안 된다는 의미다. 외경이 아무리 훌륭한 내용, 심지어 정경과 일치하는 내용일지라도, 그것을 기독교 신앙과 경건, 즉 기독교 교리의 근거로 사용할 수는 없다. 왜냐하면, 그것은 결코 정경이 아니기 때문이다.

"기독교 신앙이나 경건"(la foy ou religion Chrestienne)으로 번역한 문구에서 '경건'에 해당하는 단어는 사실상 오늘날 '종교'(religion)를 의미한다. 하지만 그 단어는 지금의 종교다원주의적 의미에서 '하나의 종교'라는 개념이 아니다. 16세기에 그 단어가 기독교 교리와 일치하는 믿음의 실체를 의미했기 때문에, 일반적으로 기독교 신앙 혹은 경건의 대체

용어였다. 칼빈의 『기독교 강요』라는 책 제목에서 사용된 '종교'(religio)라는 단어 역시 기독교 신앙과 경건을 의미하며, '강요'(institutio)로 번역된 단어 역시 사실상 '교육' 즉 '가르침'을 의미한다.

네덜란드 신앙고백에 따르면, 기독교 신앙과 경건은 오직 하나님의 거룩한 말씀인 정경 위에만 세워질 수 있다. 말씀을 들음으로부터 나는 믿음 역시, 오직 정경이라는 절대적 권위를 가진 성경에만 국한된다. 외경으로부터 기독교 신앙을 대변하거나 논증할 수 있는 요소를 찾을 수도 없고, 찾아서도 안 된다. 정경과 외경의 차이는 확실하다. 외경의 어떤 감동적이고 좋은 내용도, 심지어 정경과 일치하는 내용이라 할지라도, 결단코 정경과 동일한 권위로 기독교 교리를 세우는 힘과 능력으로 작용하지는 않는다. 하지만 외경은 일반적인 경건서적 이상으로 탐독 대상이 되는 것은 무방하다.

그리스도인은 누구나 외경을 읽을 수 있다. 읽고 감동을 받고 교훈을 얻는 것은 아무런 문제가 되지 않는다. 따라서 외경을 읽는다고 수상하게 여기거나 이단으로 의심할 필요는 없다. 내용적으로 외경이 정경에서 벗어나지 않는다면, 외경에서 교훈을 얻는 일은 오히려 권장할 일이다. 정경이 하나님의 말씀으로써 절대적 권위를 가진 것인데 반해, 외경은 정경의 보조적인 역할 정도의 책으로 간주하면 된다. 외경을 정경의 권위와 동등하거나 유사하게 보는 입장에 대해서는 철저하게 경계해야 한다. 하지만 외경을 무시하거나 읽어서는 안 될 금서로 만드는 것 역시 옳은 태도가 아니다.

지금 개신교는 외경을 읽기는커녕, 마치 불경스러운 금서인 것처럼 멀리한다. 그래서 외경 목록조차도 낯설 수밖에 없다. 물론 외경을 읽었다고 우쭐댈 이유는 없다. 그래도 읽어볼 필요가 있다. 특히 하나님의 말씀인 성경을 설교하는 목사는 반드시 읽어야 한다. 뿐만 아니라, 교회 직분자가 되려고 하는 사람이라면 또한 최소한 한 번은 정독해보는 것이 좋다. 물론 66권의 성경조차도 한 번 통독하지 못한 상태에서 신학대학원생, 즉 목사후보생이 되고 교회의 중직자가 되는 경우도 있다 하니 경악을 금할 수 없다.

감동적이고 많은 교훈을 담은 경건서적을 탐독하는 것처럼, 외경도 탐독의 대상으로 삼는 것은 권장할 만한 일이다. 그러나 무엇보다도 하나님의 말씀인 성경을 탐독해야 한다. 성경을 우선적으로 탐독하지 않는 교인에게는 때로 경건서적도 위험하고 외경은 더더욱 위험하다. 그러므로 가장 먼저 성경을 열성적으로 탐독해야 하고, 그 다음으로 외경과 경건서적도 즐겨 읽도록 하자. 지금은 책을 읽기 어려운 시대이지만, 그리스도인은 책의 사람, 성경책의 사람이므로 책을 가까이 하지 않고는 믿음이 자랄 수 없다. 성경 읽기와 듣기를 사랑하며, 성경적인 설교도 경청할 줄 아는 경건한 그리스도인으로 살아야 한다.

제7항

성경이 가장 완전하고 완벽한 책이라는 의미는 무엇인가?

Article VII.

Nous croyons que ceste Escriture saincts contient parfaittement la volonté divine, et que tout ce que l'homme doit croire pour estre sauvé, y est suffisamment enseigné. Car puis que toute la mainere du service, que Dieu requiert de nous, y est tres-aulong descritte les hommes, voire fussent ils Apostres, ne doivent enseigner autrement, que desia nous a este enseigné par les S. Escritures, encore mesme que ce fust un Ange du Ciel, comme dit S. Paul. Car puis qu'il est defenㅇ d'adjourster ni diminuer à la parole de Dieu, cela demonstre bien que la doctrine est tresparfaitte et accomplie en toutes sortes. Aussi ne faut comparer les escrits de hommes quelques saincts qu'ils ayent esté, aux escrits divins, ni la coustume à la verité de Dieu, (car la verié est par dessus tout,) ni le grand nombre, ni l'ancienneté, ni la succession des temps, ni des personnes, ni les Conciles, Decrets, ni Arrests; car tous hommes d'eux mesmes sont menteurs, et plus vains que la vanité mesme. Pourtant nous rejettons de tout nostre coeur tout ce qui ne s'accorde à ceste reigle infallible, comme nous sommes enseignez par les Apostres, disans, Esprouvez les esprits s'ils sont de Dieu: Item, Si aucun vient à vous et n'apporte point ceste doctrine ne le recevez point en vostre maison.

제7항. [구원 교리를 위한 가장 완전하고 완벽한 책, 성경]

우리는 성경이 하나님의 뜻을 온전히 내포한다는 것과 사람이 구원 받기 위해 믿어야 하는 모든 것이 그 [성경] 속에 충분히 가르쳐진다는 것을 믿습니다. 왜냐하면 하나님께서 우리에게 요구하시는 모든 예배 방법을 길게 서술하고 있기 때문입니다. 그러므로 지금 우리에게 성경을 통해 가르쳐지는 것과 다르게 가르치는 것은, 심지어 사도들일지라도 사람들에게 허용되지 않습니다. 사도 바울이 말하는 것처럼, 하늘에서 온 천사라 해도 [안 됩니다]. 왜냐하면 하나님의 말씀에 무엇을 더하거나 빼는 것이 금지되었기 때문이요, [성경의] 가르침은 그와 같이 모든

면에서 가장 온전하고 완전하다는 것을 잘 증명하기 때문입니다. 또한 누구든지, 결코 사람의 책들을, 비록 그 [저자]들이 성자들이었다 해도, 하나님의 [성경]책들과 비교하지는 말아야 합니다. 관습도, 절대다수도, 고전도, 시대나 인물의 전승도, 공의회들이나 법령들이나 결정들도 하나님의 진리와 [비교하지] 말아야 합니다. (왜냐하면 그 진리는 모든 것 위에 있기 때문입니다.) 왜냐하면 모든 사람은 스스로 속이는 거짓말쟁이들이요, 허무 자체보다 더 허무한 자들이기 때문입니다. 그러므로 우리는 이런 무오류의 규칙에 어긋나는 모든 것을 우리의 온 마음으로 내던져버립니다. 우리가 사도들로부터 배운 대로 [이렇게] 외칩니다. "너희는 영들이 하나님께 속하였나 분별하라."[요일 4:1] 또한 "누구든지 이 교훈을 가지지 않고 너희에게 나아가거든 그를 집에 들이지도 말라."[요이 1:10]

관련성경

딤후 3:17; 벧전 1:11-12; 잠 30:6; 갈 3:15; 행 22:18; 딤전 1:3; 갈 1:8, 11; 고전 15:2; 행 26:22; 롬 15:4; 행 18:28-29; 벧전 4장; 눅 11:13; 딤후 3:24; 딤전 1:13; 골 2:8; 행 4:19; 요 3:13; 벧후 2:16; 요 15:15; 요일 4:5, 19-20; 행 2:27; 요이 2장; 요 4:25; 신 12:32; 히 8:9; 마 15:3, 17:5; 막 7:7; 사 1:12; 행 1:21; 롬 3, 4장; 사 8:20; 딤후 4:3; 고전 1:13, 2:4, 3:11; 전 5:12; 살후 2:2; 시 12,7, 19:8-9, 12; 신 4:6, 6:9; 엡 4:5; 요 5장; 골 1:16, 18; 고전 8:6.

네덜란드 신앙고백이 정의하는 성경은 두 가지 내용인데, 즉 "하나님의 뜻을 온전히 내포"하는 책일 뿐만 아니라, 또한 "구원 받기 위해 믿어야 하는 모든 것"을 가르치기에 충분한 책이다. 성경은 하나님의 절대 진리의 말씀이다. 그러나 세상의 모든 사실과 진리의 유일무이한 교과서는 아니다. 따라서 성경 전부를 순수 역사서로 간주해서도 안 되고, 과학적 진리의 기준으로 간주하는 일은 더더욱 경계해야 한다. 이런 점에서 창조과학회가 성경을 마치 과학교과서인 것처럼 과학적으로 해석하려는 시도는 성경의 진리를 왜곡하는 또 다른 길로 안내하기 십상이다. 성경이 역사적 진실과 과학적 진리를 내포하는 것은 사실이다. 온 우주 만물은 하나님의 피조물이며 창조와 창조 이후의 사건 기록은 모두 역사적 사실이기 때문이다. 그렇다고 성경이 모든 과학 법칙과 진리를 포괄하는 과학 교과서라거나, 발생한 사건을 있는 그대로 묘사하기 위한 역사서라고 단정하는 것은 어불성설이다. 왜냐하면 성경의 기록 목적이 단순히 과학적 진리나 역사적 사실을 위한 것이 아니라, 인류의 구원을 위한 것이기 때문이다. 무엇보다 중요하고 강조해야 할 논점은 성경이 최고의 권위를 가진 구원 계시의 책이라는 사실이다. 따라서 성경을 '구원에 관한 모든 진리를 충분히 가르치는 유일무이한 책'으로 받아들이는 것이 우선적이며 필수적이다. 이것이 '성경의 충족성'이라는 개념이다.

이런 성경의 충족성을 네덜란드 신앙고백은 강력하게 주장한다. 구원에 관한 하나님의 뜻을 온전히 내포하는 책일 뿐만 아니라, 또한 구원 받기 위해 믿어야 할 모든 것을 충분히 가르치는 책이 바로 성경이라는 것이다. 그런데 이러한 진술에 그치지 않고, 그 이유까지도 설명한다. 성경이 "하나님께서 우리에게 요구하시는 모든 예배 방법"을 상세하고 구체적으로 제시하기 때문이라고 서술한다. 믿음 없이는 하나님께서 요구하시고 기뻐하시는 예배, 영과 진리로 드리는 합당한 예배란 불가능하다. 성경이 제시하고 안내하는 구원의 길은 예수 그리스도뿐이다. 이것이 곧 "오직 그리스도만이"(Solus Christus)라는 종교개혁의 원리다. 그분만이 길이요, 진리요, 생명이시기 때문이다. 오직 그리스도를 통해서만, 오직 그리스도 안에서만 참된 신앙과 진정한 예배가 가능하다. 요약하자면, 구원의 안내자인 성경 없이는 아무도 구원에 도달할 수 없고, 참된 신앙을 가질 수 없으며, 진정한 예배도 경험할 수 없다. 성경은 어떻게 구원을 받을 수 있는지, 기독교 신앙 과연 다른 종교의 신앙과 어떻게 다른지, 그리고 누구를 예배해야 하는지에 대해 구체적으로 정확하며 충분하게 설명하는 유일무이한 책이다. 여기에 해당하는 가장 적합한 종교개혁의 구호는 "오직 성경만으로"(Sola Scriptura)이다. 이것은 '오직 성경만이'로도 번역할 수 있는 용어인데, 성경의 권위 위에 있는 것은 아무 것도 없으며, 교회의 모든 것은 성경에 의해 판단되어야 한다는 의미다. 그 이유는 네덜란드 신앙고백에 의하면 성경이 오류가 전혀 없는, 즉 "무오류의 규칙"(reigle infallible)이기 때문이다. 이 규칙에 부합하지 않는 것은 무엇이든 받아들일 수도 없고, 받아들여서도 안 된다. 그러기 위해서는 무엇이 하나님의 말씀인 성경에 어긋나는 것인지 아닌지 분별할 줄 아는 영적 분별력을 가져야 한다.

구원에 관한 최고의 권위는 오직 성경뿐이다. 구원의 길로 안내할 수 있는 유일한 책이 곧 성경이다. 그리고 루터는 "오직 의인은 믿음으로 말미암아 살리라!"는 성경 구절에서 구원과 믿음의 관계를 바르게 깨닫고 통찰했는데, 이것이 '믿음으로 의롭게 된다'와 '믿음으로 구원을 받는다'는 의미의 구호, "오직 믿음으로"(Sola fide)의 교리다. 이것을 한자로는 '이신칭의'(以信稱義), '이신득의'(以信得義), 혹은 이신득구(以信得救)라 부른다. 아담의 타락 이후 모든 인류는 죄인으로 태어난다. 따라서 아담 이후의 인간은 죄를 짓기 때문에 죄인인 것이 아니라, 죄인이기 때문에 죄를 짓는 것이다. 죄인이 스스로 구원 받을 수 있는 능력이나 방법은 전무하다. 의로우신 하나님의 도움 없이는 우리의 구원은 불가능하다. 구원의 길은 전적으로 죄인인 "우리 바깥에"(extra nos) 놓여 있는데, 그 길이 바로 예수 그리스도이시다. 그러므로 구원은 "오직 그리스도 안에만"(solo in Christo) 가능하다. 모든 죄인은 예외 없이 그리스도를 나의 구주, 나의 하나님으로 믿는 믿음으로 그리스도께서 내 안에 사시고, 내가 그리스도 안에 살 때 비로소 놀라운 구원을 경험하고 획득하게 된다.

따라서 '믿음이 구원한다!'라는 문구가 성립 가능하다. 성경은 우리가 "구원을 받기 위해 믿어야 하는 모든 것"을 충분하게 가르친다. 또한, 좁고 유일한 구원의 길이신 예수 그리스도께로 안내하되, 믿음이라는 통로를 통해 안내한다. 이것을 "구원하는 믿음"(saving faith)이라 부른다. 이 '믿음'을 우리 자신의 결단이라 생각하는 것은 오해다. 이런 오해는 16세기 재세례파(Anabaptists)와 17세기 아르미니우스주의자들(Arminians)에게서 비롯되었다. 그들은 믿음을 자유의지에 근거한 인간의 결단과 선택이라고 오해했다. 하지만 구원의 주체는 오직 하나님 한 분뿐이시다. 그래서 구원은 오직 하나님의 은혜로만 가능하다. 그렇다면 우리의 믿음은 무슨 역할을 하는가? 믿음은 하나님께서 베푸신 구원의 종합선물세트를 여는 열쇠다. 이 열쇠 없이는 결코 구원이라는 하나님의 종합선물세트를 열 수 없다. 그런데 하나님께서 구원의 선물을 베푸실 때, 그 열쇠도 함께 제공하시기 때문에 염려할 필요가 없다. 우리가 그 열쇠를 만들어야 하는 것이 아니다. 아니, 만들 수도 없다. 구원의 선물과 함께 딸려온 열쇠가 아니고는 결코 그 선물상자를 개봉할 수 없기 때문이다. 믿음은 구원과 한 세트인 선물이다. 우리가 결심하고 결단한다고 구원이 우리의 것이 되는 것이 아니라, 성령 하나님께서 우리를 감동시키셔서 우리가 기꺼이 그 선물을 받을 때, 비로소 구원은 우리의 것이 된다. 그러므로 믿음은 우리의 결단과 결심이 아니라, 성령 하나님의 감동적인 역사다.

중세 천주교는 선물로서의 구원을 마치 인간이 자신의 노력으로 획득할 수 있는 것처럼 잘못 가르쳤는데, 이것이 바로 공로신학이다. 공로신학은 인간이 구원을 받으려면 합당한 공로를 쌓아야 한다고 가르친다. 자신이 쌓은 공로의 분량에 따라 구원을 받을 수도 있고, 받지 못할 수도 있다는 것이다. 즉, 구원이란 하나님의 은혜가 아닌, 자신의 노력으로 받는다는 가르침이다. 루터는 이런 공로신학이야말로 성경의 가르침을 왜곡하고 변질시킨 교리라고 공개적으로 비판했는데, 이것이 곧 역사의 대전환을 가져온 종교개혁이다. 종교개혁의 입장에서 성경과 믿음의 관계는 매우 긴밀할 수밖에 없다. 네덜란드 신앙고백 제5항은 성경 기록의 목적이 "믿음을 규정하고 다지고 세우기 위한 것"이라고 선언하는데, 이런 선언에 대한 부가적 해설이 제7항이다. 공로신학은 중세교회가 인간의 전통을 성경과 동등하게, 심지어 때때로 성경보다 더 권위 있는 것으로 받아들인 결과물이다.

루터의 주장에 따르면, "성경은 다른 모든 책을 어리석은 것으로 만드는 책이다." 이것이 '오직 성경'이라는 종교개혁 정신인데, 네덜란드 신앙고백은 바로 이러한 종교개혁 정신을 분명하게 반영하고 계승한다. 모든 종교개혁자들은 어떤 무엇도 성경과 동등한 권위를 가진 것은 존재하지 않는다고 천명했다. 네덜란드 신앙고백 역시 세상의 그 어떤 것도 "하나님의 말씀"(la parole de Dieu)이자 "하나님의 진리"(la verité de Dieu)인 "하나님의 책들"(escrits divins), 즉 "성경"(les S. Escritures)과 비교할 수 없다고 강력하게 주장한다. 성경은 최고의 유일무이한 권위의 책이다. 그러므로 아무리 훌륭한 성자의 책도 성경과 비교할 수는 없다. 아무리 좋은 관습도, 아무리 오래된 전통도, 심지어 "공의회들이나 법령들이나 결정들"(les Conciles, Decrets, Arrests)조차도 결코 성경에 견줄 수 없다. 한 마디로, 성경의 절대 권위와 맞먹는 것은 아무 것도 없다. 성경만이 하나님의 계시와 진리이기 때문이다.

네덜란드 신앙고백이 "하나님의 말씀에 무엇을 더하거나 빼는 것"을 "금지"하는데, 이것은 "천지가 없어지기 전에는 율법의 일점일획도 결코 없어지지 아니하고 다 이루리라!"(마 5:18)라는 예수님의 말씀에 근거한 호소로 보인다. 그러나 이 구절에서 주의해야 할 요점은 이것이 율법에 관한 예수님의 말씀이라는 사실이다. 여기서 "일점일획"이란 '율법의 내용은 반드시 이루어진다'는 율법의 완전 성취를 가르치시고 강조하시기 위한 말씀이지, 성경의 문자적 무오류성을 지적하시거나 옹호하시기 위한 의도의 말씀이 아니다. "일점일획"에 관한 예수님의 말씀은 율법을 폐하러 오신 것이 아니라 "완전하게 하려"고 오셨다는 앞 구절의 말씀을 확증하는 말씀이다. 따라서 "일점일획"이라는 문구가 성경의 문자적 영감설을 위한 직접적인 근거라고 보기 어렵다. 왜냐하면 강조점이 율법의 "점"과 "획"이라는 글자에 있는 것이 아니라, 반드시 남김없이 이루어질 '율법의 내용'에 있기 때문이다. 예수님의 말씀은 성경에 기록된 단어 하나하나, 구절 하나하나가 모두 동등한 절대적 권위를 가지고 있다는 의미가 아니다. 성경에는 하나님의 말씀도 있고, 인간의 말도 있고, 심지어 사탄의 말도 있다. 성경 속에는 온전한 진리의 말씀도 있지만, 반쪽짜리 진리도 있고, 진리를 부인하거나 변질시키는 거짓도 있다. 따라서 성경에 기록되었다는 이유만으로 모든 성경 내용이 저절로 하나님의 절대적 말씀이 되는 것도 아니며, 성경에 기록된 단어들과 구절들이 모두 동등한 말씀의 권위를 가진 것도 아니다. 중요한 것은 성경의 가르침, 즉 구약에서 율법과 선지자들, 그리고 신약에서 예수님과 사도들의 일관된 가르침이다.

이런 점에서 네덜란드 신앙고백은 "지금 우리에게 성경을 통해 가르쳐지는 것과 다르게 가르치는 것"을 엄격하게 금지한다. 성경이 우리에게 가르치는 내용과 다른 교리는, 심지어 그것을 가르치는 교사가 사도나 천사일지라도, 결코 받아들일 수도, 따를 수도 없다. 성경만이 하나님의 말씀, 즉 절대 진리의 말씀이기 때문이다. 그러나 성경만을 절대적 권위를 가진 유일한 진리의 책이라고 선언하는 것만으로 문제가 모두 해결되는 것은 아니다. 성경 해석이 남아 있기 때문이다. 과연 누구의 성경 이해가 절대적 권위인가? 절대적 권위의 해석이 가능한가? 칼빈의 주장에 따르면, 성경 해석의 절대적 권위를 가진 신학자는 아무도 없다. 인간은 누구나 연약하고 조금씩 부족하다. 그러므로 절대 권위의 말씀 앞에 겸손한 자세가 무엇보다 중요하다. 성경 해석자들은 먼저 각자 겸손하게 엎드려 하늘의 지혜를 달라고 성령 하나님께 기도해야 하고, 그런 다음 열심히 성경을 연구하되, 모두 함께 합력하여 말씀의 바른 뜻을 찾도록 해야 한다. 그렇지 않으면 각자가 자신의 성경 해석을 절대 진리로 주장하는 교황이 될 것이며, 천주교의 교황은 한 명으로 족하지만 개신교의 교황은 셀 수 없이 많아질 것이다. 교회 역사에서 뛰어난 믿음의 선배들, 교부들과 종교개혁자들의 성경 해석은 존중할 가치가 충분하다. 물론 그들의 해석이 항상 옳은 것만은 아니라 할지라도, 때론 고루하게 보일지라도, 그들의 깊은 신앙심에서 비롯된 하나님 중심적, 그리스도 중심적 해석은 존중 받아 마땅하다. 오직 성경책만 독서한다고 성경에 나타난 하나님의 뜻을 바르게 깨달을 수 있는 것은 아니다. 물론 다른 어떤 책보다 성경을 더 많이, 더 자주 읽어야 한다는 것은 아무리 강조해도 지나치지 않은 말이다. 우리의 구원을 위한 가장 완전하고 완벽한 책은 오직 성경뿐이다.

제8항

우리가 믿는 삼위일체 하나님, 즉 성부, 성자, 성령은 어떤 분이신가?

Article VIII.

Suivant ceste verité et parole de Dieu, nous croyons en un seul Dieu, qui est une seule essence, en laquelle il y a trois personnes realement, et à la verité, et eternellement distinguées selon leurs proprieztez incommunicables, asavoir, Le Pere, Le Fils, et le S. Esprit. Le Pere estant cause, origine, et commencement de toutes choses tant visibles qu'invisibles; Le fils, qui est la Parole, la sagesse, et l'imager du Pere. Le S. Esprit la vertu et puissance eternelle procedante du Pere, et du Fils. Et cependant une telle distinction ne fait pas, que Dieu soit divisé en trois, d'autant que l'Escriture nous enseigne, que le Pere, le Fils et le S. Esprit, ont un chacun sa subsistence distincte par ses proprietez, de sorte toutefois que ces trois personnes ne sont qu'un seul Dieu. Il est donc manifeste que le Pere n'est point le Fils, et que le Fils n'est point le Pere: semblablement, que le S. Esprit n'est pas le Pere ni le Fils. Cependant ces personnes ainsi distinctes ne sont pas divisees ny aussi confondües, ni meslées. Car le Pere n'a point prins chair ni aussi le S. Esprit: pour ce que tous trois sont d'eternité esgale en une mesme essence. Il n'y a premier, ni dernir: car tous trois sont un en verité et puissance, en bonté et misericordo.

제8항. [삼위일체 하나님: 비공유적 속성에 따른 삼위, 동일한 본질에 따른 일체]

우리는 하나님의 이 진리와 말씀에 따라 유일하신 한 분 하나님을 믿는다. 그분은 유일한 하나의 본질이시고, 그 [본질] 속에 세 위격이 계시는데, 비공유적 속성에 따라 실제로, 진실로, 그리고 영원히 구별되는 성부와 성자와 성령이십니다. 성부는 모든 것, 즉 가시적이거나 불가시적인 모든 것의 원인과 기원과 시작이십니다. 말씀이신 성자는 지혜이시며, 성부의 형상이십니다. 성령은 성부와 또한 성자로부터 나오시는 영원한 힘과 능력이십니다. 그렇지만 이 구별은 결코 하나님이 셋으로 분리되도록 하지 못합니다. 성경이 우리에게 가르치는 것처럼, 성부와 성자와

성령은 각자의 실체를 가지시고 그 자신의 속성에 의해 구별되시지만, 그럼에도 불구하고 이 세 위격은 유일한 한 분 하나님이십니다. 따라서 성부는 성자가 아니시고 성자는 성부가 아니시며 동일하게 성령은 성부와 성자가 아니라는 것은 명확합니다. 이 위격들은 그와 같이 구별되지만, 분리되지도 또한 혼합되지도 않습니다. 왜냐하면 성부가 육신을 취하지 않으셨고 성령도 아니셨으며 오직 성자만이 그렇게 하셨기 때문입니다. [또한] 성부는 성자 없이 계신 적이 없으시고 성령 없이 계신 적도 없으시기 때문입니다. 왜냐하면 세 분 모두 영원부터 하나의 동일한 본질 안에서 동일하시기 때문입니다. 먼저 되신 분도, 나중 되신 분도 없습니다. 왜냐하면 세 분 모두 진리와 능력으로는, 선하심과 자비하심으로는 한 분이시기 때문입니다.

관련성경

고전 1:24; 요 1:14; 요일 1:1; 행 19:13; 잠 8:22; 골 1:15; 마 28:19, 3:16-17; 요 1:14; 미 5:2

신은 하나뿐이며, 그 하나뿐인 신을 믿는 종교를 유일신론(Monotheism)이라 부른다. 대표적으로는 유대교, 기독교, 이슬람교가 여기에 속한다. 하지만 기독교는 결코 유일신론의 범주로만 설명하기 어려운 신관을 가지고 있다. 왜냐하면 기독교는 하나님이 한 분이라고 믿으면서 동시에 그 하나님께서 성부와 성자와 성령으로 구별되는 삼위일체라고 고백하기 때문이다.

분명 기독교의 하나님은 둘이나 셋이 아니라 한 분이시다. 하지만 그 한 분 하나님은 서로 다른 성부와 성자와 성령으로 구별되신다. 이것을 삼위일체(trinitas)라고 부른다. 기독교의 가장 중요한 교리 두 가지는 삼위일체 교리와 성육신 교리이다. 성육신 교리는 제10항에서 다루게 될 것인데, 요약하면 예수께서 참 하나님이신 동시에 참 인간이시라는 내용이다.

삼위일체 교리의 핵심은 한 분 하나님이 세 분이신 동시에 세 분이 한 분이시라는 것이다. 이 교리는 결정적으로 이 땅에 오신 성자 하나님 예수 그리스도에 의해 발생한다. 왜냐하면 그분은 자신을 하나님의 아들과 사람의 아들로 소개하시기 때문이다. 하나님의 아들로서 하늘의 하나님을 아버지라 부르신다. 그리고 자신 즉 "아들을 본 자는 아버지를 본다"고 주장하신다. 예수님의 주장이 사실이라면, 성자는 성부가 아니시라는 사실이 분명해진다.

그리고 예수님이 부활 승천하시기 전에, 다른 보혜사이신 성령을 보내시겠다고 약속하셨는데, 이 약속의 성취가 바로 오순절 성령 강림 사건이다. 이 사건으로 명료하게 드러나는 사실은 육체 없이 오신 성령은 부활의 육체를 가지신 예수 그리스도가 아니시라는 점이다. 그러므로 "성부는 성자가 아니시고, 성자는 성부가 아니시며, 동일하게 성령은 성부와 성자가 아니시라는 것은 명확하다." 하나님이 한 분이신데, 동시에 삼위, 즉 성부와 성자와 성령이시라는 사실은 성경적으로 아주 분명하고 명확하다.

한 분 하나님의 삼위, 즉 위격들은 서로 "구별되지만, 분리되지도 또한 혼합되지도 않는다. 왜냐하면 성부가 육신을 취하지 않으셨고, 성령도 아니셨으며 오직 성자만이 그렇게 하셨기 때문이다. 또한 성부는 성자 없이 계신 적이 없으시고, 성령 없이 계신 적도 없으시기 때문이다. 왜냐하면 세 분 모두 영원부터 하나의 동일한 본질 안에서 동일하시기 때문이다."

네덜란드 신앙고백에 따르면 "유일하신 한 분 하나님"(un seul Dieu)의 근거는 "유일한 하나의 본질"(une seule essence)이다.[1] 여기서 '본질'이란 '존재'라는 뜻이기 때문에 신적 본질은 '하나님이심'을 의미한다. 그 신적 본질은 하나, 즉 유일무이(唯一無二)하며 그 하나의 본질 속에는 "세 위격"(trois personnes) 즉 성부와 성자와 성령이 계시는데, "비공유적 속성에 따라 실제로, 진실로, 그리고 영원히 구별되신다."

성부와 성자와 성령은 "자신들의 비공유적 속성"(leurs proprieztez incommunicables)에 의해 서로 구별되시는데, 이 구별은 "실제로, 진실로, 영원토록"(realement, et à la verité, et eternellement) 유효한 하나님의 존재 방식이다. 이런 하나님의 존재 방식은 우리 인간의 이성으로는 온전히 이해하기 불가능하다. 삼위일체 교리를 쉽게 설명하기 위해 아버지의 역할론이나 고체와 액체와 기체로 변화 가능한 물 등의 비유를 들기 쉬운데, 그것이 무엇이든 삼위일체를 다른 무엇으로 비유하

---

[1] 불어로 작성된 네덜란드 신앙고백을 네덜란드어로 번역한 권위 있는 도르트레흐트총회(1619) 번역판은 이 문구를 "영원한 본질"(een eeuwich wesen)로 오역했다. 가장 오래된 1562년 네덜란드어 번역판에는 "본질과 본성에서 하나"(eenich in wesen ende substancie)라고 바르게 번역되어 있다. 참고. J. N. Bakhuizen van den Brink Ed., *De Nederlandse belijdenisgeschriften in authentieke teksten met inleiding tekstvergelijkingen* (Amsterdam: Uitgeverij Ton Bolland, 1976), 81.

는 순간, 곧장 이단적인 가르침에 빠질 가능성이 매우 높다.

"하나님은 사랑이시라"는 성경 말씀을 근거로 삼위일체를 이해하려는 시도는 조심스럽긴 하지만 그나마 건전하다. 성부 하나님은 사랑하시는 분, 성자 하나님은 사랑 받으시는 분, 성령 하나님은 사랑의 끈이라고 설명함으로써 삼위일체 하나님이 사랑의 하나님이시라고 주장하는 것이다. 인간의 지정의(知情意), 즉 지성과 감성과 의지를 삼위일체의 반영으로 간주하는 신학자도 있지만, 삼위일체를 다른 무엇에 비유하는 일은 매우 위험하다.

삼위일체 교리는 명확히 이해하거나 설명하기 불가능한 신비다. 온전히 이해할 수 없는 내용을 억지로 풀려고 하다가 스스로 멸망에 이르게 되지 않도록 조심해야 한다. 삼위일체 교리와 관련해서도 성경이 가르치는 내용에 만족하는 것이 좋다. 하나님의 피조 세계인 이 우주에서만 해도 인간의 이성으로 이해할 수도 설명할 수도 없는 비밀과 신비는 너무 많다. 하지만 이런 우주의 신비들은 그나마 이성적으로 관찰 가능하다. 그러나 우주적 신비와는 차원이 다른 하나님 자신의 신비는 하나님 외에 아무도 알 수 없을 뿐만 아니라, 하나님의 계시를 무시하고 순수하게 이성적으로 그 신비에 접근하는 것은 불가능하다.

하나님께서 자신에 대해 알려주신 것 이외에 우리 인간이 하나님을 알고 이해할 수 있는 방법은 없다. 그러나 죄로 인해 손상을 입은 이성의 불완전함 때문에 성령의 도우심이 없다면 이성만으로 하나님의 계시를 제대로 이해하는 일은 불가능하다. 성경에는 삼위일체라는 용어가 없지만, 분명 성경은 우리에게 삼위일체를 가르친다. 왜냐하면 하나님은 한 분뿐이시라고 가르칠 뿐만 아니라, 또한 그 한 분 하나님이 창조와 구원의 하나님이시며 성부와 성자와 성령이시라고 가르치기 때문이다.

성경의 가르침에 따르면, 그리스도인이 믿어야 할 대상이 한 분 하나님이시며, 그 한 분 하나님이 성부와 성자와 성령으로 구별되신다. 이런 삼위 하나님의 구별은 그럴듯하게 보이는 가상적인 것도 아니고, 어떤 거짓된 속임수도 포함되지 않았으며, 일정 기간에만 필요한 한시적 현상도 아니다. 삼위 하나님의 구별은 실제적 사실이고 실체적 진리이며 영원부터 영원까지 유효하다. "하지만 이 구별은 결코 하나님이 셋으로 분리되도록 하지 못한다." 삼위일체의 신비는 이해의 문제가 아닌, 믿음의 문제다.

삼위일체의 신비를 이성적으로 이해하고 설명하기 위해 노력하기보다는, 삼위일체 신비 자체가 우리에게 신앙적으로 어떤 의미이며, 어떤 유익이 있는지 살피는 것이 훨씬 더 바람직하고 좋다. 네덜란드 신앙고백에 의하면, 비공유적 속성에 따라 "성부는 모든 것, 즉 가시적이거나 불가시적인 모든 것의 원인과 기원과 시작이시다. 말씀이신 성자는 지혜이시고 성부의 형상이시다. 성령은 성부와 또한 성자로부터 나오시는 영원한 힘과 능력이시다." 하지만 성부와 성자와 성령 하나님은 "먼저 되신 분도, 나중 되신 분도 없다. 왜냐하면 세 분 모두 진리와 능력으로는, 선하심과 자비하심으로는 한 분이시기 때문이다." 따라서 하나님은 삼위일체시다.

삼위일체 하나님을 설명하기 위해 본질, 비공유적 속성, 위격, 실체(subsistence) 등과 같은 비성경적인 용어를 사용한 것은 불가피한 일로 보인다. 이런 용어 사용 자체를 문제 삼아 하나님을 오직 한 분으로만 고집하는 반삼위일체론자들(uniterian)의 유일신론(unitheolism)은 삼위일체 교리를 인정하는 정통 기독교 유일신론과 거리가 멀다. 반삼위일체론자들은 초대교회의 아리우스(Arius) 이단보다 더 심각한 이단, 즉 그리스도의 신성 자체를 부인하는 이단이다. 이런 삼위일체 이단들에 대해서는 다음 조항에서 살펴볼 것이다.

삼위일체 교리보다 반삼위일체론적 유일신론 사상이 훨씬 더 이성적으로 이해하고 설명하기 쉽기 때문에 종교개혁 이후 많은 지성인들은 모호해 보이는 삼위일체 교리보다는 명료해 보이는 반삼위일체론을 선호했다. 특히 재세례파들 가운데 반삼위일체론자들이 많았다. 제네바 종교개혁자 칼빈을 공격하고 노골적으로 적의를 드러낸 스페인 출신의 의사 세르베투스(Servetus) 역시 대표적인 16세기 반삼위일체론자였다. 반삼위일체론자들 가운데 특별히 이탈리아 출신들이 많았는데, 대표적으로 두 명의 소키누스(Socinus. 이태리어로는 Sozini)를 들 수 있다. 이 둘은 상류사회의 엘리트 출신으로 삼촌 렐리오(Lelio. 라틴명은 Laelius)와 조카 파우스토(Fausto. 라틴명은 Faustus)이다. 그들은 회의주의자들로서 모든 것을 의심하였고 최대한 이성적으로 이해하고 설명 가능한 것을 선호했다. 따라서 만일 하나님이 한 분이시라는 유일신론이 맞다면 그 한 분 하나님은 결코 세 분이실 수 없다라고 결론 내렸다. 모든 반삼위일체론자들의 공통적인 특징은 합리적 지성을 성경과 전통 교리보다 더 중시한다는 점이다. 그들에겐 합리적 이성이 모든 것을 판단하는 최상의 시금석이자 최종적인 권위다.

이처럼 어느 시대든 합리적이고 수학적인 개념을 선호하는 모든 기독교 신자들에겐 수수께끼 같은 삼위일체와 성육신에 관한 교리가 항상 걸림돌이다. 오늘날에도 그리스도인들 가운데 많은 지성인들은, 특히 젊은 지성인일수록 모든 것을 과학 원리에 대입하려는 경향과 과학으로 해명되지 않는 모든 것을 부정하려는 경향이 매우 강하다. 현대 신학자들과 기독교 물리학자들, 생물학자들은 삼위일체와 성육신 교리를 과학에 어긋나지 않게 해명하기 위해 다각도로 노력하고 있지만, 수수께끼의 실타래를 풀기는커녕 새로운 문제들만 양산하고 있다. 초대교회가 결정한 정통적 삼위일체와 성육신 교리를 벗어난 새로운 교리는 역사상 이단적인 가르침으로 결론 나는 경우가 대부분이다. 전통적 삼위일체 교리를 거부하는 현대 학자들의 놀라운 해명보다는 오히려 경건한 믿음의 선배들이 가르쳤던 교리를 붙잡는 것이 훨씬 현명하고 지혜롭다. 새로운 것, 신박한 것이 항상 유익하고 좋은 것만은 아니다. 칼빈의 경고대로, 우리는 삼위일체 하나님을 머리가 셋 달린 괴물 같은 삼중적 하나님으로 상상하거나, 하나님의 단일한 본질이 세 위격으로 찢어진 세 하나님들로 상상하는 모든 가르침을 경계해야 한다. 하나님은 하나의 본질, 즉 하나의 존재이시며 그 한 분 하나님 안에 세 위격이 계신다. 한 분 하나님은 성부와 성자와 성령으로 실존하신다. 세 실존이신 성부와 성자와 성령은 서로 다른 속성 때문에 구분되시지만 결코 분리되시지 않는다. 한 분이 세 분으로 분리되지도, 세 분이 한 분으로 혼합되지도 않으신다. 영원 전부터 하나님은 한 분이시면서 동시에 세 분이시다. 이것은 하나님의 존재 방식이며 인간의 지성으로는 이해 불가능한 것이다. 하나님의 피조 세계에는 아직도 인간의 지성과 과학법칙으로 풀기 어려운 수수께끼가 셀 수 없이 많다. 인간이 과연 우주의 신비를 모두 풀 수는 있을까? 불가능할 것으로 보인다. 하물며 인간 지성으로는 이해 불가능한 창조주 하나님의 신비가 없을까?

과학을 기독교 신앙보다 신봉하는 그리스도인들에게 묻고 싶다. 만유인력의 법칙이 적용되는 자연의 거시세계와 그 법칙이 전혀 적용되지 않는 소립자의 미시세계가 동시에 존재하는 것은 어떻게 설명할 수 있는가? 아마도 이 질문에 대답할 수 있는 자연과학자는 없을 것이다. 뫼비우스의 띠의 수수께끼를 풀어낸 수학자가 없듯이, 세계 최고의 과학자라도 감히 불확정성의 원리가 지배하는 미시세계와 그 세계 위에 구축된 거시세계의 인과관계를 명쾌하게 설명하지 못할 것이다. 아니, 지금 인류가 고통 받고 있는 코로나 바이러스(Corona virus)의 정체만이라도 명확하게 밝힐 수 있으면 좋겠다. 게놈 분석이 인류의 문화 발전 인자인 밈(Meme)을 설명하지 못한 것처럼, 수많은 자연의 신비 역시 결코 풀지 못할 수수께끼로 남지 않을까?

하지만 기독교 신앙은 인간의 지성을 무시하지 않는다. 왜냐하면 이성은 하나님의 형상으로 지음 받은 인간의 특권, 즉 인간에게만 허락된 하나님의 특별한 선물이기 때문이다. 다만 그 지성에는 한계가 있고, 이 한계 밖에서 출발하는 것이 믿음이라고 인정할 뿐이다. 누구든지 신비 앞에 설 때, 우리를 겸허하게 만드는 경탄이 가장 자연스럽고 우선적인 반응이듯이, 삼위일체 하나님 앞에 선 우리 그리스도인의 반응도 마찬가지 아닐까? 성부와 성자와 성령 하나님의 은혜가 우리 죄인에게 세 배로 쏟아부어진다는 사실만 깨달아도 삼위일체 교리는 유익하다.

제9항

초대교회의 대표적인
삼위일체 이단 사상가들은
누구인가?

Article IX.

Nous cognoissons toutes ces choses tant par les tesmoignages de la S. Escriture, que par les effects, et principalement par ceux-là que nous sentons en nous. Les tesmoignages des Escritures sainctes qui nous enseignent de croire cette S. Trinité sont escrits en plusieurs lieux de l'Ancien Testament, qui n'ont point besoin de denombrement, mais de choix et de discretion. Au livre de Genèse Dieu dit: Faisons l'homme à nostre image, et selon nostre semblance, etc.: Dieu donc crea l'homme à son image, il le crea, di-je, masle et femelle. Item: Voicy Adam est fait comme l'un de nous. Il appert par cela, qu'il y a pluralité de personnes en la Deité, quand il dit, Faisons l'homme à nostre image. Et puis il monstre l'unite, quand il dit, Dieu crea. Il est vray qu'il ne dit point là combien il y a de personnes; mais ce qui nous est aucunement obscur au Viel Testament, nous est tresclair au Nouveau. Car quand nostre Seigneur fust baptizé au Iordain, la voix du Pere a esté ouïe, disant: Cestuy est mon fils bienaymé; le Fils est veu en l'e대; et le S. Esprit apparoist en forme d'une colombe. Et aussi au Baptesme de tous fideles cette façon a esté ordonnée de Christ: Baptizez toutes gens au nom du Pere et du Fils et du S. Esprit. En l'Evangile selon S. Luc, l'Ange Gabriel parle ainsi à Marie, mere de nostre Seigneur: Le S. Esprit suviendra en toy, et la Vertu du Souverain t'enombrera, et pourtant cela aussi qui naistra de toy sainct, sera appelé le Fils de Dieu. Item, la grace de nostre Seigneur Iesus Christ, et la charite de Dieu, et la communication du S. Esprit soit avec vous. Il y en a trois qui donnet tesmoignages au ciel: Le Pere, La Parole, et le S. Esprit, et ces trois sont u. En tous ces lieux là sommes nous à plein enseignez des trois peronnes, en une seule essence divine. Et jaçoit que cette doctrine outrepasse les entendemens humains, cependant nous la croyons maintenant par la parole, attendans, d'en avoir plein cognoissance et jouyssance au ciel. Or il fault aussi noter les Offices et Effects particuliers des trois personnes envers nous. Le Pere est appelé nostre Createur par sa vertu; le fils est

nostre Sauveur et Redempteur, par son sang. Le S. Esprit est nostre sanctificateur par sa demeurance en nos coeurs. Cette doctrine de la S. Trinité a tousjours esté maintenuë en la vraye Eglise depuis le temps des Apostres jusques à present contre les Iuifs, Mahumetistes, et contre aucuns Faux Chrestiens et Heretiques, comme Marcion, Manes, Praxeas, Sabellius, Samosatenus, Arrius, et autres semblables, lesquels à bon droict ont esté condamnez par les S. Peres. Parainsi nous recevons volontiers en ceste matiere les trois Symboles, celuy des Apostres, celuy de Nice, et d'Athanase, et semblablement ce qui en a esté determiné par les Anciens conformement à iceux.

제9항. [삼위일체 교리에 대한 성경의 증거 및 역사적 정당성]

우리는 이 모든 것을 성경의 증거들에 의해 알게 될 뿐만 아니라, 또한 그 효력들에 의해서도, 특히 우리가 우리 속에서 인지하는 것들에 의해서도 [알게 됩니다.] 우리에게 이 삼위일체를 믿으라고 가르치는 성경의 증거들은 구약의 수많은 곳에 기록되어 있는데, [그 많은 구절에 대한] 열거는 불필요하지만 선택과 분별력은 [필요합니다]. 창세기에서는 "하나님이 이르시되, 우리의 형상을 따라 우리의 모양대로 우리가 사람을 만들고…"[1:26] 등등, "하나님이 자기 형상 [곧 하나님의 형상]대로 사람을 창조하시되 남자와 여자로 창조하시고."[1:27] 또한 "보라, 이 사람이 선악을 아는 일에 우리 중 하나같이 되었으니…"[3:22] [라고 되어 있습니다.] 이것들로부터 신성 안에 위격의 복수성이 있다는 것이 [명백하게] 드러나는데, "우리의 형상을 따라 사람을 만들자"라고 하나님께서 말씀하실 때 [그렇습니다]. 곧 이어서 그분은 통일성을 지적하시는데, "하나님이 창조하셨다"라고 말씀하실 때 [그렇습니다]. 얼마나 많은 위격이 계시는지에 대해 말씀하시지 않는 것은 사실입니다. 구약에서 조금이라도 우리에게 애매모호한 것이 신[약]에서는 우리에게 아주 명료합니다. 왜냐하면 우리 주님이 요단[강]에서 세례 받으셨을 때, "말씀하시되 이는 내 사랑하는 아들이요…"[마 3:17]라는 성부의 음성이 들렸고, 성자가 물에서 올라오셨으며 성령이 비둘기 모양으로 나타나셨기 때문입니다. 그리고 모든 신자들의 세례에서도 이 양식이 그리스도에

의해 세워졌습니다. "모든 민족을 제자로 삼아 아버지와 성자와 성령의 이름으로 세례를 베풀고…"[마 28:19]. 누가복음에서는 가브리엘 천사가 우리 주님의 모친 마리아에게 그와 같이 이르기를, "성령이 네게 임하시고 지극히 높으신 이의 능력이 너를 덮으시리니 이러므로 나실 바 거룩한 이는 하나님의 아들이라 일컬어지리라"[1:35]. 동일하게, "주 예수 그리스도의 은혜와 하나님의 사랑과 성령의 교통하심이 너희 무리와 함께 있을지어다"[고후 13:13]. "하늘에서 증언하시는 이가 셋이 계신데, 아버지와 말씀과 성령이시요, 이 셋은 하나이시라"[?요일 5:7-8]. 이 모든 곳에서 우리에게 충분히 가르쳐진 것은 세 위격이 하나의 유일한 신적 본질 안에 계신다는 것이다. 비록 이 교리가 인간의 이해력을 훨씬 넘어서는 것임에도 불구하고, 우리는 지금 그것을 하나님의 말씀을 통해 믿으며 [장차] 이 진리에 대한 완벽한 지식과 향유를 하늘에서 누리게 될 것이라 기대합니다. 나아가 우리는 우리를 향한 세 위격의 개별적 직무와 효력에 주목해야 합니다. 성부는 자신의 능력으로 우리의 창조주라 불리십니다. 성자는 자신의 피로 우리의 구주와 구원자이십니다. 성령은 우리 마음속에 친히 거하심으로 우리의 성화자이십니다. 거룩한 삼위일체라는 이 교리는, 유대인들과 무슬림들에 대항하여, 그리고 거룩한 교부들에 의해 정당하게 정죄 되었던, 마르키온, 마니교, 프락세아스, 사벨리우스, 사모사테누스, 아리우스 및 유사한 다른 자들과 같은 거짓 그리스도인들과 이단들에 대항하여, 사도시대 이래로 오늘에 이르기까지 항상 참된 교회에 의해 보존되어 왔습니다. 그러므로 우리는 이 주제에 있어서 세 가지 신경을 기꺼이 받아들이는데, 그것은 사도신경, 니케아신경, 아타나시우스신경입니다. 그리고 이 신경들에 부합하는, 고대에 결정된 것들도 마찬가지로 [받아들입니다].

관련성경

창 5:21; 마 3:16; 마 28:19; 눅 1:35; 행 2:32; 고후 13:13; 요일 5:7; 행 2:32-33; 벧전 1:2; 요일 4:13-14; 갈 4:6; 엡 3:14, 16; 딛 3:4-6; 유 1:20-21; 롬 (6장) 8:9; 행 10:38, 8:29, 37; 요 14:16, 15:26, 1:33; 잠 25:27.

네덜란드 신앙고백은 삼위일체 교리에 대한 성경의 증거 구절들을 많이 제시하고 있다. 구약성경에서는 대표적으로 창세기의 인간 창조 기사와 타락 사건에서 하나님이 '우리'라는 1인칭 복수로 표현된 내용을 제시한다. 구약에서 '우리'로 표현된 창조주 하나님께서는 신약에서는 예수 그리스도께서 세례 받으실 때 삼위일체 하나님으로 등장하신다. 즉, 세례 받으시는 성자 하나님과 하늘로부터 나는 소리의 성부 하나님, 그리고 비둘기 같이 임하시는 성령 하나님이시다. 이 사건이 성부와 성자와 성령의 이름으로 세례를 받는 기독교 세례의 기원이다. 모든 그리스도인은 그리스도 안에서 십자가에 달리신 그리스도와 함께 세례를 받는다.

"모든 민족을 제자로 삼으라"는 지상 명령에서도 예수님께서는 그 명령을 수행하는 첫 번째 방법으로 "아버지와 성자와 성령의 이름으로 세례를" 베푸는 것을 제시하신다. 고린도전서 13장 13절에서 바울 사도가 가르친 신약의 축복도 역시 성부와 성자와 성령의 이름으로 선포하는 것이다. 요한일서 5:7-8에서 요한 사도 역시 지상의 그리스도인들을 위한 하늘의 증언자, 성부와 성자와 성령 세 분을 언급하면서 세 분이 곧 한 분이심을 아주 분명하게 가르친다. 삼위일체 하나님은 세 위격의 직무와 효력에 있어서 각각 다르시지만, "하나의 유일한 신적 본질 안에 계신다." 이것이 구약과 신약의 성경 계시에 근거한 삼위일체 교리이다.

따라서 그리스도인은 삼위일체 하나님을 믿고 고백한다. 이것이 유대교와 무슬림, 즉 이슬람교와 결정적으로 다른 기독교의 독특성이다. 유대교는 여호와 한 분 하나님을, 이슬람교는 알라 한 분 하나님을 각각 자신들의 신으로 믿고 고백하는 일신론인데, 둘 다 구약성경을 인정하면서도 예수 그리스도를 메시아로 인정하지 않는다는 공통점이 있다. 일신론자들인 유대교도와 이슬람교도는 공히 삼위일체를 거부하기 때문에 반삼위일체론자들이다. 그러나 기독교인은 예수 그리스도를 메시아로 인정할 뿐만 아니라, 그분이 하나님의 아들로서 사람의 아들이 되셨다고 믿기 때문에, 구약의 여호와 하나님께서 성부와 성자와 성령의 삼위일체 하나님이라는 사실을 확실하게 받아들이고 가르친다.

유대교인은 한 분 하나님 여호와를 믿고 고백하지만, 예수 그리스도를 메시아로 인정하지 않으며, 또한 그분이 하나님의 아들이시면서 동시에 사람의 아들이시라는 사실도 인정하지 않기 때문에 아직도 구약 시대 사람들처럼 한밤중의 희미한 달빛 아래 유아적 신앙을 벗어나지 못하고 있다. 반면 예수 그리스도 덕분에 신약 시대를 사는 그리스도인은 대낮같이 밝은 태양 아래 사는 성숙한 신앙인들이다. 언젠가 유대인들도 밝은 태양의 아침을 맞이할 날이 오리라.

기독교보다 약 600년 후에 발생한 이슬람교는 유대교처럼 예수 그리스도께서 메시아라는 사실을 부정한다. 그러나 유대교와 달리 이슬람교는 예수를 선지자 가운데 한 명으로 인정한다. 예수 그리스도를 선지자로 인정함에도 불구하고 하나님의 아들로는 인정하지 않는다. 또한 자신들의 유일신 알라와 다른 기독교의 삼위일체 교리를 세 분의 하나님이 계신 것으로 곡해하여 삼신론이라 비난하기 때문에, 이슬람교는 세계 최대의 기독교 이단이다.

기독교의 '한 분 하나님' 개념은 결코 유대교와 이슬람교가 주장하는 것과 같은 일신론으로 귀결될 수 없다. 왜냐하면 한 분 하나님은 삼위일체 하나님이시기 때문이다. 즉, 한 분 하나님은 세 분 하나님이시라는 뜻이다. 그러나 성부 하나님과 성자 하나님과 성령 하나님의 삼위 하나님은 결코 신이 셋이라는 삼신론으로 귀결되지 않는다. 왜냐하면 삼위 하나님은 한 분 하나님이시기 때문이다. 삼위일체의 신비는 계산 가능한 수학 법칙으로나 관찰 가능한 과학 법칙으로 풀 수 없는 수수께끼 정도가 아니다. 삼위일체 하나님의 존재 방식은 어떤 피조물도, 심지어 최고의 천사일지라도 결코 온전히 이해할 수 없는, 오직 그분 자신만 아시는 신적 신비다.

이 신비를 풀기 위한 시도는 초대교회 시대부터 오늘날까지 지속되어 왔지만, 어떤 시도도 삼위일체 교리를 해명하지 못했으며 오히려 이해를 추구하는 설명일수록 이단의 나락으로 떨어질 가능성이 높다는 사실만 남겼다. 삼위일체 교리를 일신론으로 설명하려던 대표적인 초대교회 이단은 '하나'라는 숫자의 함정에 매몰된 극단적 군주신론(Monarchianism)인데, 양태론적 군주신론(Modalistic Monarchianism)과 역동적 군주신론(Dynamic Monarchianism)으로 구분된다. 이 용어는 '한 명에 의한 통치'를 의미하는 헬라어 '모나르키아'(μοναρχία, monarchia)에서 유래한 것이다. 이 단어는 '하나'를 의미하는 '모노스'(μόνος, monos)와 '통치자' 혹은 '창시자'를 의미하는 '아르코스'(ἄρχος, archos)의 조합이다.

양태론적 군주신론에 따르면 성부와 성자와 성령은 한 분 하나님의 '세 가지 모양'(tres modi), 즉 모습이다. 이것은 한 명의 배우가 무대 위에서 세 사람의 역할을 맡아 연기하는 것과 유사하다. 즉, 한 분 하나님이 어느 때는 성부의 모습으로, 어느 때는 성자의 모습으로, 또 어느 때는 성령의 모습으로 나타나신다고 주장하는 것이다. 이 사상을 양태론(Modalism)이라 부르기도 하는데, 이런 주장의 대표 주자로는 프락세아스와 사벨리우스 등을 꼽을 수 있다.

프락세아스(Praxeas)는 AD 200년 전후 소아시아에서 활동한 이단인데, 하나님이 인간이 되신 성육신 사건을 '성부가 성자로 오신 것'이라고 설명함으로써 성부와 성자를 동일시한다. 그의 주장은 십자가에 달리신 분이 성자로 오신 성부라는 결론에 도달할 수밖에 없는데, 이 결론이 곧 기독교 역사에서 이단으로 정죄된 성부수난설(Patripassianism)이다. 흔히 삼위일체를 쉽게 설명하기에 적절해 보이는 물 비유, 즉 물이 1-99도에서 액체인데, 100도 이상에서는 기체가 되고, 0도 이하에서는 고체가 된다는 비유는 바로 이 프락세아스 이단에 속한다.

프락세아스보다 더 유명한 양태론 이단은 250년 전후에 활동한 사벨리우스(Sabellius)이다. 그의 이름에서 유래한 사벨리우스주의(Sabellianism)는 양태론 이단을 대표하는 용어다. 사벨리우스의 주장에 의하면 성부와 성자와 성령은 한 분 하나님의 세 이름에 불과하다. 즉, 삼위일체를 일인삼역으로 간주한다. 흔히 삼위일체 교리를 쉽게 설명하기 위해 역할 비유, 즉 한 가정의 가장이 부모에겐 아들이요, 아내에겐 남편이며, 자녀에게는 아버지라는 비유를 드는 경우가 많은데, 이런 것이 사벨리우스 이단에 속한 대표적인 비유다. 따라서 삼위일체 교리를 쉽게 가르치겠다고 비유를 찾는 것은 곧장 이단의 가르침으로 빠질 위험천만한 일이므로 가급적이면 시도하지 않는 것이 좋다. 삼위일체를 무엇에 비유하는 순간, 곧장 이단적 가르침에 빠질 가능성이 매우 높다.

역동적 군주신론에 따르면, 하나님은 한 분뿐이시며 불가시적이시다. 그렇다면 가시적 인간이신 예수 그리스도께서 하나님의 아들이시라는 사실을 어떻게 설명할 수 있는가? 이 질문에 대한 역동적 군주신론의 대답은 두 가지다. 하나는 양자설(Adoptionism)인데, 인간 예수를 영원 전부터 계신 한 분 하나님으로 인정하지 않고, 하나님께서 그분을 자신의 양자로 입양하신 덕분에 하나님과 예수 그리스도의 관계는 성부와 성자의 관계가 되었고 성자는 하나님이 되셨다는 주장이다. 다른 하나는 신플라톤주의(Neo-platonism)의 영향을 받은 유출설(Emanationism)인데, 성자는 성부 하나님으로부터 유출되었다는 주장이다.

역동적 군주신론의 대표적인 주자는 사모사타(Samosata) 출신을 의미하는 이름 사모사테누스(Samosatenus)라 불리는, AD 260년 전후에 안디옥(Antioch)의 감독으로 활동한 사모사타의 바울(Paulus)이다. 그는 하나님을 하나의 위격이라고 보고, 이 한 분 하나님 안에 있는 비위격적인 능력을 말씀(Logos)과 지혜(Sophia)로 구분했는데, 하나님의 능력인 말씀이 인간 예수에게 제공되었고 그 말씀의 능력으로 하나님과 교제했으며, 결국 하나님께서 그를 양자로 삼으심으로 그가 하나님의 반열에 오를 수 있었다고 주장한다. 이 주장은 예수 그리스도께서 영원 전부터 성자 하나님으로 선재하셨다는 사실을 부정하는 양자설 이단이다.

초대교회에는 극단적 군주신론 외에도, AD 120년 전후로 활동한 시노페(Sinope) 출신의 마르키온(Marcion. 말시온) 이단이 있었는데, 그는 신약의 하나님을 최고의 존재이신 사랑의 하나님으로 정의하고, 진노하시는 악한 창조주인 구약의 하나님과 다른 분이라고 주장하면서 신약성경 가운데 구약의 지배적인 영향을 받지 않은 바울 서신들 중심으로 기독교 정경 목록을 처음으로 작성한 신학자이다. 그는 영혼 세계와 물질 세계가 상호 대립한다고 본 이원론적 영지주의(Gnosticism)에 빠져서 그리스도의 성육신 사건을 부인했는데, 이것을 가현설(Docetism)이라 부른다. 가현설은 영이신 하나님 예수 그리스도께서 육체를 가진 실제 인간으로 오신 것이 아니라, 마치 인간과 동일한 존재인 것처럼 가시적으로 활동했을 뿐이라는 주장이다. 마르키온에게 예수 그리스도는 불가시적인 영으로서 참 하나님이시지만 참 인간은 아니시다.

마르키온의 영지주의적 주장과 대척점에 있는 이단아는 아리우스(Arius)인데, 예수 그리스도께서 참 인간이신 것은 인정하지만, 그분이 참 하나님과 동일본질이신 것은 부정하는 이단이다. 이런 이단적 사상을 아리우스주의(Arianism)라 부른다. 아리우스는 초대교회의 가장 유명한 이단들 가운데 한 명으로서, 초대교회의 최고 교회사가 가이사랴

유세비우스(Eusebius of Caesarea)의 가까운 친구였으며, 그의 비호를 받았다. 아리우스는 AD 311년 이후 알렉산드리아(Alexanderia)의 장로로 활동했으며, 325년 황제 콘스탄티누스가 니케아(Nicaea)에서 소집한 최초의 기독교 공의회를 통해 이단으로 정죄된 유명한 이력의 소유자가 된다.

아리우스의 주장에 따르면, 로고스, 즉 말씀이신 성자 예수는 영원 전부터 계신 분이 아니시다. 즉, 말씀이신 성자는 영원 전부터 계신 성부 하나님과 달리 계시지 않았던 적이 있다고 주장한 것이다. 사모사테누스처럼 아리우스도 예수의 선재설을 부정한다. 하지만 사모사테누스와 달리 입양설의 주창자는 아니다. 다만 성자 예수는 존재의 시작이 없는 성부 하나님과 달리 존재의 시작 지점이 있기 때문에, 결코 성부 하나님과 동일한 본질일 수 없다고 주장한 것이다. 이때 아리우스의 주장에 맞서 집요하게 논쟁을 벌인 사람이 집사 아타나시우스(Athanasius)이다. 후대 학자들은 이 논쟁을 '이오타 논쟁'이라 부르는데, 그것은 논점의 두 용어 동일본질을 의미하는 '호모우시오스'와 유사본질을 의미하는 '호모이우시오스'의 차이가 가장 작은 헬라어 알파벳 '이오타'의 유무라고 생각하기 때문이다. 그러나 아타나시우스가 지적에 따르면 아리우스의 이단성은, 아리우스가 유사본질이 아닌 상이본질을 주장했던 점, 즉 성자 예수의 신성이 성부 하나님의 신성과 다르다는 주장에 있다.

성자의 신성과 성부의 신성이 어떤 차이도 없이 완전히 일치한다는 아타나시우스의 견해를 정통 기독교 교리로 선언하고 아리우스의 주장을 이단으로 정죄한 니케아 공의회의 결정은 하나님의 은혜요, 참으로 감사할 일이다. 아타나시우스의 값진 승리는 잦은 출교와 유배, 즉 고진감래의 결과다. 교회 역사 속에서 진리를 세우는 일은 결코 쉽지도, 간단하지도 않다. 오히려 고통스러운 희생을 동반하는 지난한 과정 없이는 불가능하다. 마치 고난과 고통의 십자가를 지신 우리 주 예수 그리스도의 구원 사역처럼! 기독교의 진리는 십자가 위에서만 세워질 수 있다. 하나님의 진리는 고통스러운 십자가를 통해서만 하나님의 영광에 도달한다. 아리우스의 이단 사상은 비록 니케아 공의회를 통해 이단으로 정죄되었지만 오히려 아리우스주의는 교회역사 속에서 수많은 추종자들을 얻어 지속적으로 메아리쳐 울린다.

마니교 이단은 3세기에 활동한 페르시아의 선지자 마니(Mani)에게서 유래한 종교인데, 선과 악을 빛과 어둠처럼 영원히 공존하는 대립관계의 평행선으로 보는 이원론자들(Dualists)이다. 아우구스티누스도 한 때 깊이 매료되었던 마니교 이단은 하나님이신 예수께서 인간이 되시거나 고난을 당하실 수 없기 때문에 그것은 단지 환영일 뿐이라고 주장하는데, 이 주장은 영지주의자들의 가현설 이단과 일치한다.

이 모든 이단적인 사상들이 난무했지만 초대교회는 치열한 싸움을 통해 사도신경, 니케아신경, 아타나시우스신경과 같은 신앙고백을 작성하고 선택하여 기독교 교리를 진리의 반석 위에 든든히 세웠고, 그 신앙고백의 전통에 따라 기독교를 개혁한 종교개혁자들은 종교개혁 정신이 새겨진 신앙고백을 만들어 우리에게 전수했다. 덕분에 오늘날 우리는 건전한 교리의 울타리 속에서 안전하게 신앙생활을 영위하고 있는 것이다. 우리가 정통적인 신앙고백을 열심히 배우고 익히는 일은 후대의 고신교회와 한국교회를 위해서라도 결코 헛되지 않으리라. 신앙선배들의 열심이 아름다운 열매를 맺은 것처럼!

제10항

사람이 어떻게 하나님일 수 있는가?

Article X.

Nous croyons que Iesus Christ quant à sa nature divine est le Fils unique de Dieu, eternellement engendré, n'estant point fait ne creé (car il seroit Creature); mais d'une essence avec le Pere coeternel, la marque engraveé de la personne du Pere, et la resplendeur de la gloire d'iceluy, estant en tout semblable à luy: lequel est le Fils de Dieu, non point seulement depuis qu'il a prins nostre mature, mais de toute eternité, comme ces temoignages nous enseignent estant rapportez l'un à l'autre. Moyse dit: Que Dieu a creé le monde; S. Iohan dit, que toutes choses ont esté creées par la Parole, laquelle il appelle Dieu. L'Apostre dit, que Dieu a fait les siecles par son Fils. Item que Dieu a creé toutes choses par Iesus Christ. Il fault donc que celuy qui est nommé Dieu, Parole, Fils, et Iesus Christ ait desia esté, lorsque toutes choses ont esté creées par luy. Et pourtant dit le Prophete Michée: Son issue, est des les jours d'Eternité. Et l'Apostre: Il est sans commencement de jour, sans fin de vie. Il est donc le vray Dieu eternel, le tout-puissant, lequel nous invoquons, adorons et servons.

제10항. [인간이신 예수 그리스도의 신성]

예수 그리스도께서 자신의 신성에 따라 하나님의 독생자이시며, 영원부터 나셨고, 지음 받거나 창조되지 않으셨고 (왜냐하면 만일 그럴 경우 그분은 피조물이 되셔야 할 것이기 때문에), 성부와 함께 영원히 공존하는 동일한 본질이시며, 성부의 위격이 새겨진 형상이시며, 그분의 영광의 광채이시고, 모든 면에서 그분과 동등하신 분이심을, 우리는 믿습니다. 그분은 우리의 본성을 취하실 때부터가 아니라, 영원 전부터 하나님의 아들이셨습니다. 우리가 다음 성경 구절의 증거들을 비교할 때 이것을 알 수 있습니다. 모세는 하나님이 세상을 창조하셨다고 말합니다[창 1:1]. 사도 요한도 또한 말씀이신 하나님이 만물을 지으셨다고 말합니다[요 1:1-3]. 히브리서 기자는 하나님이 예수 그리스도로 말미암아 모든 세계를 지으셨다고 말합니다[히 1:2]. 또한, 사도 바울도 하나님이

예수 그리스도로 말미암아 만물을 창조하셨다고 말합니다[고전 8:6; 골 1:16]. 그러므로 하나님, 말씀, 아들, 예수 그리스도라고 불리시는 분은 만물이 그분으로 말미암아 창조될 때 이미 계셨다는 사실이 반드시 따라옵니다. 그러므로 미가 선지자는 그분의 출발이 태초부터이며 영원부터라고 말합니다. 또한, 사도는 그가 날의 시작도 없으시고 생의 끝도 없으신 분이라고 말합니다. 그러므로 그분은 참되고 영원하신 하나님이시며, 전능하신 분이시고, 우리가 기도하고 예배하고 섬기는 분이십니다.

관련성경

요 1:18, 49 (1:24), 1:14; 골 1:15; 히 1:3; 마 3:17, 17:5; 요 8:24, 10:30 (9:36); 행 8:34; 사 7:14; 롬 (9장) 4:5; 살전 3:11; 빌 2:11; 고후 5:19; 행 20장; 엡 3:9; 롬 14장; 딛 2장; 고전 8:6; 히 1:1, 3:4; 요 1:3; 요일 5장; 요 20장, 14장, 7장; 행 1-6장; 요 8:58, 17:5; 고전 10:9; 갈 4:4; 미 5:2; 시 2:7, 12; 히 13:8.

예수 그리스도께서 인간, 즉 역사적 인물이시라는 사실은 아무도 부인하지 않는다. 실로 그분은 역사의 중심이시다. 왜냐하면 세상 역사는 그분을 중심으로 기원전(BC, Before Christ)와 기원후(AD, Anno Domini)로 나뉘기 때문이다. 예수 그리스도께서 이 땅에 인간으로 탄생하신 사건이 역사를 둘로 구분하고 오늘날 2022년이라는 세상 달력의 출발점을 제공한다. 따라서 최소한의 세계 역사를 인정하는 사람이라면, 기독교 신자가 아니더라도 예수 그리스도를 인간이 아니라고 부인할 사람은 아무도 없다.

그렇다면 남은 문제는 예수 그리스도의 신성이다. 역사적 인물, 즉 인간이신 예수께서 우리와 동일한 인간이시라는 사실은 인정하지 않을 수 없지만, 그분이 하나님이시라는 증거는 무엇이며 어떻게 알 수 있는가? 바로 이 문제에 대한 해답을 제시하는 것이 네덜란드 신앙고백 제10항이다. 이 신앙고백은 구약 창세기부터 신약의 복음서와 히브리서 및 바울 서신에 이르기까지 많은 증거구절에 호소하면서 예수 그리스도께서 하나님이시라는 사실을 확증한다.

영국 캔터베리(Canterbury) 대주교(archbishop) 안셈 혹은 안셀름(Anselm)으로 알려진 중세 신학자 안셀무스(Anselmus. 1033/4-1109)는 자신의 유명한 저술 『왜 하나님은 인간이 [되셨는가]?』(Cur Deus Homo?)에서 그리스도 없이 구원이 불가능하다는 것을 이성적으로 증명하고자 했다. 안셀무스에 따르면, 하나님께서 필연적으로 인간이 되셔야만 했던 이유는 그것이 구원의 필수 요건이기 때문이다.

예컨대, 사망에 해당하는 죄를 범한 인간에게 남은 것은 그 죄를 상쇄할 보상을 지불하든지 아니면 죄과에 해당하는 죽음의 처벌을 받든지 양자택일뿐이다. 죄인은 자신의 죄를 보상할 능력이 전무하기 때문에 외부의 도움 없이 스스로 구원할 길이 없다. 그런데 공의의 재판장이신 하나님께서 죄인의 죄 값을 대신 지불할 중보자로 독생자를 보내셨다.

하나님이신 동시에 인간이신 중보자는 일평생 죄 없이 사셨으므로 죄책도 없으시고 죽으실 필요도 없으셨지만 십자가에 달려 죽으셨다. 이것이 곧 죄인의 죄책을 대신 감당하신 중보자의 대속적 죽음이다.

안셀무스의 구원론은 그가 구원을 설명하기 위해 최초로 사용한 만족(satisfactio)을 의미하는 라틴어 단어 때문에 오늘날까지 보상설, 만족설, 또는 대속설이라는 신학 개념으로 알려져 있다. 안셀무스의 대속 개념은 종교개혁자들이 가르친 '전가'(imputatio) 교리, 즉 죄인이 그리스도의 공로를 넘겨받는다는 가르침과 상통한다. 이 전가 교리는 종교개혁 이후 신학자들의 상이한 해석 때문에 오늘까지도 수많은 논쟁을 불러일으키는 복잡한 신학 개념이기도 하다. 신학자들이 신학을 너무 복잡하게 설명하는 것은 무익하다. 특정 개념에 대한 지나친 단순화가 오해를 불러일으키곤 한다면, 고도의 세분화는 무익한 경우가 대부분이다.

현대 신학자들은 거의 모두 인간 그리스도로부터 기독론과 구원론을 설명하는데, 이것은 18세기부터 본격적으로 시작된 역사적 예수 연구의 영향이다. 이 역사적 예수 연구는 자유주의 신학에서 만개한 후, 변증법적 신학자 칼 바르트(Karl Barth, 1886-1968)의 신정통주의 신학에 의해 시들기 시작했으나 여전히 신정통주의 신학뿐만 아니라, 거의 모든 현대 신학 속에 살아 숨 쉬고 있다. 역사적 예수 연구의 핵심적인 문제점은 예수 그리스도를 단순히 역사적 인물로만 인정한다는 것이다. 즉, 그리스도의 신성을 부정한다. 단지 부정하는데 그치지 않고 그분의 신성을 인정하지 않기 위해 다양한 증거들을 수집하고 제시하려는 열정으로 충만하다.

이와 같은 역사적 예수 연구의 발흥을 마치 예견이라도 한 것처럼, 네덜란드 신앙고백 제10항은 그리스도의 신성을 확실하게 주장할 뿐만 아니라, 그리스도의 신성을 확증하는 다양한 성경적 근거들을 제시한다. 이것은 칼빈의 주장과 일맥상통한다. "진정 우리에게 우리의 중보자가 되실 분이 참 하나님과 참 사람이셨음은 매우 중요한 일이었다…. 우리의 불의가 우리와 하나님 사이에 마치 구름과 같이 끼여 우리를 하늘나라로부터 완전히 멀어지게 했으므로 하나님께 속한 사람이 아니면 아무도 평화를 화복시키는 중재자가 될 수 없었다…. 따라서 하나님의 아들이 우리를 위하여 '임마누엘' 즉 '우리와 함께 계시는 하나님'이 되셔야 했다"(『기독교 강요』 II. 12. 1.).

우리에게 전가되는 것은 그리스도의 공로이지, 그리스도의 본성이 아니다. 예컨대, 어떤 경우에도 그리스도의 신성이 우리에게 전가되는 일, 즉 우리의 것이 되는 일을 결코 벌어지지 않는다. 구약에서 여호와는 자신의 백성 이스라엘에게 임마누엘의 하나님이시다. 구름기둥과 불기둥이 대표적인 상징이다. 여호와 하나님은 자기 백성의 고통을 들으시고 그들을 인도하신다. 때론 그들과 함께하시기 위해 천사의 모습으로, 때로는 사람의 모습으로 나타나신다. 임마누엘의 하나님께서 이 땅에 예수 그리스도로 오셨는데, 이분이 하나님의 독생자 예수 그리스도, 즉 하나님과 사람 사이의 중보자시다.

유일한 중보자는 하나님의 영원한 독생자시다. 그분은 "자신의 신성에 따라 하나님의 독생자이시고 영원부터 나셨다"(à sa nature divine est le Fils unique de Dieu, eternellement engendré). 성부 하나님의 독생자는 영원 전부터 영원토록 낳아진 아들이시다. 성부로부터 나신 성자의 영원한 탄생은 인간의 탄생 과정과는 근본적이고 질적으로 다르다. 왜냐하면 성자는 성부와 함께 영원 전부터 신적 본성을 영원토록 가지고 계신 하나님이시기 때문이다. 즉, 성자는 성부와 동일하게 시작이 없으신 영원한 하나님이시다. 그런데 성자를 마치 시작이 있는 피조물과 같은 존재, 즉 만들어지고 창조된 존재로 간주하는 이단들이 있는데, 아리우스주의(Arianism)가 대표적 이단이다. 앞서 설명한 것처럼,

아리우스(Arius)는 예수 그리스도께서 계시지 않았던 적이 있었다고 주장하면서 성자의 영원한 탄생을 부인한다.

하나님은 오직 한 분뿐이라는 유일신론을 지나치게 이성적이고 합리적으로 상정할 때, 기독교의 삼위일체 하나님은 아리우스와 같은 이단적 사상에 매몰되기 십상이다. 성부 하나님만이 진정한 하나님이시고 성자는 자신의 공로 덕분에 성부 하나님에 의해 하나님의 반열에 오르게 되었다는 식의 사고가 그런 이단의 전형인데, 기독교 역사상 의외로 이런 생각을 가진 자들이 많다. 16세기에도 있었는데, 삼위일체를 부정하고 한 분 하나님만 존재하신다는 합리주의적 일신론(Rationalistic Monotheism) 주창자들, 즉 반삼위일체론자들(Unitarians)이 그들이다. 반삼위일체주의(Unitarianism)는 그리스도의 신성을 부인하는 대표적인 16세기 이단이다.

16세기에 발흥한 반삼위일체론자들의 합리주의적 사고는 17세기를 지나 18세기 이성의 시대에 이르러 신학계 전체를 접수했다고 말해도 과언이 아닐 정도로 그 영향력은 막강했다. 합리주의적 사고는 19세기에 진화론을 만나 과학주의라는 왕관을 쓰고 불행하게도 오늘날 현대 신학에 이르기까지 그 영향력을 유감없이 발휘하고 있다. 그러므로 성자께서 "성부와 함께 영원히 공존하시는 동일한 본질이시며, 성부의 위격이 새겨진 형상이시며, 그분의 영광의 광채이시고, 모든 면에서 그분과 동등하신 분"(d'une essence avec le Pere coeternel, la marque engraveè de la personne du Pere, et la resplendeur de la gloire d'iceluy, estant en tout semblable à luy)이라는 고백은 오늘날에도 여전히 절실하게 필요하다.

모세와 요한 사도와 히브리서 기자의 가르침을 따라, 네덜란드 신앙고백은 성자 하나님께서 말씀으로서 천지만물을 창조하신 분이시라고 주장한다. 즉, 말씀이신 성자 하나님은 성부 하나님과 더불어 무에서 유를 만드신 창조자이시다. 그분은 창조자이시므로 결코 피조물로 간주될 수 없다. 이 창조자는 "하나님, 말씀, 아들, 예수 그리스도"(Dieu, Parole, Fils, et Iesus Christ)라 불리시는 분이다. 이분은 태초에 이미 영원부터 계신 분이시므로 존재론적으로 "그분의 출발은" 어느 시점에서 시작한 것이 아니라, "태초부터이며 영원부터다"(Son issue, est des les jours d'Eternité. / Exitus eius ab initio, a diebus aeternitatis.)

"태초에 말씀이 계시니라. 이 말씀이 하나님과 함께 계셨으니 이 말씀이 곧 하나님이시니라"(요 1:1). 태초부터 계신 말씀은 하나님과 함께, 하나님 곁에 계신 분, 즉, 시작도 끝도 없는 영원한 하나님이라는 의미다. 미가 선지자의 말처럼, 이스라엘을 다스리실 분, 즉 오실 메시야의 "근본은 상고에, 영원에 있기"(미 5:2) 때문에, 그분이 하나님이시라는 주장 외에는 이 땅에 인간으로 오신 예수 그리스도를 설명할 길이 없다. 예수 그리스도께서는 아브라함이 태어나기도 전에 이미 자신이 존재하셨다고 말씀하셨으며(요 8:58), 또한 죄인의 죄를 용서하실 수 있는 권세도 갖고 계신다고 말씀하신다. 뿐만 아니라, 그분은 하늘 아버지께서 하나님의 아들이신 자신에게 심판의 권세를 위임하셨다고 말씀하신다(요 5:22).

한 마디로, 성자께서는 "날의 시작도 없고, 생애의 끝도 없는"(sans commencement de jour, sans fin de vie) 영원하신 분, 곧 하나님이시다. 시작도 끝도 없으신 그분은 동시에 "알파와 오메가요, 처음과 마지막이요, 시작과 마침"이시다(계 22:13). 모든 것을 시작하시는 분이실 뿐만 아니라, 모든 것을 완성하시고 끝내시는 분이시기도 하다. "그러므로 그분은 참되고 영원한 하나님이시며, 전능하신 분이시고, 우리가 기도하고 예배하고 섬기는 분이시다"(Il est donc le vray Dieu eternel, le tout-puissant, lequel nous invoquins, adorons et servons.). 예수 그리스도께서는 하나님의 독생자로서 참된 하나님이시며 영원한 하나님이시고 전능하신 하나님이시다. 우리는 우리 주 예수 그리스도를 하나님으로 알고 고백하기 때문에, 그분께 기도하고 그분을 예배하며 섬기는 것이다.

자유주의 신학자들과 다양한 현대 신학자들은 대부분 인간 예수, 역사적 예수로부터 출발한다. 자유주의자들 결코 인간 예수를 역사적 인물 이상으로 인정하지 않는다. 훌륭한 역사적 인물이요 시대를 앞서간 위인으로 존경받을 만한 영웅 정도로 평가절하 한다. 하지만 예수 그리스도께서는 하나님의 독생자로서 자신을 하나님과 사람 사이의 유일한 중보자로 소개하신다. 그리고 아들을 본 자는 곧 아버지를 본 자라고 말씀하신다. "내가 곧 길이요 진리요 생명이니, 나로 말미암지 않고는 아버지께로 올 자가 없느니라. 너희가 나를 알았더라면 내 아버지도 알았으리로다. 이제부터는 너희가 그를 알았고 또 보았느니라"(요 14:6-7). 역사적 예수에게만 집중하는 학자들은 요한 사도의 이러한 말씀을 애써 회피한다.

하지만 요한 사도의 말씀은 바울 사도의 가르침과 정확히 일치한다. "그는 근본 하나님의 본체시나 하나님과 동등됨을 취할 것으로 여기지 아니하시고, 오히려 자기를 비워 종의 형체를 가지사 사람과 같이 되셨고, 사람의 모양으로 나타나사 자기를 낮추시고 죽기까지 복종하셨으니 곧 십자가의 죽으심이라"(빌 2:6-8). 아담은 하나님의 형상을 따라 피조된 존재지만 예수 그리스도께서는 하나님의 형상으로 존재하신 분이시다. 그분은 하나님과 동등한 위치에 계셨으나 스스로 "종의 형상"을 취하셔서 하나님이심을 내려놓으시고 비우셨다.

하나님이신 말씀이 육신으로 이 땅에 오셨다. 그분이 바로 우리 주 예수 그리스도시다. 창조주이신 아들은 피조물인 인간이 되셨다. 자신의 손으로 창조하신 인간, 하지만 자신의 뜻을 무시하고 타락하여 제멋대로 살아가는 바로 그 죄인인 인간을 구원하시기 위하여 하나님께서는 친히 인간이 되셨다. 이것이 위대한 성경의 가르침, 성육신 사건이다. 하나님께서 인간이 되신 것은 갑작스러운 결정이 아니라, 하나님 자신의 작정에 따른 결과였다. 죽어 마땅한 죄인을 위해 십자가에 달려 대신 죽으신 그리스도께서는 자신의 성령을 통해 자신의 백성, 자신의 지체들을 부르신다. 그 백성, 그 지체들이 바로 우리 그리스도인들이다. 우리를 부르시는 그리스도께서는 우리가 기도하고 예배하고 섬기는 우리의 하나님이시다.

성령 하나님은
어떤 분이신가?

Article XI.

Nous croyons et confessons aussi, que le S. Esprit procede eternellement du Pere et du Fils, n'estant point fait ni creé ni aussi engendré, ains seulement procedant des deux: lequel est la troisiesme Personne de la Trinité en ordre, d'une mesme essence et majesté et gloire avec le Pere et le Fils, estant vary et eternel Dieu, comme nous enseignent les Escritures Sainctes.

제11항. [성령 하나님]

우리는 또한 성령이 영원으로부터 성부와 성자에게서 나오신다는 것을 믿고 고백합니다. 성령은 지음 받으시거나 창조되시거나 출생하신 분이 아니라, 오직 두 분 [즉 성부와 성자]로부터 나오시는 분이십니다. 그러므로 성경이 우리에게 가르치는 것처럼, 성령은 질서상 삼위일체의 세 번째 위격이시며, 성부와 성자와 하나의 동일한 본질과 위엄과 영광으로 계시며, 참되고 영원한 하나님이십니다.

관련성경

창 1:1; 히 1:3, 11:3; 요 1:3; 시 33:6, 101:3; 렘 32:17; 말 2:10 (요 1:3); 요 15:26; 시 104편; 암 4:13; 요 14:16, 26.

성령에 관한 조항인 제11항 역시 제9, 10항처럼 프랑스 신앙고백에서는 다루지 않는 내용이다. 네덜란드 신앙고백은 먼저 제8항, 9항에서 삼위일체를 논한 다음, 제10항에서 성자의 신성을, 제11항에서 성령의 신성을, 그리고 제12항에서 성부 하나님의 사역을 논하는 방식으로 삼위일체의 총론과 각론을 다룬다. 이런 순서는 성부로부터 시작하여 성자와 성령을 차례로 언급하는 일반적인 방식과 다르다. 즉, 그것은 삼위일체에 대한 성자 중심의 진술로 보이는데, '기독교'(Christendom; Christianity)라는 용어에 가장 잘 부합하는 삼위일체 설명 순서라 할 수 있다.

네덜란드 신앙고백은 성령께서 삼위일체 하나님의 세 번째 위격이시는 기독교 전통을 충실하게 따른다. 가장 먼저 진술하는 내용, 즉 "성령께서 영원히 성부와 성자에게서 나오신다"(le S. Esprit procede eternellement du Pere et du Fils)는 표현은 성령의 영원 발출설로서 전형적인 서방기독교의 교리다. 이것은 동방기독교의 성령 발출설과 다르다. 이 표현 때문에 동방정교(Eastern Orthodox Church)로 알려진 동방교회와 기독교로 알려진 서방교회가 중세 초기부터 시작된 치열한 신학논쟁 끝에 1054년의 대분열(Great Schism)로 완전히 갈라섰다. 성령의 영원 발출설과 관련된 이 논쟁을 흔히 '그리고 아들에게서'로 번역 가능한 라틴어 '필리오케'(filioque) 논쟁이라고 부른다. 동방교회는 이 단어가 삼위일체의 균형을 무너뜨린다는 이유로 거부하는 반면, 서방교회는 이 단어 사용이 성경적으로 아무런 문제가 없다고 보기 때문에 수용한다. 동방교회는 성령이 오직 성부에게서만 나오신다고 주장한다. 반면, 서방교회는 성령이 성부뿐만 아니라 성자에게서도 나오신다고 주장한다. 성령이 성부의 영이신 동시에 성자의 영이시라는 우리의 고백은 동방교회보다는 서방교회 전통에 더 가깝다.

이 논쟁은 끝나지 않고 지금도 여전히 진행 중이지만, 대부분 현대 신학자들은 서방교회의 전통을 따르기보다는 오히려 동방교회의 성령 발출설을 선호하거나 독자적인 삼위일체론을 주장하는 편이다. 성령 하나님의 발출에 대한 공적 표현은 381년 콘스탄티노폴리스(=콘스탄티노플 즉 지금의 이스탄불)에서 개최된 제2차 교회 공의회의 신앙고백에 까지 거슬러 올라가야 할 정도로 오랜 역사적 전통이다. 네덜란드 신앙고백이 서방교회의 전통을 따른 것은 당연지사다. 왜냐하면 모든 종교 개혁자들도 서방교회의 교리적 전통을 따르기 때문이다.

동방교회든 서방교회든 일찍부터 확정된 성령의 영원 발출설은 성령께서 완전한 하나님이심을 의심하고 위협하는 이단적 사상으로부터 성령의 신성을 확고하게 지켜내기 위한 최선의 대책이었다. 성령은 영원히 발출하신다. 이 고백은 초대교회 이후 교회역사 내내 변함없이 확고한 기독교 교리다. 이러한 성령의 신성 교리를 부인하거나 변경하는 자는 삼위일체 하나님을 부인하는 가장 심각한 기독교 이단, 즉 구원받을 수 없는 이단이다. 자신을 성령이라고 주장하는 자와 세력이 바로 그런 이단이다.

성령은 인간이 아니시며 인간이 되시지도 않는다. 하나님은 영이시며, 성령은 하나님의 영이시다. 이런 점에서 성령은 피조물인 인간의 영과 완전히 다른 분, 즉 창조주이시다. 인간의 영과 하나님의 영이 서로 닮음 꼴이라는 사실은 분명하지만 그 닮음이 결코 피조물과 창조주 사이의 본질적 차이를 제거하지는 않는다. 모든 영적 존재의 기원은 하나님의 영이신 성령이시다. 성령 없이는 영적 존재 자체가 불가능하다. 하나님은 성부와 성자이신 것처럼 성령이시다. 성령은 하나님이시기 때문에 결코 만들어지지도, 창조되지도, 탄생하지도 않은 분이시다.

다만 성령은 성부와 성자에게서 영원히, 곧 영원부터 영원까지 나오실 뿐이다. 성령께서는 삼위일체의 세 번째 위격으로서, 첫 번째 위격이신 성부뿐만 아니라 두 번째 위격이신 성자와도 "하나의 동일한 본질과 위엄과 영광"(une mesme essence et majesté et glorie)을 가지신 분이시다. 성령의 신성은 "성경이 우리에게 가르치는" 내용이다. 또한 이 교리는 벤자민 워필드(Benjamin Warfield)가 '성령의 신학자'로 부른 칼빈의 성령론과도 일치한다. 따라서 성령의 신성을 부인하거나 왜곡하는 자는 성경의 가르침과 기독교 정통 교리를 벗어난 이단이다.

삼위일체로서의 성령 하나님은 "진실하시고 영원하신 하나님"(vray et eternel Dieu)이시다. 성령은 먼저 진실하신 하나님, 진리의 하나님이시다. 또한 영원무궁하신 분, 영원의 하나님이시다. 성령과 진리는 불가분의 관계다. 성령은 진리의 영이시기 때문이다. 진리의 창조자이실 뿐만 아니라, 진리의 전달자와 증거자이시며 진리의 수호자이시다. 진리와 무관한 성령의 역사는 없다. 또한 성령의 영감과 역사 없이는 성경도 하나님의 말씀도 진리로 작용할 수 없다. 성령과 함께 성부도 성자도 진리신데, 성령은 성부와 성자를 위한 진리이시다.

진리이신 성령은 영원하신 분, 영원한 하나님이시다. 하나님의 영원성은 시작도 끝도 없는, 영원부터 영원까지를 의미한다. 하지만 하나님은 알파와 오메가이시므로, 모든 시작과 끝은 영원하신 하나님의 손에 달려 있다. 시작하시는 분도, 끝맺으시는 분도 하나님이시다. 시작과 끝이 있는 모든 것은 변화를 의미한다. 하지만 하나님은 불변하시는 분이시다. 이 불변은 철학의 사변적 신, 즉 불변의 원동자(Unmoved Mover)와 무관하다. 하나님의 불변성은 그분의 진리이심과 영원하심에 근거하기 때문이다. 하나님만이 영원한 진리, 불변의 진리이시다.

세상의 모든 진리는 진리의 하나님, 하나님의 진리로 통한다. 왜냐하면 하나님은 진리이시며, 모든 진리는 하나님의 진리이기 때문이다. 그렇다면 세상의 어떤 진리도, 그것이 진리인 한, 하나님의 진리와 무관할 수 없다. 이런 점에서 우리 그리스도인들은 자연의 진리와 과학의 진리를 두려워하거나 거부할 필요가 전혀 없다. 우리가 거부하는 것은 밝혀진 자연적이고 과학적인 진리 자체가 아니라, 자연과학의 지식으로 하나님의 존재와 창조론을 조롱하는 과학자들의 교만한 자세다. 창조 자체와 창조주 하나님은 결코 합리적 이해의 대상이 아니다.

자연 진리를 포함하여 모든 진리는 하나님의 진리다. 모든 진리는 하나님께만 완벽하게 알려진다. 인간은 하나님이 아니기 때문에 결코 하나님처럼 모든 진리를 파악할 수 없다. "유한은 무한을 이해할 수 없다"(Finitum non capax infiniti). 이 문구는 칼빈주의 사상의 핵심 가운데 하나다. 우리 인간은 하나님께서 친히 계시하시거나 자연 만물에 새겨놓으신 진리 외에는 알 길이 없다. 물론 인간의 합리적 사고 역시 하나님으로부터 나온 것으로 세상의 진리를 파악할 수 있는 중요한 수단이다. 하지만 이성과 과학이 자연적 진리의 만능열쇠는 아니다.

이성적 방법이나 과학적 방법으로 밝혀낼 수 있는 진리는 지극히 제한적이다. 이성과 과학은 하나님의 모든 진리를 파악 수 있는 유일한 수단도 최적의 수단도 아니다. 이성과 과학은 피조세계의 전체 진리 가운데 일부만을 들여다볼 수 있는, 지극히 제한적인 수단이다. 과학적 방법으로 밝혀진 피조세계의 신비는 지극히 일부에 불과하다. 밝혀진 지극히 일부의 지식으로 마치 우주 전체의 신비를 밝혀낼 수 있는 듯 기고만장 한 과학자는 마치 이제 막 숫자를 배우고서는 세상의 모든 것을 셀 수 있는 듯 의기양양 한 어린아이와 같다.

하나님의 말씀인 성경도 하나님의 모든 진리를 담지하고 있는 것은 아니다. 성경은 하나님께서 자신의 진리 가운데 일부만을, 창조와 타락과 구원에 관한 필수 내용을 중심으로, 인간의 눈높이에 맞추어 계시하신 진리다. 이 성경이라는 안경 없이는 삼위일체 하나님을 믿을 수도, 알 수도 없다. 물론 성령의 내적 조명 없이는 아무도 성경을 하나님의 진리로 수용할 수 없다. 그러나 성경도, 이 성경을 깨닫게 하시는 성령도 하나님의 모든 진리를 우리에게 밝혀 보여주는 것은 아니다. 하나님과 구원에 관한 우리의 지식은 거울로 보는 것처럼 희미할 뿐이다.

성령의 능력에 대해 오해하는 사람들도 허다하다. 성령을 알라딘 램프 속의 거인 지니(Genie)와 비슷한 존재로 오해하지 말아야 한다. 지니는 능력자이지만 램프 주인의 종에 불과하다. 하지만 전능하신 성령은 우리의 주인이시다. 램프 주인이 주문으로 지니를 불러내어 자신의 소원을 성취하는 것과 같이, 신자도 기도로 성령을 부르고 성령의 능력을 사용할 수 있는 것처럼 착각하지 말아야 한다. 종인 지니와 달리, 성령 하나님은 우리가 마땅히 경배해야 할 주인이시기 때문이다. 우리의 기도는 성령의 능력을 마음대로 부리는 수단이 아니다.

성령 하나님은 만물의 조성자이시며 생명의 공급자이시다. 죽은 자도 살리시는 분이시다. 죄와 사탄의 모든 권세를 물리치실 수 있는 능력자시다. 전지전능하신 분이시다. 특별히 구원에 필요한 모든 것을 가진 분이시다. 죄인인 우리의 구원을 위해 베푸시는 은혜와 은사와 능력은 그분의 주특기다. 성령 하나님은 자신의 모든 은혜와 은사와 능력을 자신의 결정에 따라 필요한 자에게 필요한 때에 베푸신다. 기도는 성령의 은사와 능력을 원하는 자가 하나님께 겸손히 도움을 요청하는 수단이다. 따라서 기도는 종에게 명령하는 주인의 주문이 아니다.

성령은 거룩한 영이실 뿐만 아니라 거룩하게 하시는 영이시다. 죄로 물든 우리를 불로 정화하시고 죄의 권세로부터 해방시키셔서 성도, 즉 거룩한 자로 거듭나게 하신다. 성령은 성령세례와 성령충만의 주체이시다. 그리고 성도인 우리 속에 내주하시면서 끊임없이 우리를 하나님의 진리로 인도하신다. 신자의 거룩한 삶은 성령께 달려 있다. 내주하시는 성령께서 맺으시는 영적 열매는 9가지, 즉 "사랑과 희락과 화평과 오래 참음과 자비와 양선과 충성과 온유와 절제"가 대표적이다(갈 5:22-23). 물론 사랑뿐만 아니라, 믿음과 소망도 성령의 열매다.

성령의 대표적인 은사들도 고린도전서 12:8-10을 근거로 열거하자면,

지혜의 말씀, 지식의 말씀, 믿음, 병 고침, 능력 행함, 예언, 영 분별, 각종 방언 말함, 방언 통역 등 아홉 가지다. 이 은사들 가운데 유독 한국 교인들에게 열렬히 환영 받은 두 가지는 방언의 은사와 치유의 은사다. 한때, 이 두 은사를 사모하는 열정은 한국교회 전체를 뜨겁게 달구었다. 하지만 열광적인 방언기도와 치유기도의 태풍이 지나간 자리에는 불행하게도 교회에 대한 사회적 불신풍조와 성령의 능력에 대한 교회적 불신풍조만 남아 있는 듯하다.

한국교회에 가장 부족한 은사는 무엇일까? 아마도 사랑의 은사일 것이다. 고린도전서 13장의 사랑을 성령의 은사로 보지 않는 현대 신학자들도 있으나, 앞장인 12장이 은사장이고 뒷장인 14장에서도 방언과 예언의 은사를 다루고 있는데, 중간에 있는 13장만 은사와 무관하다고 주장하는 것이 타당할까? "너희는 더욱 큰 은사를 사모하라. 내가 또한 가장 좋은 길을 너희에게 보이리라." 이것은 12장 마지막절인 31절 말씀이다. 원문에서 "더욱 큰 은사들"은 "가장 좋은 길" 즉 '사랑'을 의미한다. 따라서 사랑을 가장 큰 은사로 보는 것이 맞다.

"사람의 방언과 천사의 말"도 "예언하는 능력"과 "산을 옮길 만한 모든 믿음"도 "사랑" 없이는 아무 것도 아니다. 사랑보다 더 위대한 성령의 능력과 은사는 없다. 십계명의 내용을 요약하면 하나님 사랑과 이웃 사랑이다. 예수님께서는 이렇게 명령하셨다. "네 마음을 다하고 목숨을 다하고 뜻을 다하고 힘을 다하여 주 너의 하나님을 사랑하라!" 또한 "네 이웃을 네 자신같이 사랑하라!"(마 22:37-40) "이 두 계명이 온 율법과 선지자의 강령이니라." "새 계명을 너희에게 주노니, 서로 사랑하라. 내가 너희를 사랑한 것같이 너희도 서로 사랑하라"(요 13:34).

이외에도 사랑에 관한 가르침은 성경 속에 무수히 많다. 신약성경의 기록자들인 사도 요한도 사도 바울 또한 사랑의 중요성을 역설한다. 기독교는 그리스도를 믿는 종교다. 이 땅에 사람으로 오신 그리스도는 하나님 사랑의 결정체이시다. 따라서 그리스도의 십자가는 삼위일체 하나님께서 우리 죄인을 사랑하신다는 가장 위대한 증거다. 사랑 없이는 구원이 불가능하다. 구원은 사랑의 선물이다. 구원의 선물보따리 속에는 무엇으로 가득할까? 수많은 하늘의 보물들, 성령의 은사와 능력들로 가득하겠지만 그 중에도 가장 크고 값진 것은 사랑이다.

성령의 능력을 나타내고 싶은가? 사랑하라! 사랑하고 희생하라! 성령은 사랑의 하나님이시다.

제12항

성경이 말하는 천사는 누구이며 악의 기원은 무엇인가?

Article XII.

Nous croyons que le Pere a creé de rien le ciel et la terre et toutes autres creatures, quand bon luy a semblé, par sa Parole, c'est à dire, par son Fils, donnant à chacune creature leur estre, forme et figure, et divers offices pour servir à leur Createur: Aussi que maintenant mesmes il les soutient et gouverne toutes selon sa providence eternelle, et par sa vertu infinie, pour servir à l'homme, afin que l'homme serve à son Dieu. Il a aussi creé les Anges bons, pour estre ses messagers, et pour servir à ses éleus: desquels les uns sont trebuschez de l'excellence, en laquelle Dieu les avoit creez, en perdition eternelle, et les autres ont persisté et demeuré en leur premier estat par la grace de Dieu. Les diables et esprits malins sont tellement corrompus, qu'ils sont ennemis de Dieu et de tout bien, aguettans l'Eglise comme brigands de tout leur pouvoir, et chacun membre d'icelle, pour tout destruire et gaster par leurs tromperies, et pourtant par leur propre malice sont condamnez à perpetuelle damnation, attendans de jour en jour leurs tourmens. Et sur cecy nous detestons l'erreur des Sadduciens, qui nient qu'il y ait des esprits et des anges. Et aussi l'erreur des Manicheens, qui disent, que les diables ont leur origine d'eux-mesmes, estans mauvais de leur nature propre, sans avoir esté corrompus.

제12항. [하나님의 선한 창조와 악의 기원]

성부께서 자신의 아들이신 말씀을 통하여 보시기에 좋은 대로, 하늘과 땅, 그리고 다른 모든 피조물들을 무로부터 창조하시되, 각각의 피조물에게 그들 자신의 존재와 모양과 형태뿐만 아니라 다양한 직무도 부여하심으로 그들의 창조자를 섬기도록 [창조하셨다는] 것을 우리는 믿습니다. 또한 성부께서 자신의 영원한 섭리와 무한한 능력에 따라 그 모든 [피조물들]을 지금도 유지하시고 통치하신다는 것을 [우리는 믿습니다], [이는 모든 피조물들이] 인간을 섬기도록, [그래서] 결국 인간이 자신의

하나님을 섬기도록 하기 위함입니다. 그분은 또한 천사들을 선하게 창조하셔서 자신의 사자로 삼으시고, 자신이 선택하신 자들을 섬기도록 [하셨습니다]. 그들 중 일부는, 하나님께서 그들을 창조하신 탁월함으로부터 실족하여 영원한 파멸로 떨어졌으나, 다른 [천사들은 하나님의 은혜로 그들의 처음 지위를 고수하고 그대로 남아 있습니다. 마귀들과 악한 영들은 하나님과 선한 모든 것들의 원수가 될 정도로 심각하게 타락했습니다. [그들은] 속임수들로 모든 것을 망가뜨리고 파멸하기 위해 [마치] 강도처럼 자신들의 모든 능력을 다하여 교회와 교회 각 지체를 노립니다. 그리고 [그들은] 자신들의 사악함 때문에 영원한 저주의 형벌을 받아 날마다 [끔찍한] 고통을 기다리고 있습니다. 그러므로 우리가 배격하는 것은 영들과 천사들이 있다는 것을 부인하는 사두개인들의 오류와, 또한 마귀들이 자신들로부터 그들 자신들의 기원이 있으며 타락하는 일을 겪지 않고 그들의 본성상 악하다고 말하는 마니교도들의 오류입니다.

관련성경

사 40:26; 단 14:4; 마 28:19; 요일 (5장):15; 행 5:3; 고전 3:16, 6:11; 롬 8:9; 골 1:16; 딤전 4:3; 히 3:4; 계 4:11, 11:16; 히 1:14; 시 103:21, 34:8; 요 8:44; 벧후 2:4; 눅 8:31; 마 25:41; 행 23:8; 마 4장.

하나님과 우주만물, 그리고 인간 세상에 관한 모든 지식의 출발점은 하나님의 계시, 즉 하나님의 말씀인 성경이다. 우리 그리스도인은 모든 것의 기원에 관한 지식을 인간의 이성적 추론이나 감각적 경험, 혹은 과학적 탐구에서보다는 하나님의 계시에서 찾아야 한다. 성경이 천사와 악의 기원에 관하여 어떻게 말하는지 관심을 기울일 필요가 있다. 성경은 천사를 영적 존재로 간주하지만 천사의 창조에 대해서는 언급하지 않는다.

창조의 목적과 무로부터의 창조

우선 하나님의 창조부터 생각해보자. 성경의 창조 기사는 비유적이거나 상징적 기록이 아닌, 역사적 기록이다. 창조는 역사의 시작이다. 하지만 비록 창조가 역사적인 것이 확실할지라도 창조기사는 해석을 필요로 한다. 왜냐하면 진리 자체와 진리에 대한 기술은 어느 정도 차이가 날 수 있기 때문이다. 이것은 일어난 사건 자체와 이 사건에 대한 역사적 기술 사이에는 엄연히 질적인 차이가 날 수밖에 없는 이치와 같다.

하나님은 진리 자체이시고 하나님의 계시인 말씀 역시 진리이지만 두 진리가 동가(同價)인 것은 아니다. 성경이 구원에 관한 절대 진리인 것은 사실이지만, 진리이신 하나님 자신과 그분의 모든 말씀에 100% 동일한 진리라고 할 수는 없다. 성경은 하나님께서 인간에게 적응하시기 위해 인간의 언어로 자신의 진리를 기록하게 하신 책이다. 따라서 계시의 책 성경은 하나님의 말씀인 동시에 인간의 말이다.

성경은 세상에 존재하는 모든 책 가운에 유일한 하나님의 말씀이다. 따라서 성경의 권위는 다른 인간의 말로 기록된 책들과 질적으로 다를 수밖에 없다. 즉 성경은 신적 권위를 가진 유일한 책이다. 비록 모든 진리가 하나님의 진리이고 성경 역시 하나님의 진리인 것은 사실이지만 그렇다고 성경을 자연적이고 과학적 진리나 역사적이고 경험적 진리의 교과서로 간주할 수는 없다. 왜냐하면 성경은 그런 종류의 진리를 위해 기록된 것이 아니기 때문이다.

성경은 구원의 진리를 위해 기록된 하나님의 말씀이다. 창조 기사 역시 역사적 기술이지만 무엇보다 먼저 구원 진리를 위해 해석될 필요가 있고, 그 다음으로 자연 진리와 역사 진리를 위해서도 해석이 필요하다. 가령 창조 기사의 하루가 24시간을 의미하는지 아닌지 학자들 사이에 논란거리지만 한 쪽 주장이 옳고 다른 쪽 주장은 틀렸다고 확증할 수 있는 어떤 증거도 없다. 양쪽 모두 다양한 근거로 자신들의 주장이 옳다고 논증하고 있지만 어느 것이 옳은지 확증하기 어렵다. 어쩌면 둘 다 틀렸을지도 모른다.

창조 기사의 하루가 24시간인지 아닌지가 구원과 직결되는 중요한 문제일까? 이렇게 말하면 '역사성'을 부인하는 것이라고 주장할지도 모르겠다. 하지만 그것이 24시간이 아니라 하더라도 창조의 역사성을 부인한다고 보기는 어렵다. 성경해석의 구심점은 성경에서 '하나님의 구원'이라는 의미를 찾는 것이다. 이것이 성경해석의 일차적 목적이며 이런 점에서 성경의 내용이 자연적 진리나 역사적 진리와 정확히 일치하느냐의 문제는 때론 부차적일 수 있다.

성경의 창조는 '무로부터의 창조'(creatio ex nihilo), 즉 창조주 하나님께서 아무 것도 없는 무(無)로부터 천지만물이라는 유(有)를 창조하셨다는 것을 의미한다. 물질을 영원한 무엇, 즉 신적인 것으로 전제하지 않는다면 과학은 세상의 시작을 설명할 길이 없다. 성경은 그 시작을 하나님의 창조, 즉 무로부터의 창조라고 가르친다. 무에서 유의 창조는 하나님의 신비한 사역이다. 무로부터 유의 기원이라는 공식은 과학적 탐구 영역 밖에서만 성립 가능하다.

하나님의 때에 일어난 무에서 유의 첫 창조는 창조주이신 성부와 성자와 성령 삼위일체 하나님의 공역으로써 결코 피조된 만물의 갱신이나 신천신지의 재창조를 배제하지 않는다. "주의 영을 보내어 그들을 창조하사 지면을 새롭게 하시나이다"(시 104:30). "보라 내가 새 하늘과 새 땅을 창조하나니 이전 것은 기억되거나 마음에 생각나지 아니할 것이라. 너희는 내가 창조하는 것으로 말미암아 영원히 기뻐하며 즐거워할지니라"(사 65:17-18).

하나님께서 무로부터 창조하신 세상의 모든 피조물 각각에 고유한 "존재와 모양과 형태뿐만 아니라 다양한 직무도 부여"하신 목적은 "그들의 창조자를 섬기도록"(pour servir à leur Createur) 하는 것이다. 모든 피조물은 창조주 하나님을 섬기기 위해 창조되었다는 의미다. 하나님께서 창조하신 모든 피조물을 유지하시고 섭리하시는 목적도 역시, 모든 피조물이 먼저 인간을 섬김으로써 결국 인간이 하나님을 섬기도록 하는 것이다.

한 마디로, 하나님의 창조 목적은 하나님을 섬기는 것, 즉 하나님께만 영광을 돌리는 것이다(참고. 사 43:7; 롬 11:36; 고전 8:6). 하나님의 형상으로 지음 받은 인간은 다른 모든 피조물로부터 섬김을 받는 존재이므로 어떤 다른 어떤 피조물보다 하나님을 더 잘 섬겨야 하는 책임과 의무가 있다. 하나님께서 창조하신 특별한 영적 존재인 천사들조차도 인간, 특별히 하나님의 선택된 백성을 섬기는 사명을 부여 받았다.

영적 존재인 천사의 창조와 타락

하나님의 형상으로 창조된 인간을 섬기는 일은 다른 모든 피조물들에게만 아니라 천사들에게도 부여된 중요한 책무이다. 왜냐하면 "모든 천사들은 섬기는 영으로서 구원 받을 상속자들을 위하여 섬기라고 보내심"(히 1:14)을 받았기 때문이다. 네덜란드 신앙고백서에 따르면 하나님께서 "천사들을 선하게 창조하셔서 자신의 사자로 삼으시고, 자신이 선택하신 자들을 섬기도록" 하셨다. 그런데 "천사들 중 일부가" 자신들의 책무를 망각하고 타락했다.

그들의 타락은 하나님에 대한 반역, 즉 범죄였다. 하나님께서는 이와 같이 "범죄한 천사들을 용서하지 아니하시고 지옥에 던져 어두운 구덩이에 두어 심판 때까지"(벧후 2:4) 지키도록 하셨다. 이 타락한 천사들은 "하나님과 선한 모든 것들의 원수", 즉 "마귀들과 악한 영들"이다. 이들의 존재 목적은 변질되었기 때문에 그들은 더 이상 하나님과 하나님 백성을 섬기지 않고 "속임수로 모든 것을 망가뜨리고 파멸하기" 위해 최선을 다한다.

타락한 천사들, 즉 마귀들과 악한 영들은 "강도들처럼 자신들의 모든 능력을 다해 교회와 교회 각 지체를" 호시탐탐 노린다. 이들은 하나님 나라와 그 백성을 무너뜨리기 위해 최선을 다하는 악한 존재들이다. 이들은 하나님의 택한 백성이 하나님을 섬기도록 돕는 본래의 책무를 져버리고 오히려 하나님의 백성을 속이고 유혹하여 하나님의 명령에 순종하지 못하도록 수단과 방법을 가리지 않는다.

타락한 천사들의 속임수와 유혹이 성공한 사례가 창세기 3장의 타락 사건이다. 최초의 인류이자 최초의 하나님 백성 아담과 하와는 타락한 천사 즉 사탄의 유혹에 넘어가 하나님을 섬기기보다 하나님께 불순종하는 반역의 길을 선택했던 것이다. 하나님의 형상으로 지음 받은 아담과 하와의 타락은 우주적 불행의 시작이었다. 이와 같은 인류 최초의 타락 사건은 논리적으로 천사의 타락 이후에 벌어진 일이다.

첫 인류 아담과 하와의 타락 사건에서 알 수 있듯이 타락은 하나님에 대한 불순종과 반역이라는 범죄다. 이 사건에 선행한 것으로 볼 수 있는 천사들의 타락도 동일한 내용이다. 차이가 있다면 천사들은 스스로 타락한 반면에 아담과 하와는 사탄의 유혹에 속아 타락했다는 점이다.

이 차이가 별 것 아닌 것 같지만 결과로는 엄청나다. 왜냐하면 스스로 타락했다는 사실은 용서 받을 수 있는 구원의 기회조차 스스로 박탈했다는 것을 의미하기 때문이다.

성경의 가르침에 따르면, 선하신 하나님께서 태초에 천지만물을 선하게 창조하셨기 때문에 세상은 선한 것이었으나, 하나님의 뜻을 거역하고 반역한 천사들, 즉 타락한 천사들을 통해 악이 세상에 들어온 것이다. 다른 모든 피조물이 선하게 창조된 것처럼 영적 존재인 천사들도 선하게 창조된 하나님의 사자들이었으나 그들 중 일부가 스스로 반역하고 불순종함으로 타락의 길을 선택했기 때문에 이러한 타락, 즉 범죄로 악이 발생한 것이다.

만일 영적 존재인 천사가 없다면 천사의 타락도 일어날 수 없다. 따라서 예수님 시대에 천사의 존재를 부인한 사두개인들의 주장은 이단적이다. 천사는 하나님께서 선하게 창조하신 영적 존재, 즉 탁월한 능력자들이다. 그들의 최고 임무는 하나님과 하나님의 백성을 섬기는 것이다. 그래서 그들은 하나님의 뜻을 전달하는 사자들이자, 하나님의 백성을 보호하는 천군천사들로 알려져 있다. 바로 이러한 섬김을 위해 천사들은 자신들의 탁월한 능력을 사용해야 한다.

지금도 천사들이 하나님의 백성을 돕고 보호하는가? 그렇다. 그런데 왜 성경에 기록되어 있는 것처럼 사람의 모습으로 나타나는 일은 더 이상 일어나지 않는가? 구약에서는 천사가 하나님의 뜻을 전달하는 사자의 역할을 감당하기 위해 실제 인간의 모습으로 나타난 적이 많다. 하지만 신약에서는 대부분 꿈이나 비몽사몽처럼 꿈꾸는 것 같은 상황에서 나타나고 지금은 꿈에서조차 거의 나타나지 않는데, 결정적 전환점은 아마도 그리스도의 성육신 사건일 것이다.

천사의 출현이 시대에 따라 다른 이유는 하나님의 뜻을 전달하는 방법과 관련이 있다. 성경이 없던 족장 시대에는 하나님의 뜻을 직접 나타나서 전달하는 천사의 현현이 매우 잦고 강력했으나, 후대로 갈수록 그 빈도가 줄어들고 꿈에 나타나는 경우가 많았으나 왕국 시대 이후에는 대체로 선지자들에게 국한되는 경향이다. 그리스도께서 오신 이후에는 천사의 실제 현현은 사라지고 비몽사몽이나 꿈에서만 나타났으나, 구약과 신약 성경이 완성된 이후에는 거의 사라졌다.

하나님의 뜻을 전달하는 사자로서 천사의 역할은 완성된 성경과 오순절의 성령 강림으로 대체되었다고 볼 수 있다. 물론 지금도 하나님께서 원하시면 천사를 가시적으로 보내실 수 있다. 하지만, 만일 그럴 경우 성경의 권위가 떨어지고 성령의 활동에 혼란이 초래될 가능성이 있다. 하나님의 뜻을 알기 위해 완결된 계시인 성경과 성령의 감동감화로 충분하다. 물론 아직 성경이 보급되지 않은 지역에서는 비몽사몽이나 꿈으로 천사의 출현이 가능할 수도 있다.

비록 오늘날 천사가 성경시대처럼 가시적으로 나타나지 않는다 할지라도 우리는 천사들이 하나님의 백성을 보호하는 책무를 지금도 눈에 보이지 않게 감당하고 있다는 사실을 믿음으로 받아들여야 한다. 이것이 천사에 대한 성경의 가르침이기 때문이다. 본래 천사는 영적인 존재이므로 불가시적이다. 천사들은 지금도 성령 하나님과 더불어 하나님의 백성인 우리를 지키고 보호하는 책무를 감당하고 있다. 다만 우리가 그것을 경험적으로 인식하지 못할 뿐이다.

우리는 영적인 존재와 천사의 존재를 부정하는 사두개인의 주장뿐만 아니라, 한 때 교부 아우구스티누스도 매료되었던 중동 종교 마니교(Manichaeism)의 교리도 받아들일 수 없다. 마니교도들은 선한 빛의 세계와 악한 어둠의 세계가 영원히 투쟁하는 우주론을 주장한다. 이것은 선한 신과 악한 신이 처음부터 영원토록 각자의 세계를 다스리며 적대 관계로 공존한다는 사상이므로 하나님은 선하시며 유일하시다는 기독교 교리와 대립적이다.

마니교도들의 주장에 따르면 악은 영원 전부터 존재하는 것으로 영원히 사라지지 않는다. 하지만 기독교의 악은 성경의 가르침에 따라 영원 불멸한 신적 성질이 아니라 선하게 창조된 영적 존재인 천사의 타락으로 발생한 선의 변질이다. 또한 선의 변질인 악은 타락한 천사의 속임수에 넘어간 인류의 조상 아담과 하와의 타락으로 다른 피조물에게까지 전염되었다. 이처럼 악의 기원은 선하게 창조된 천사들 가운데 일부의 자발적 타락, 즉 불순종과 반역이다.

제13항

세상만사는 우연인가, 운명인가, 아니면 섭리인가?

Article XIII.

Nous croyons, que ce bon Dieu, apres avoir creé toutes choses, ne les a pas abondonnées à l'adventure, ni à fortune; mais les conduit et gouverne de telle façon selon sa saincte volonté, que rien n'advient en ce monde sans son ordonnance: combien toutesfois que Dieu n'est point autheur, ni coulpable du peché qui advient. Car sa puissance et bonté est tellement grande et incomprehensible, que mesme il ordonne et prehensible, que mesme il ordonne et fait tresbien et justement son oeuvre, quand mesmes les Diables et les meschans font injustement. Et quant à ce qu'il fait outre passant le sens humain, nous ne voulons nous en enquerir curieusement, plus que nostre capacité ne porte, ains en toute humilite et reverence nous adrons les justes jugemens de Dieu, qui nous sont cachez, nous contentans d'estre disciples de Christ pour apprendre seulement ce qu'il nous monstre par sa parole, et ne point outrepasser ces bornes. Ceste doctrine nous apporte une Consolation indicible, quand nous sommes apprins par icelle que rien ne nous peut venir à l'adventure; ains par l'ordonnance de nostre bon Pere celeste, lequel veille pour nous par un soing paternel, tenant toutes creatures subjettes a soy, de sorte, que pas un des cheveux de nostre teste (car ils sont tous nombrez) ni mesmes un petit oiseau, ne peut tomber en terre sans la volonté de nostre Pere: en quoy nous reposons, sachans, qu'il tient les Diables en bride, et tous nos ennemis, qui ne nous peuvent nuire sans son congé et volonté. Sur cela nous rejettons l'erreur damnable des Epicuriens, qui disent que Dieu ne se mesle de rien, et laisse aller toutes choses à l'adventure.

제13항. [하나님의 섭리: 보살피시는 관리와 다스리시는 통치]

이런 선하신 하나님께서 만물을 창조하신 후에, 그들을 우연이나 운명에 방치하지 않으시고, [오히려] 자신의 법령 없이는 이 세상에 어떤 일도 일어나지 않는 것과 같은 방식으로 자신의 거룩한 뜻에 따라 그들을

관리하시고 통치하신다는 것을 우리는 믿습니다. 그럼에도 불구하고 하나님께서는 결코 발생하는 범죄들의 창시자도 당사자도 아니십니다. 왜냐하면 심지어 마귀들과 악인들이 불의하게 행할 때조차도, 그분은 매우 탁월하고 정의롭게 자신의 일을 결정하시고 수행하실 정도로 그분의 능력과 선하심이 너무나 위대하고 불가해하기 때문입니다. 그리고 그분이 사람의 지각을 초월하여 행하시는 것에 관하여 우리의 능력이 도달하지 못하는 이상 우리는 결코 호기심으로 조사하기를 원하진 않습니다. 다만 우리는 우리에게 감추어져 있는 하나님의 공의로운 판단을 모든 겸손과 존경으로 숭배하고, [또한] 오직 그분이 자신의 말씀으로 우리를 가르치시는 것만 배우기 위해, 그리고 결코 이런 경계석을 벗어나지 않기 위해, 우리는 그리스도의 제자들이 되는 것으로 만족합니다. 이 [섭리] 교리는 우리에게 말로 표현할 수 없는 위로를 주는데, 이는 우리가 이 [교리]를 통해 어떤 일도 우리에게 우연히 일어날 수 없고, 오직 우리의 선하신 하늘 아버지의 법령에 의해서만 일어난다는 것을 알 때 [그렇습니다]. 그분은 우리를 위하여 부성적 돌보심으로 깨어계셔서, 자신의 능력 아래 만물을 붙잡으시고, 또한 우리 아버지의 뜻 없이는 우리의 머리털 하나도 -그 [머리카락] 모두가 계수되었기 때문에- 참새 한 마리도 땅에 떨어질 수 없습니다. 그러므로 우리는 편히 지냅니다. [왜냐하면] 우리는 하나님께서 마귀들과 우리의 모든 원수를 올가미에 붙잡으셔서 그들이 그분의 허락과 뜻 없이는 우리를 해할 수 없도록 하신다는 것을 알기 [때문입니다]. 그러므로 우리는 에피쿠로스파의 가증스러운 오류를 거절하는데, 그들이 하나님께서는 친히 아무 것도 간섭하시지 않고 모든 일을 우연에 맡기신다고 말하기 [때문입니다].

관련성경

요 5:17; 히 1:3; 잠 16장; 엡 1:11; 약 4:13, 19; 욥 1:21 (약 1:13) 왕하 22:20; 행 4:28; 행 2:23; 삼상 2:25; 시 115:13; 사 45:7; 암 3:6; 신 19:5; 잠 21:1; 시 105:25; 사 10:9; 살후 2:11; 엡 14:9; 마 10:29; 롬 1:28; 왕상 11:23; 창 45:8, 50:20; 삼하 16:10; 마 8:31; 요일 2:16; 시 5:5; 요일 3:8; 창 1:26; 골 3:10; 골 1:15.

'왜 이런 일이 벌어지는 것일까?'라는 의문은 우리 인생에서, 우리 사회에서 이해하기 어려운 일이 발생할 때마다 꼬리표처럼 따라 온다. 이 질문에 대한 네덜란드 신앙고백의 대답을 한 마디로 요약하자면 이것이다. '이 세상의 어떤 일도 우연이나 운명의 결과일 수는 없다.' 이 말은 세상만사(世上萬事)가 하나님의 섭리로만 일어난다는 뜻이다. 왜냐하면 하나님께서 자신의 피조물 가운데 단 하나도 우연이나 운명에 방치하시는 일이 없기 때문이다.

섭리를 다루는 칼빈의 『기독교 강요』 1권 16장의 제목은 다음과 같다. "하나님께서 자신에 의해 창조된 세상을 자신의 능력으로 돌보시고 보살피시며 세상의 각 부분들을 자신의 섭리로 다스리신다." 이것은 "선하신 하나님께서 만물을…. 자신의 거룩한 뜻에 따라 그들을 관리하시고 통치하신다는 것을 우리는 믿습니다"라는 네덜란드 신앙고백의 내용과 동일한 의미다. 하나님의 보살피시는 관리와 다스리시는 통치, 이 두 가지가 섭리의 주요 내용이다.

창조세계를 관리하시는 하나님: 우연은 없다!

먼저 하나님의 보살피시는 사역, 즉 관리 차원을 살펴보자. 하나님께서 만물을 보살피시고 돌보시며 지키시는 섭리는 피조세계 전체를 관리하신다는 의미이다. 하나님의 관리에서 제외되는 피조물은 단 하나도 없다. 전능하신 창조주 하나님께서는 전지하시고 무소부재하신 분이시기 때문에 만물과 만사를 철저하게 관리하신다. 하나님께서 만물과 만사를 얼마나 철저하게 관리하시는지는 다음과 같은 성경 말씀을 통해 충분히 짐작할 수 있다.

"참새 두 마리가 한 앗사리온에 팔리지 않느냐? 그러나 너희 아버지께서 허락하지 아니하시면 그 하나도 땅에 떨어지지 아니하리라. 너희에게는 머리털까지 세신 바 되었나니 두려워하지 말라. 너희는 많은 참새보다 귀하니라"(마 10:29-30). "공중의 새를 보라 심지도 않고 거두지도 않고 창고에 모아들이지도 아니하되 너희 하늘 아버지께서 기르시나니… 오늘 있다가 내일 아궁이에 던져지는 들풀도 하나님이 이렇게 입히시거든…"(마 6: 26, 30).

피조세계에 대한 하나님의 돌보심과 보살피심에는 단 하나의 예외도 있을 수 없다는 것이 예수님의 가르침이다. 우리의 하늘 아버지이신 하나님께서 풀 한 포기조차도 입히시고 공중의 새와 육지의 동물과 물속의 고기조차도 돌보실 뿐만 아니라, "자신의 법령 없이는 이 세상에 어떤 일도 일어나지" 않도록 "자신의 거룩한 뜻에 따라 관리하시고 통치하신다는 것", 이것이 바로 하나님의 섭리다. 이러한 섭리가 하나님의 자녀에게는 무한한 위로다.

세상만사 가운데 어떤 것도 하나님의 거룩한 뜻에서 벗어날 수 있는 가능성은 전혀 없다. 한 마디로 우연은 불가능하다. 창조주 하나님은 자신의 모든 피조물들을 낱낱이 살피시고 지키시고 기르시고 돌보시는 섭리의 하나님, 즉 영원한 관리자이시다. 창조주는 창조 시에 자연과 우주 만물을 지배하는 자연 질서의 법칙을 만드셔서 그 자연법칙에 따라 운행하도록 하셨음에도 불구하고 관리자로서 자신의 뜻에 따라 친히 우주 만물을 돌보시고 보살피신다.

자연법칙도 하나님의 뜻을 거스를 수는 없다. 하나님께서는 때로 자연법칙을 파괴하지 않으시면서 기적을 통해서도 자신을 뜻을 펼치신다. 자연과 우주에는 상충하는 세 가지 자연 법칙, 즉 뉴턴(Newton)의 만유인력의 법칙과 아인슈타인(Einstein)의 상대성 이론, 그리고 하이젠베르크(Heizenberg)의 불확정성의 원리가 모두 작동한다. 물체의 위치와 속도를 정확하게 측정할 수 있는 거시세계와 그런 측정이 불가능한 미시세계가 공존하기 때문이다.

과학자들도 서로 다른 자연법칙이 작동하는 인간의 거시세계와 미립자의 미시세계가 공존하고 있다는 사실만 알고 있을 뿐이지 그것이 어떻게 가능한지는 아무도 모른다. 기적만큼이나 우연의 가능성을 인정하고 싶어 하지 않는 사람들이 과학자들이다. 왜냐하면 그들은 기적이나 우연을 단순히 지금까지 알려진 자연법칙으로 밝혀낼 수 없는 과학의 일시적 무지로 간주하기 때문이다. 과학자들은 기적이나 우연도 언젠가는 과학으로 반드시 밝혀질 것이라 확신한다.

과연 과학자들이 언젠가는 기적이나 우연의 원리를 밝혀낼 과학법칙을 발견할 수 있을까? 아마도 불가능할 것으로 보인다. 단적인 예로 과학자들은 인간게놈 프로젝트(Genome Project), 즉 인간신체의 DNA 분석만 하면 생명의 기원뿐만 아니라 인간의 정신도 밝힐 수 있으리라 호언장담했으나 DNA분석이 끝난 지 수십 년이 흘렀지만 아직도 그 두 가지의 비밀은 밝혀지지 않았다. 아니 앞으로도 영원히 밝히지 못할 가능성이 매우 높다.

기적과 우연, 둘 다 과학법칙으로는 밝힐 수 없는 현상, 과학법칙의 지배를 받지 않는 현상이다. 정통 기독교 교리에 따르면 기적은 가능하지만 우연은 불가능하다. 기독교는 하나님께서 우주 만물의 운행을 자연법칙에만 맡겨두지 않으시고, 자신의 뜻에 따라 적극적이고 주권적으로 개입하신다고 가르친다. 하나님의 적극적이고 주권적 개입이 자연법칙을 초월할 때, 우리는 그것을 기적이라 부르지만 이 기적이 자연법칙을 거스른다고 단정하긴 어렵다.

기독교 신앙 차원에서 기적은 하나님의 전지전능하심을 인정하고 옹호하지만 우연은 그것을 파괴하거나 의심스럽게 만든다. 하나님과 인간은 지식과 능력에서 양적이고도 질적인 차이가 있기 때문에 하나님 편에서의 질서가 때론 인간 편에서는 우연으로 나타날 수 있다. 확실히 우연은 불가능하지만 그렇다고 우연이란 말조차 사용 불가능한 것은 아니다. 이것은 지동설이 진리지만 '태양이 동쪽에서 뜬다'는 말을 사용하는 것이 이상하지 않는 것과 같다.

창조세계를 통치하시는 하나님: 운명은 없다!

하나님의 섭리를 구성하는 주요 내용에는 보살피심, 즉 돌보시는 관리뿐만 아니라 다스리심, 즉 절대주권의 통치도 있다. 피조세계에 대한 관리자로서 하나님의 사역이 피조물들을 돌보시고 보호하시는 피조물 중심의 보편 섭리라면, 통치자로서 하나님의 사역은 하나님 자신의 거룩한 뜻을 적극적으로 관철하시는 하나님 중심의 특별 섭리일 것이다. 하나님은 창조세계의 유일한 주권적 통치자이시다.

세상만사 가운데 어떤 일도 하나님의 거룩한 뜻에서 벗어날 수 없다. 심지어 사탄의 죄악조차도 하나님의 뜻 안에서 벌어지는 일이다. 세상을 운행하시는 주권적 통치자로서 하나님의 뜻은 운명과 다르다. 운명을 바꿀 수 있는 것은 아무 것도 없다. 운명은 정해진 대로 반드시 이루어지는 자동 운행 프로그램이므로 운명 자체가 곧 신이다. 이와 같은 운명의 신은 비인격적일 수밖에 없다. 하지만 운명의 신과 달리 하나님은 인격적인 분이시다.

인격적이신 하나님은 자신의 거룩한 뜻에도 자신의 인격을 반영하신다. 이런 점에서 하나님의 작정과 예정은 운명과 다르다. 왜냐하면 하나님은 때로 자신의 뜻을 거두시는 후회도 하시기 때문이다. 어떻게 전지전능하신 분이 후회하실 수 있단 말인가? 전지전능과 후회는 어울릴 수 없는, 공존 불가능한 모순인데 어떻게 하나님께서 전지전능하시면서 동시에 후회하실 수 있는가? 인간의 논리로는 모순이지만 하나님은 인간의 논리를 초월하시는 분이시다.

하나님의 후회라는 개념도 우연이라는 말과 유사하다. 엄밀한 의미에서 하나님 자신에게 하나님은 후회가 없으신 분이시다. 하지만 인간 이해의 눈높이에 맞추시는 하나님은 자신의 뜻을 바꾸시고 후회하시는 분으로 자신을 계시하신다. 하나님의 전지전능하심과 후회하심 사이에는 어떤 모순도 없다. 다만 모순처럼 보이는 현상, 즉 인간의 이해를 넘어서는 신성의 놀라운 신비가 있다. 삼위일체 하나님은 결코 무정한 운명의 신이 아니라 희노애락의 하나님이시다.

섭리의 하나님은 창조의 하나님이시다. 창조 없는 섭리는 불필요한 개념이다. 하나님께서 세상과 우주만물을 창조하셨기 때문에 돌보시는 섭리가 따른다. 하나님께서 창조하실 때 세상과 우주만물이 자연법칙에 의해서만 자동으로 운행되도록 하실 수도 있었지만 사랑으로 창조하신 만물을 친히 돌보시기로 작정하셨는데, 이것이 곧 하나님의 섭리다. 인간만사 역시 섭리하시는 하나님의 손 안에서 일어난다. 섭리는 창조 자동화시스템도, 운명도 거부한다.

칼빈은 우리의 머리털까지 세신 바 되었다는 말씀에 근거하여 다음과 같이 단언한다. "일어난 일이 무엇이든 모든 것은 하나님의 숨겨진 계획에 의해 통치된다." 하나님의 통치는 그것이 직접적이든 간접적이든 어떤 종류의 운명이나 자동화시스템도 허용하지 않는다. 운명처럼 보이는 것이든, 자동화시스템처럼 인식되는 것이든 하나님의 통치를 벗어난 사건사고는 발생할 수 없다. 심지어 악을 도모하고 행하는 일조차도 하나님의 허락 없이는 일어날 수 없다.

하나님의 섭리와 인간의 범죄

하나님께서 세상의 모든 일에 개입하신다면 악에 대한 책임도 하나님께서 지셔야 한다고 주장하는 자들이 있다. 이런 자들 역시 세상사를 우연이나 운명의 결과로 치부하는 자들 못지않게 어리석다. 왜냐하면 그들은 인간 이성의 단순 논리를 맹신하기 때문이다. 그들은 자신의 이성이라는 좁은 우물 속 세상만을 고집하는, 좁은 우물에 비추인 세상만이 전부라고 생각하는 어리석은 '우물 안 개구리'와 같다.

하나님은 선하신 분이시고 악을 창조하신 분도 아니시고 악의 원인이나 기원도 아니시며 악의 배후 조종자도 아니시기 때문에 악에 대해 책임지실 일이 전혀 없다. 하나님은 본질적으로, 그리고 절대적으로 선하신 분이시다. 선하신 하나님의 선한 창조와 섭리에는 악의 요소가 전무하다. 하나님은 세상을 선하게 창조하시고 선하게 다스리시기 때문이다. 악의 기원과 태동은 세상에 대한 하나님의 선한 의지와 계획, 및 실행과 무관하다.

네덜란드 신앙고백에 따르면, "하나님은 결코 발생하는 범죄들의 창시자(autheur)도 당사자(coulpable)도 아니시다. 심지어 마귀들과 악인들이 불의하게 행할 때조차도 그분은 매우 탁월하고 정의롭게 자신의 일을 결정하시고 수행하실 정도로 그분의 능력과 선하심이 너무나 위대하고 불가해하기 때문이다. 그리고 그분이 사람의 지각을 초월하여 행하시는 것에 관하여 우리의 능력이 도달하지 못하는 이상 우리는 결코 호기심으로 조사하기를 원하지 않는다."

우물 안 개구리 같은 우리의 이성으로는 결코 하나님의 신비로운 섭리를 다 파악할 수 없다. 이것을 인정하고 싶지 않은 자는 자신이 이성주의자라는 사실을 인정해야 한다. 아무리 야심찬 호기심으로 하나님의 섭리를 일일이 조사한다 해도 대부분 결론을 내리기 어렵거나 엉터리 결론을 내리게 될 것이다. 따라서 지혜롭고 현명한 신앙인은 하나님의 섭리를 호기심으로 조사하는 일 자체를 원하지 않는다. 하나님의 일은 하나님께 맡기는 것이 신앙인의 도리다.

악의 발생은 영으로만 구성된 천사의 배신과 영과 육체로 구성된 인간의 배신에서 찾아야 할 것이다. 성경의 창세기 3장이 악의 기원에 관한 내용과 관련된다. 거기에는 뱀인 사탄이 인간을 유혹하여 하나님을 배신하도록 만든 사건이 기록되어 있다. 천사도 인간도 모두 하나님의 선한 피조물이다. 천사와 인간은 영이신 하나님처럼 영으로 창조되었고 다른 피조물과 달리 특별한 신적 능력을 부여받았다. 이 능력으로 인간은 창조주를 배신하는 불순종을 선택한다.

천사들 가운데 일부가 인간보다 먼저 하나님을 배신하여 마귀가 되었고 최초의 인류를 속여 자신의 편을 만드는데 성공했다. 하나님께 받은 특별한 은사의 오남용은 피조세계 전체에 엄청난 재앙을 불러들이고 온 세상을 악으로 물들였다. 이와 같은 타락 사건조차도 하나님의 거룩하신 뜻 안에서 벌어졌으며 하나님께서 허용하신 일이라 우리는 고백한다. 거룩한 뜻은 악이 최후 승자가 되지 못하도록 막으시고 결국 선이 악을 이기게 하시는 하나님의 섭리이다.

인간의 타락 원인과 결과는 무엇인가?

Article XIV.

Nous croyons, que Dieu a creé l'homme du limon de la terre, et l'a fait et formé à son image et semblance, bon,, juste et sainct, pouvant par son vouloir accorder en tout au vouloir de Dieu: mais quand il a esté en honneur il ne l'a pas entendu, et n'a pas recognu son excellence; ains s'est volontairement assujetti à Peché, et par consequent à mort et malediction, en prestant l'oreille à la parole du Diable. Car il a transgressé le commandement de vie, qu'il avoit receu, et s'est retranché de Dieu, qui estroit sa vraye vie, par son peché, ayant corrompu toute sa nature, dont il s'est rendu coulpable de mort corporelle et spirituelle, et estant devenu meschant, pervers, corrompu en toutes ses voyes, a perdu tous ses excellens dons qu'il avoit receus de Dieu, et ne luy est demeuré de reste sinon des petites traces d'iceux, qui sont suffisantes pour rendre l'homme inexcusable, d'autant que tout ce qui est de lumiere en nous est converti en tenebres, comme l'Escriture nous enseigne, disant: La lumiere luit és tenebres, et les tenebres ne l'ont point comprise, oú sanict Iehan appele les hommes, tenebres. Parquoy nous rejettons tout ce qu'on enseigne au contraire du franc arbitre de l'homme, parce qu'il n'est que serf de Peché, et ne peut aucune chose s'il ne luy est donné du ciel. Car qui est ce qui se vantera de pouvoir faire quelque bien comme de soy-mesme, puis que Christ dit: Nul ne peut venir à moi si mon Pere, qui m'a envoyé, ne l'attire? Qui alleguera sa volonté, entendant, qu'l'affection de la chair est inimitié contre Dieu? Qui parlera de sa cognoissnce, voyant, qu'l'homme sensuel ne comprend point le choses, qui sont de l'Esprit de Dieu? Bref, qui mettra en avant une seule pensée, veu qu'il entend, que nous ne sommes pas suffisans de penser quelque chose de nous mesmes: mais que nostre suffisance est de Dieu? Et pourtant ce que dit l'Apostre, doit à bon droict de meurer ferme et arresté, que Dieu fait en nous le vouloir et le parfaire selon son bon-plaisir. Car il n'y a entendement, ne volonté conforme à celle

de Dieu, que Christ n'y ait besogné, ce qu'il nous enseigne, disant: Sans moy vous ne pouvez rien faire.

제14항. [하나님의 선한 창조에 역행하는 인간의 악한 타락]

우리는 하나님께서 땅의 흙으로 사람을 창조하시고, 자신의 형상과 모양에 따라 선하고 의롭고 거룩하게 그를 만드셨고 형성하셨다는 것을 믿습니다. [그는] 자신의 의지로 모든 면에서 하나님의 뜻과 일치할 수 있는 [존재였습니다]. 하지만 그는 이 영예[로운 상태에 있었을 때 그것을 이해하지도 못했고, 자신의 탁월함을 인식하지도 못했습니다. 오히려 그는 죽음과 저주에 부합함으로써, 또한 사탄의 말에 귀 기울임으로써 자발적으로 죄에 예속되었습니다. 왜냐하면 그는 자신이 받았던 생명의 계명을 범했고 자신의 죄로 인해 자신의 참된 생명이신 하나님에게서 스스로 잘려나갔기 때문입니다. [결국] 그는 자신의 본성 전부를 부패시켰습니다. 따라서 그는 육적이고 영적인 죽음이라는 유죄를 범했습니다. 또한 그는 자신의 모든 길에서 불경건하고 사악하며 타락함으로써 그가 하나님으로부터 받았던 자신의 탁월한 은사들을 모두 잃어버렸습니다. 그것들 가운데 작은 흔적들 외에는 달리 아무 것도 그에게 남아 있지 않았는데, 이것들은 인간에게 변명할 여지가 없도록 하기에 충분합니다. 왜냐하면 성경이 우리에게 가르치는 것처럼 우리 안에 있는 빛이 모두 어둠으로 변했기 때문입니다. 가라사대, "빛이 어둠에 비춰되 어둠이 깨닫지 못하더라"[요 1:5]. 여기서 성 요한은 인간을 어둠이라 부릅니다. 그러므로 우리는 사람의 자유의지가 [성경과] 반대로 가르치는 모든 것을 거절하는데, 사람이 죄의 종에 불과하여, 하늘에서 주어진 것이 아니라면 아무 것도 할 수 없기 때문입니다[요 3:27]. 그리스도께서 "나를 보내신 아버지께서 이끄시지 않으면 아무도 내게 올 수 없다"[요 6:44]고 말씀하시는데도 불구하고, 마치 스스로 선을 행할 수 있는 듯이 자기 자신을 자랑하는 자는 실제로 누구입니까? "육신의 생각은 하나님과 원수가 되는"[롬 8:7] 것을 인정하면서도 자기 의지를 내세우는 자는 어떤 사람일까요? "육에 속한 사람은 하나님의 성령의 은사를 받지 아니하는"[고전 2:14] 것을 알면서도 자신의 지식을 말하는 자는

어떤 사람일까요? 요컨대, "우리가 무슨 일이든지 우리에게서 난 것 같이 스스로 만족할 것이 아니니, 우리의 만족은 오직 하나님으로부터 나느니라"[고후 3:5]는 [말씀]을 이해함에도 불구하고 [자신]의 유일한 생각을 고집하는 자는 어떤 사람일까요? 그러므로 "너희 안에서 행하시는 이는 하나님이시니, 자기의 기쁘신 뜻을 위하여 너희로 소원을 두고 행하게 하시느니라"[빌 2:13]라고 사도가 말하는 것은 당연히 확실하고 굳건히 잘 보존되어야만 합니다. 왜냐하면 그리스도께서 역사하시지 않고는 하나님께서 그들에게 주신 [어떤] 지식도 의지도 없을 것이기 때문입니다. 그분은 "나를 떠나서는 너희가 아무 것도 할 수 없음이라"[요 15:5]라고 말씀하시면서 우리를 가르치십니다.

관련성경

벧전 2:9; 전 12:7; 시 8:5; 시 49:21; 사 59:2; 창 3:17, 19; 전 7:30; 롬 5:12; 요 8:7; 엡 4:24; 롬 12:2; 롬 3:10, 8:6; 행 14:17; 롬 1:20-21; 행 17:27; 엡 4:18, 5:8; 요 1:5; 시 37:9; 사 26:12; 시 94:11; 롬 8:3; 왕상 20:9; 시 28:8; 사 45:25; 요 3:27; 요 6:44 (고전 2:14); 고후 3:5; 빌 2:13.

하나님의 형상으로 창조된 인간

네덜란드 신앙고백은 인간의 창조에 대해 이렇게 고백한다. "하나님께서 땅의 흙으로 사람을 창조하셨으며 자신의 형상과 모양에 따라 선하고 의롭고 거룩하게 그를 만드셨고 형성하셨다." 사람이 땅의 흙으로 창조되었다는 것은 인간의 육체와 관련이 깊고, 선과 의와 거룩의 존재가 되었다는 것은 영이신 하나님의 형상과 모양에 부합한다. 흙이라는 재료는 단지 인간뿐만 아니라, 다른 동물들에게도 해당되는 공통재료일 가능성이 높다. 왜냐하면 성경은 모든 생물이 땅으로부터 나왔다고 알려주기 때문이다. "땅은 생물을 그 종류대로 내되 가축과 기는 것과 땅의 짐승을 그 종류대로 내라 하시니 그대로 되니라"(창 1:24). 어쩌면 진화론은 그와 같은 재료의 유사성을 과학자들이 착각한 결과일지도 모른다.

땅은 모든 생명의 기원이라고 말해도 과언이 아니다. 인간조차도 예외는 아니다. 하지만 인간은 다른 동물과 근본적으로 다른 차이점은 인간만이 "하나님의 형상과 모양에 따라" 만들어진 피조물이라는 사실이다. 사실상 "형상과 모양"은 외적이고 가시적인 용어다. 하지만 하나님은 영이시기 때문에 인간의 육체적인 어떤 무엇도 하나님과 닮음 꼴일 가능성은 없다. 그렇다면 여기서 하나님의 형상과 모양은 하나님 자신의 고유한 영적 특징과 성품을 의미하는 것이라 볼 수밖에 없다. 그러므로 선과 의와 거룩은 하나님의 고유한 영적 특징과 성품 가운데 대표적인 요소들일 것이다. "빛의 열매는 모든 착함과 의로움과 진실함에 있느니라"(엡 5:9). 하나님께서는 자기 백성에게 "내가 거룩하니 너희도 거룩하라"(레 11:45)라고 말씀하신다. 하나님께서 인간에게 원하시고 기뻐하시며 요구하시는 것은 선과 의와 거룩인데, 바로 인간을 선하고 의롭게 거룩하게 만드셨기 때문이다.

선과 의와 거룩은 하나님께서 인간에게 요구하시는 요소일 뿐만 아니라, 하나님께서 자신의 형상과 모양을 따라 인간을 만드신 창조 방법이기도 하다. 즉 하나님께서는 인간을 선하고 의롭게 거룩하게 만드셨기 때문에 창조 때의 인간은 어떤 악의 요소도 없이 창조되었다는 의미다. 인간은 악할 수 있는 어떤 요소도 개입하지 않은 상태로 창조되었던 것이다. 선함과 의로움과 거룩함은 하나님께서 인간을 창조하신 방법이었던 동시에 창조된 인간의 본질이었다. 선함과 의로움과 거룩함은 인간이 하나님의 형상과 모양으로 창조되었다는 가장 강력한 표지이자 증거다. 요한 사도의 증언대로 "하나님은 사랑이시다"(요 4:16). 하지만 세상에는 비뚤어진 사랑도 있다. 따라서 '사랑'이 모든 것을 해결해주는 만능키는 아니다. 바른 사랑이 어떻게 표현되어야 하는가? 사랑이 선하고 의롭게 거룩하게 표현될 때 가장 아름답다. 선함과 의로움과 거룩함은 하나님의 사랑을 정당하게 담아내고 표현하는 그릇과 도구다.

생명 있는 피조물 가운데 선과 의, 그리고 거룩을 추구할 수 있는 영적 존재는 오직 인간뿐이다. 하나님께서 인간만을 자신과 같은 자신의 영적 형상과 모양으로 창조하셨기 때문에 인간에게 선과 의와 거룩을 요구하는 일은 당연하다. 인간이 하나님의 형상과 모양으로 창조되었다는 진술은 인간이 "자신의 의지로 모든 면에서 하나님의 뜻과 일치할 수 있는" 존재라는 사실을 천명한다. 바울 사도는 "주를 기쁘시게 할 것이 무엇인가 시험하여 보라!"(엡 5:10)라고 권면하는데, 무엇으로 주를 기쁘시게 할 수 있을지는 바로 앞 구절에서 제시한다. 그것은 착함과 의로움과 진실함, 즉 선과 의와 진리다. 이 세 가지 요소는 악과 불의와 비진리에 대립한다. 하나님께서 기뻐하시는 무엇으로 기뻐하시지 않는 일을 방지하는 것은 하나님 자신의 지혜일뿐만 아니라, 하나님의 자녀가 추구해야 할 삶의 자세다. 불순물이 전혀 없는 순수한 진리의 다른 이름은 바로 하나님의 거룩함이다. 그리스도인의 거룩한 삶은 하나님의 저 거룩하심이 뿌리다.

타락의 원인: 타락의 책임은 누구에게 있는가?

선하고 의롭고 거룩하게 창조된 최초의 인간은 창조주의 엄한 경고에도 불구하고 불순종의 달콤한 독주를 들이키는 불행의 길을 선택했다. 최초의 인간은 자신의 의지로 하나님의 뜻에 자발적으로 순종할 수 있는 능력을 소유한 존재였지만 안타깝고 불행하게도 하나님의 선물인 선한 자유의지로 사탄이 권하는 파멸의 독배를 받아 마심으로 하나님과 동등하게 되려는 욕망의 이빨을 드러내고야 말았는데, 이것이 바로 에덴동산의 타락사건이다. 그것은 인간이 사탄의 유혹에 넘어가 하나님의 말씀에 불순종함으로써 하나님을 배반한 사건이다. 타락은 누구의 책임인가? 분명 아담과 하와를 선하지 지으신 하나님께 책임을 물을 수는 없다. 타락하도록 유혹한 자는 사탄이고 그 유혹에 넘어간 자는 인간이다. 아마도 사탄에게 타락을 선동한 죄가 적용될 수 있다면 타락의 죄 자체에 대한 책임을 져야 할 당사자는 하나님의 선의로 창조된 피조세계 전체를 이기적인 욕망으로 심각한 위험에 빠뜨린 인간 자신이다.

하나님께서 피조세계 전체를 선하게 창조하신 후에, 그 모든 것을 다스릴 권세를 인간에게 맡기심으로 엄청난 은혜와 사랑을 베푸셨는 데, 인간은 이기적인 욕심 때문에 그 은혜와 사랑의 하나님을 배신하고야 말았다. 타락사건으로 인해 하나님과 인간 사이의 신뢰관계는 배신으로 깨어졌다. 최초의 인간은 왜 이런 불행한 선택을 했을까? 그 이유에 대해 네덜란드 신앙고백은 넌지시 설명한다. 아담과 하와가 하나님의 형상과 모양으로 창조되었을 뿐만 아니라, 피조세계 전체를 다스리는 하나님의 권세까지 가진 상태, 즉 하나님께서 친히 자신의 동급으로 여겨

주시는 "영예로운 상태에 있었을 때 그것을 이해하지도 못했고, 자신의 탁월함을 인식하지도 못했"기 때문이다. 한 마디로, 하나님의 무한한 사랑과 은혜를 잊고 살았기 때문에 타락했다는 것이다. 인간의 타락은 창조주 자신과 같은 존재로 만드셔서 모든 피조물을 다스리도록 맡기시고 또한 에덴동산이라는 환상적인 공간까지 제공해주신 분을 잊어버린 배신행위다. 이처럼 우리도 하나님과 그분의 은혜를 잊고 살 때 쉽게 죄의 길로 달려가게 된다.

인간은 자신의 이기적인 탐욕 때문에 하나님께서 거저주신 그 좋은 것들을 스스로 포기했다. 그는 자신의 의지로 하나님의 뜻에 순종할 능력이 있었음에도 불구하고, 하나님의 말씀보다는 오히려 "사탄의 말에 귀 기울임으로써 자발적으로 죄에 예속"되고 말았다. 하나님의 생명과 축복이 아닌, 사탄의 "죽음과 저주"에 어울리는 존재로 변질되었다. "왜냐하면 그는 자신이 받았던 생명의 계명을 범했고 자신의 죄로 인해 자신의 참된 생명이신 하나님에게서 스스로 잘려나갔기 때문"이다. 하나님이 아닌 사탄을 선택한 것도, 생명과 축복이 아닌 죽음과 저주를 선택한 것도 인간 자신의 자발적 선택의 결과다. 죄의 책임은 오직 인간에게만 있다. 사탄의 유혹과 충동에도 책임이 없지 않지만, 타락에 대한 직접적이고 최종적인 책임은 인간에게 있다. 누구도 그에게 죄를 짓도록 강요하거나 강제하지 않았다. 스스로 고민하고 판단하여 선택한 것이므로 인간의 타락은 그 자신의 이기적 욕망을 위한 자발적 의지의 결과일 뿐이다.

선악과를 따먹은 아담과 하와가 하나님의 낯을 피하여 숨었는데, 숨은 이유는 '두려움' 때문이었다. 하나님께 혼날까봐 두려워 숨었던 것이다. 하나님께서 숨은 그들을 불러 자초지종을 묻고 따지며 추궁하시자 그들은 '변명'과 함께 자신들의 잘못을 '남의 탓'으로 돌리기 시작했다. 아담은 하나님과 하와의 탓으로 돌렸고, 하와는 뱀의 탓으로 돌렸다. 두려움과 변명, 그리고 남 탓은 죄인의 전형적인 모습이다. 이런 반응은 아담과 하와의 타락 이후 지금까지, 죄가 발생하는 곳 어디서나, 죄를 저지른 인간 누구에게서나 발견되는 거의 공통적으로 나타난다.

타락의 결과: 타락으로 인한 변화는 무엇인가?

첫 인간은 "자신의 본성 전부를 부패"의 늪에 빠뜨리는 죄를 범했다. 하나님께서 그에게 경고하신대로 범죄의 결과는 '죽음', 즉 "육적이고 영적인 죽음"이었다. 뿐만 아니라, 타락으로 아담은 창조 시에 "하나님으로부터 받았던 탁월한 은사들"조차도 남김없이 잃어버렸다. 한 마디로 선하게 창조된 인간의 모든 것이 단 하나도 본래의 선한 상태로 남아 있지 않고 모두 변했다. 이것은 칼빈주의 5대 교리 가운데 첫 번째인 '전적부패'(Total depravity)에 해당한다. 이 교리는 첫 인간의 타락은 그의 머리부터 발끝까지 미치지 않은 곳이 전혀 없다고 가르친다. 심지어 우리의 생각과 의지까지도 죄의 영향과 지배 아래 있다는 것이다. 또한 그 죄성과 죄의 결과까지도 모든 후손들에게 유전된다는 끔찍한 사실이다. 그나마 남아 있는 좋은 것들과 선한 것들도 본래의 의도와 목적으로부터 이탈하고 왜곡된 채로 작동한다.

하나님으로부터 받은 인간의 탁월한 은사들 가운데 이성이나 자유의지, 혹은 진선미(眞善美)를 추구하고 누리는 능력과 같은 것들도 "작은 흔적"으로만 남아 있는데, 그것들이 남겨진 목적도 죄를 범한 "인간에게 변명할 여지"를 주지 않기 위한 것일 뿐이다. 아담의 타락으로 인간 속에 있는 모든 구원의 빛이 사라져 버리고 모두 어둠으로 변하였으며 인간은 캄캄한 어둠 속에 갇혀버렸을 뿐만 아니라, 인간 자체가 어둠이다. "그러므로 우리는 사람의 자유의지가 성경과 반대로 가르치는 모든 것을 거절하는데, 사람이 죄의 종에 불과하여 하늘에서 주어진 것이 아니라면 아무것도 할 수 없기 때문이다." 성부 하나님께서 하늘로부터 보내신 성자 예수 그리스도 한 분 외에는 세상의 빛이 없다. 빛이신 그리스도께서 세상에 오셨음에도 불구하고 그 빛을 보지 못하는 것이 영적 죄인들이요, 부패한 세상이다.

타락은 인간만 부패하게 만든 것이 아니다. 하나님의 피조세계 전체를 변질시키고 모든 피조물들을 어둠 속에 신음하도록 만들었다. 인간은 타락으로 말미암아 하나님과의 관계가 단절되었을 뿐만 아니라, 인간과의 관계 및 자연과의 관계도 파괴되었다. 세상에 나타나는 모든 행악과 범죄뿐만 아니라, 심지어 인위적이든 자연적이든 모든 재앙과 재난들도 타락의 결과다. 개인적이든 사회적이든 도무지 이해할 수 없는 모든 종류의 불행 역시 죄의 결과물이다. 도둑질과 같은 죄악 외에도 슬픔과 고통, 갈등과 대립, 다툼과 전쟁, 거짓과 기만, 이별과 소외, 비난과 트집, 오해와 오판 등등 모든 종류의 부덕과 불편과 잘못이 타락의 부산물이다. 심지어 마냥 좋을 것만 같은 사랑조차도 죄의 요소를 동반하는 경우가 대부분이다.

교회 안에서도 부패 현상은 끊임없이 나타난다. 중세 천주교가 가르친 공로사상처럼, 16세기 종교개혁 시대뿐만 아니라 지금 이 시대에도 교회 안에는 "마치 스스로 선을 행할 수 있는 듯이 자기 자신을 자랑하는 자"가 상당히 많다. 이런 자들은 겉으로는 교인이지만 속으로는 "이 세상이나 세상에 있는 것들을 사랑"하는 자들이다. 요한 사도는 "누구든지 세상을 사랑하면 아버지의 사랑이 그 안에 있지 아니하니, 이는 세상에 있는 모든 것이 육신의 정욕과 안목의 정욕과 이생의 자랑"(요일 2:15-16)이라고 가르치신다. 이들은 "육신의 생각이 하나님과 원수가 되는"(롬 8:7) 줄 알면서도 "자기 의지를 내세우는 자"들이요, "자신의 지식을" 뽐내는 자들이며 자기 "생각을 고집하는 자"들이다. 이런 현상은 인간의 타락이 얼마나 뿌리 깊고 심각한 것인지 잘 보여준다. 우리 그리스도인들의 자랑거리는 오직 우리 주 예수 그리스도 한 분뿐이다. "의인은 없나니 하나도 없으며 깨닫는 자도 없고 하나님을 찾는 자도 없고 다 치우쳐 함께 무익하게 되고 선을 행하는 자는 없나니 하다도 없도다"(롬 3:10-12). 우리 주 예수 그리스도 외에 죄인이 아닌 사람은 세상이 아무도 없다. 죄로 충만하고 죄로 점철된 세상에서 죄인이 아닌 의인으로 사는 것은 기적 아니면 불가능하다. 누가 의인으로 살 수 있는가? 오직 그리스도 예수 안에서 사는 인생뿐이다. 그리스도인의 하루하루는 기적의 연속이다.

제15항

원죄 교리는
성경의 가르침인가?

Article XV.

Nous croyons, que par la desobeissance d'Adam le Peche Originel a esté espandu par tout le genre humain; lequel est une corruption de toute la nature, et un vice hereditaire, duquel mesme sont entachez le petits enfans au ventre de leur Mere, et qui produit en l'homme toute sorte de peche, y servant de racine: dont il est tant vilain et enorme devant Dieu, qu'il est suffisant pour condamner le genre humain, et n'est pas aboli mesme par le Baptesme ou desraciné du tout, veu que tousjours les bouillons en sortent comme d'une malheureuse source: combien toutesfois qu'il ne soit point imputé à condamnation aux enfans de Dieu; ains pardonné par sa grace et misericorde, non point afin qu'ils s'endorment, mais afin que le sentiment de ceste corruption face souvent gemir les fideles, desirans d'estre delivrez du corps de ceste mort. Sur cela nous rejettons l'erreur des Pelagiens, qui disent, que ce pech"e n'est aultre chose qu'vne imitation.

제15항. [아담의 불순종: 원죄]

우리는 아담의 불순종으로 원죄가 인류 전체에 퍼졌다고 믿습니다. [원죄]는 인간 본성 전부의 타락이자 유전적 악덕인데, 이것으로 어머니 배 속의 태아들조차도 오염될 [정도]입니다. 또한 [원죄는] 근원의 역할로 사람 안에 온갖 종류의 죄를 생산합니다. 그러므로 그것은 하나님 앞에서 그토록 추악하고 엄청나서 인류를 정죄하기에 충분하며 결코 세례에 의해서도 박멸되거나 전부 근절되지 않습니다. 왜냐하면 [원죄는] 항상 끓는 물주전자처럼 분출하기 때문인데, 마치 일종의 불행한 원천으로부터 [솟아나는 것과] 같습니다. 이 모든 것에도 불구하고 [원죄가] 하나님의 자녀에게는 정죄에 이르도록 전가되지 않고, 이렇게 그분의 은혜와 자비로 용서됩니다. 그것은 평안히 잠들게 하려는 것이 아니라, 타락에 대한 의식이 신자들로 하여금 이 죽음의 몸으로부터 해방되는 것을 소망하도록 자주 탄식하게 하는 것입니다. 이와 관련하여 우리는 이 죄가 일종의 모방과 다르지 않다고 말하는 펠라기우스주의자들의 오류를 거절합니다.

관련성경

시 51:5; 롬 3:10; 요 3:6; 창 6:3; 엡 2:5; 욥 14:4; 롬 5:14, 7:18-19.

원죄란 무엇인가?

네덜란드 신앙고백은 원죄(Peche Originel)를 아담의 불순종(la desobeissance d'Adam)으로 정의한다. 아담의 불순종은 최초의 죄이므로 원죄는 최초의 죄를 의미한다. 하지만 인류 최초의 죄는 단순히 아담 한 사람에게만 국한되지 않고, 아담의 후손들이 짓는 죄의 원천으로 만인에게 지속적인 영향력을 발휘한다는 것이 기독교의 원죄 교리다. 이 원죄 교리에 따르면 아담의 모든 후손은 이 땅에 죄인으로 태어난다. 이것은 부모에게서 태어난 유아 가운데 죄인이 아닌 아이는 아무도 없다는 뜻이다. 즉 모든 인간은 태어날 때부터 죄인이다. 인류 최초의 범죄, 즉 아담의 범죄는 아담 자신뿐만 아니라, 그의 후손들에게서도 영생을 빼앗아가는 대신에 죽음이라는 처벌만 남겨두었다.

아담이 하나님의 경고를 무시하고 불순종을 선택했을 때 하나님께서 그에게 약속하신 선물인 영생은 심판과 정죄의 죽음으로 변했다. 아담은 하나님의 말씀보다는 사탄의 말을 더 신뢰한 결과 하나님을 배신하고 사탄에게 순종했다. 하나님의 약속의 말씀으로 충만해야 할 마음이 사탄의 유혹하는 말로 가득 찼기 때문에 아담은 무엇이 옳고 그른 것인지 분별하지 못하고 급기야 하나님의 말씀보다는 사탄의 말을 따르기로 결단하고 실행했다. 네덜란드 신앙고백은 이런 아담의 행위를 하나님에 대한 불순종으로 규정한다. 아담은 창조주의 대리자로서 모든 피조물을 다스릴 수 있는 권세와 능력을 아무 조건 없이 주신 사랑의 하나님을 배반하는 불순종의 길을 선택했다. 사탄의 꾐에 빠진 아담은 스스로 영생 대신에 죽음을 선택했다.

아담의 선택, 즉 불순종은 자신과 모든 후손의 인생을 생명이 아닌 파멸과 죽음으로 안내한다. 영생의 길을 알려주고 안내하는 하나님의 말씀, 영생의 말씀을 져버린 결과다. 최초의 범죄 이후로 사탄은 생명의 말씀인 하나님의 말씀에 순종하지 못하도록 온갖 감언이설로 끊임없이 유혹한다. 눈앞에 있는 확실한 유익을 선택하는 대신, 눈에 보이지 않는 하나님의 말씀을 믿고 따르는 것보다 어리석은 일은 없다고 단언하며, 우리의 마음을 격동시킨다. 이 모든 유혹의 근원은 에덴동산에서부터 시작된 것인데, 인간이 유혹을 받아 죄악의 길을 가기로 스스로 선택하는 것은 최초의 타락인 아담의 불순종, 즉 원죄와 무관할 수 없다.

왜냐하면 모든 아담의 후손은 아담의 범죄 즉 원죄 아래 죄인으로 태어나기 때문이다. 원죄는 "인간 본성 전부의 타락이자 유전적 악덕"으로 온갖 종류의 죄악을 쏟아내는 근원, 즉 불행의 원천이다. 원죄는 태아조차도 오염시킬 정도로 지독하고 강력하다. 이 땅에 태어난 모든 인간의 죽음은 세상이 원죄의 영향 아래 있다는 명확한 증거다. 성경은 아담을 통해 죄와 죽음이 세상에 들어왔고 결국 "아담 안에서 모든 사람이 죽었다"고 선언한다(롬 5:12; 고전 15:21-22). 죄의 삯은 사망이다. 모든 유아는 사망의 씨앗을 품고 태어난다. 무엇인가를 계획하는 "사람의 마음"은 "어려서부터 악하다"(창 8:21). 최초의 범죄, 아담의 불순종은 갓 태어난 유아의 마음속에도 깊숙이 뿌리를 내리고 있다.

원죄 교리는 칼빈주의(Calvinism) 5대 교리 가운데 하나인 '전적 타락'(Tatal depravity)으로 귀결된다. 전적 타락이란 아담의 타락이 하나님의 형상으로 지음 받은 인간의 모든 부분에 예외 없이 악영향을 끼쳤다는 것을 의미한다. 특히 원죄는 인간의 의지에도 심각한 악영향을 주어 하나님 보시기에 순수하게 의로운 선택을 불가능하도록 만들었다는 것이다. 그래서 유아조차도 부모로부터 물려받은 원죄의 씨앗을 품고 태어났기 때문에 하나님 앞에서는 결코 의롭지 않다. 이 사실은 다윗의 고백에서도 확인할 수 있다. "내가 죄악 중에서 출생하였음이여, 어머니가 죄 중에서 나를 잉태하였나이다"(시 51:5). 그러므로 순수하게 의로우신 하나님 앞에서 "의인은 없나니 하나도 없다"(롬 3:10).

네덜란드 신앙고백은 원죄가 "인류를 정죄하기에 충분할" 정도로 추악하고 엄청나서 "결코 세례에 의해서도 박멸되거나 전부 근절되지 않는다"라고 주장한다. 원죄와 세례는 무슨 관련이 있는가? 세례가 원죄를 제거한다는 것이 중세 로마교회의 유아세례 교리다. 그래서 세례를 받지 못하고 죽은 유아는 유아 림보(limbus infantium)에 가지만 세례를 받고 죽은 유아는 천국으로 직행한다고 가르쳤던 것이다. 이런 로마 가톨릭교회의 유아세례가 잘못된 교리라는 점을 지적하기 위해 네덜란드 신앙고백은 원죄가 세례를 받는다고 완전히 제거되거나 근절되는 것이 결코 아니라는 사실을 확실하게 주장한다. 아담은 선하게 창조되었지만 아담의 후손은 아담의 타락으로 말미암아 죄인으로 태어난다. 성령으로 처녀에게서 태어나신 예수님 외에 죄인으로 태어나지 않은 인간은 단 한 명도 없다. 죄인으로 태어났기 때문에 모든 인간은 죄인이다. 인간의 죄성은 매우 심각하고도 지독하여 결국 인간을 죄인으로 드러내고야 만다. 아담은 선하게 즉 '죄 짓지 않을 수 있는'(posse non peccare) 상태로 창조되었지만 아담의 타락 이후의 모든 인류는 기울어진 피사의 탑처럼 '죄 짓지 않을 수 없는'(non posse non peccare) 상태로 출생하기 때문에 죄인의 굴레를 스스로 벗어날 수 없다. 죄인으로 태어난 자들의 범죄는 결코 펠라기우스주의자들의 주장처럼 아담의 범죄를 단순히 모방하는 행위 정도로 간주될 수 없다.

펠라기우스주의자들은 누구인가?

펠라기우스(Pelagius)의 추종자들인 펠라기우스주의자들(Pelagians)뿐만 아니라, 펠라기우스와 아우구스티누스(Augustinus)의 주장을 하나로 혼합한 중세신학의 세미-펠라기우스주의자들(Semi-Pelagians)도 원죄를 부정한다. 펠라기우스주의의 주장에 따르면 모든 인간은 아담처럼 죄 짓지 않은 상태로 태어나고 살면서 자신이 직접 지은 죄만 죄로 인정된다. 세미-펠라기우스주의의 주장에 따르면 아담 이후의 모든 인간은 아담이 범한 죄의 흠결인 연약함을 물려받긴 하지만 아담의 죄가 전가되지 않기 때문에 죄인으로 태어나는 것이 아니며 자신이 스스로 죄를 짓기 전까지 죄인이 아니다. 펠라기우스주의자들과 세미-펠라기우스주의자들에게 갓 태어난 유아는 죄에 대해 백지상태(tabula rasa)이므로 결코 죄인이 아니다.

유아는 펠라기우스주의자들에겐 아무 흠결이 없는 완벽한 백지상태이고, 세미-펠라기우스주의자들에겐 한 번 접혀진 자국이 남아 있지만 여전히 깨끗한 백지상태다. 따라서 백지상태로 흠없이 태어난 인간은 죄를 짓지 않을 수 있기 때문에 얼마든지 스스로의 힘으로 자신의 구원을 이룰 수 있다. 펠라기우스주의자들은 하나님께서 모든 인간에게도 아담의 상태와 동일하게 죄 짓지 않을 수 있는 공평한 기회를 주신다고 믿는다. 세미-펠라기우스주의자들은 비록 아담의 모든 후손이 죄의 흠결을 갖고 태어나지만 흠결이 죄가 되지 않도록 그것을 잘 관리한다면 죄 짓지 않을 수 있다고 주장한다. 하지만 아우구스티누스에 따르면 유아는 죄인으로 태어난다. 아담의 모든 후손은 아담의 죄를 물려받기 때문에 태어날 때부터 죄인일 수밖에 없다.

펠라기우스주의자들은 아담의 범죄가 그 후손들이 하나님의 형상과 모양인 인간으로 태어나는데 어떤 지장도 초래하지 않는다고 주장한다. 펠라기우스주의자들에 따르면 선하게 태어난 모든 인간은 스스로 죄를 범하여 자신의 선함을 잃어버리지 않는다면 자신의 구원을 염려할 필요가 없는 반면에, 세미-펠라기우스주의자들에 따르면 아담의 후손들은 최초의 범죄로 인해 비록 하나님의 모양은 잃어버렸지만, 하나님의 형상을 아무 손상 없이 가지고 태어나기 때문에, 자신의 의지로 죄를 짓지 않는다면 구원의 길에서 탈락하지 않을 수 있다. 하지만 아우구스티누스에 따르면 아담 이후 모든 인간은 조상 아담의 범죄로 하나님의 형상조차 심각하게 훼손되고 일그러진 죄인의 상태로 태어나기 때문에 자력으로 구원 받을 길이 전혀 없다.

인간이 구원을 받기 위하여 펠라기우스주의자들에게는 아담과 달리 죄를 짓지 않고 하나님의 명령에 순종하려는 자신의 의지와 노력만 있으면 되지만, 세미-펠라기우스주의자들에게는 아담에게서 물려받은 흠결, 즉 하나님의 모양을 상실했기 때문에 아담보다 훨씬 큰 의지와 노력으로는 죄인이 되지 않기가 어렵기 때문에, 하나님의 도우심, 즉 하나님의 은혜가 자력 구원의 보조 수단으로 필요하다. 하지만 아우구스티누스의 주장에 따르면, 아담의 모든 후손은 아담의 범죄로 영생을 잃어버린 상태, 즉 죄인의 상태에서 태어나기 때문에 자력 구원의 가능성이 완전히 사라졌고 오직 하나님의 은혜로만 구원이 가능하다. 즉 전적으로 타락한 인간에게 구원이란 하나님의 은혜 없이는 불가능하다.

오늘날 기독교인들 가운데 펠라기우스주의자들은 지극히 드물지만, 의외로 세미-펠라기우스주의자들은 넘쳐날 정도로 많다. 세미-펠라기우스주의는 중세신학의 적통이면서 종교개혁신학의 사생아다. 세미-펠라기우스주의는 16세기 말 네덜란드 신학자 아르미니우스(Arminius)에 의해 아르미니우스주의(Arminianism)라는 옷을 갈아입고 종교개혁 진영 깊숙이 침투하기 시작하여 오늘에 이르기까지 건재하다. 세미-펠라기우스주의와 아르미니우스주의의 공통점은 바로 구원을 하나님의 은혜와 인간의 노력이 만들어낸 합작품으로 간주한다는 것인데, 그리스도인들 대부분이 선호하는 구원관이기도 하다. "하늘은 스스로 돕는 자를 돕는다!" 이 속담과 매우 잘 어울리는 것이 세미-펠라기우스주의와 아르미니우스주의의 구원관이다.

이런 구원관은 합리성을 추구하는 현대 정신과도 잘 어울린다. 대부분의 그리스도인들은 먼저 은혜를 베푸시는 분은 하나님이시지만 그 구원의 은혜를 받아들이고 선행으로 화답하는 것은 인간이라는 생각을 당연시한다. 즉, 그들은 비록 하나님께서 은혜를 베푸시더라도 인간이 수용하지 않고 선행의 열매를 맺지 못하면 구원이란 미완성으로 끝난다고 생각한다. 따라서 구원을 시작하시는 분은 하나님이시지만 구원을 완성하는 것은 인간이라는 결론에 도달하기 십상이다. 이런 생각을 가진 그리스도인들에게 구원은 은혜와 선행의 콜라보, 즉 하나님과 인간의 합작품일 수밖에 없다. 하지만 바울과 아우구스티누스, 그리고 루터와 칼빈은 구원이 오직 삼위일체 하나님에게만 달린, 순수하게 하나님만의 구원사역이라고 주장한다.

성경의 가르침과 종교개혁자들의 교리에 따르면 인간의 구원은 결코 하나님과 인간의 합작품일 수 없다. 개혁 신학은 구원을 자물쇠로 잠겨 있는 하나님의 보물 상자이자 종합 선물세트로 간주한다. 만일 그 보물 상자를 열 수 있는 열쇠가 믿음이라면 하나님께서 열쇠 없이 자물쇠로 채워진 보물 상자만 보내시는 고약한 분이 아니시기 때문에 보물 상자와 함께 그 열쇠까지도 보내신다고 기대하는 것은 오히려 당연하지 않을까? 구원은 하나님의 선물이다. 구원은 믿음이라는 열쇠가 포함된 종합선물세트다. "너희는 그 은혜에 의하여 믿음으로 말미암아 구원을 받았으니 이것은 너희에게서 난 것이 아니요, 하나님의 선물이라. 행위에서 난 것이 아니니 이는 누구든지 자랑하지 못하게 함이라"(엡 2:8-9). 구원은 우리의 자랑거리가 아니라, 하나님의 자랑거리다. 물론 그리스도인들도 자신의 구원을 자랑할 수 있다. 하지만 그 자랑은 그리스도 안에서만 허용된 자랑이어야 한다. "자랑하는 자는 주 안에서 자랑하라!"(고전 1:31) 구원은 하나님 자신의 선한 작정과 은혜로운 부르심으로 이루어지는, 순수하게 하나님의 사역이지 우리 인간 편의 어떤 무엇도 필요로 하지 않는다. 인간과 인간의 타락, 즉 죄에 대해 잘못 생각하면 결국 구원에 대한 생각도 잘못 될 수밖에 없다. 최초의 타락, 즉 아담의 불순종은 하나님께서 허용하신 자력 구원의 길을 스스로 포기한 행위다. 가장 명백한 증거가 곧 죽음이다. 인간은 생명 대신에 죽음의 길을 갈 수밖에 없다. 원죄는 어떤 형태의 자력 구원도 인정하지 않는다.

제16항

선택과 유기의 하나님은 사랑의 하나님이신가?

Article XVI.

Nous cryons, que toute la lignée d'Adam estant ainsi precipitée en perdition et ruine par la faulte du premier homme, Dieu s'est demonstré tel qu'il est, a savoir, misericordieux et juste. Misericordieux en retirant et sauvant de ceste perdition ceux, lesquels en son conseil eternel et immuable il a esleus et choisis par sa pure bonté en Iesus Christ nostre Seigneur, sans aucun esgard de leurs oeuvres, Iuste, en laissant les autres en leur ruine et tresbuschement, oú ils se sont precipitez.

제16항. [구원을 위한 하나님의 선택과 유기]

우리는 아담의 후손 전체가 첫 사람의 범죄로 인해 멸망과 몰락에 빠졌을 때, 하나님께서 자신이 자비로우시고 공의로우신 분이심을 친히 증명하셨다고 믿습니다. 자비로우신 분이란 [하나님께서] 저 멸망으로부터 그들을 구출하시고 구원하신다는 것인데, 그들은 그분이 자신의 영원하고 불변하는 작정 안에서 자신의 순수한 선하심에 의해, 그들의 행위에 대한 어떤 고려도 없이, 우리 주 예수 그리스도 안에서 택하신 자들입니다. 공의로우신 분이란 다른 사람들을 그들의 몰락과 파멸 속에 내버려두신다는 것인데, 그곳으로 그들은 스스로 곤두박질쳤습니다.

관련성경

롬 9:16, 3:12; 신 32:8; 삼상 12:22; 시 65:5; 말 1:2; 딤후 1:9; 롬 9:29; 딛 3:4-5; 엡 1:4-5; 롬 11:5; 행 2:47, 13:48; 딤후 2:20; 롬 9:11; 벧전 1:2; 롬 9:21, 15:16; 롬 11:34-35; 요 18:20, 15:19; 딛 1:1; 엡 1:3; 요 10:29; 마 15:24, 20:23.

오늘날 기독교인 대부분은 하나님의 주권적 선택, 즉 예정에 대해 부정적이다. 오늘날만 그런 것이 아니라, 기독교 역사에서 하나님의 예정을 긍정적으로 수용하는 사람들은 어느 시대나 소수였다. 왜냐하면 그들은 하나님이 독재 군주가 아닌 사랑의 하나님이라 믿기 때문이다. 그렇다! 기독교의 하나님은 사랑의 하나님이시다. 이것은 불변의 기독교 진리이다. 하지만 자신의 백성과 자녀를 선택하시는 하나님을 사랑이 없는 비정한 하나님으로 간주하는 것은 성경의 진리와 거리가 멀다.

하나님을 사랑의 하나님으로 믿는 신앙은 때로는 왜곡된 생각을 낳기도 하고 심지어는 역설적으로 하나님을 믿을 수 없는 이율배반적인 분으로 만들어 불신앙을 조장하기도 한다. 가령 다음과 같은 질문이 대표적이다. '하나님은 사랑이신데 어떻게 세상이 악인들로 가득할 수 있으며 수많은 사람들이 비참한 대재앙들로 희생당할 수 있는가? 사랑의 하나님이 어떻게 자신의 형상으로 창조하신 사람들 일부만 구원하시고 나머지 사람들을 모두 멸망의 늪으로 밀어 넣으실 수 있는가?'

하지만 네덜란드 신앙고백은 하나님의 이러한 선택과 유기를 무시하지도 거부하지도 않는다. 오히려 선택하시는 하나님을 사랑의 하나님으로, 유기하시는 하나님을 공의의 하나님으로 설명한다. 즉, 자신의 자녀를 부르시고 구원의 길로 인도하시기로 작정한 하나님의 선택은 하나님께서 사랑이심을 증명하는 반면에, 죄인들이 스스로 죄를 지어 멸망의 길로 가는 것을 내버려두시는 하나님의 유기는 하나님께서 공의로우신 분이심을 증명한다는 것이다. 이러한 선택과 유기에 대해서는 이미 "아담의 후손 전체가 첫 사람의 범죄로 인해 멸망과 몰락에 빠졌을 때, 하나님께서 자신이 자비로우시고 공의로우신 분이심을 친히 증명하셨다."

하나님께서 스스로 "자비로우신 분"이라는 뜻은 일부 죄인들을 "저 멸망으로부터 구출하시고 구원하신다는 것"인 반면에, 스스로 "공의로우신 분"이라는 뜻은 다른 죄인들을 "그들 스스로 곤두박질치도록 그들의 몰락과 파멸 속에 내버려두신다는 것"이다. 이것이 네덜란드 신앙고백이 하나님의 선택과 유기를 설명하는 방법이자 내용이다. 하나님께서는 사랑으로 선택하시고 공의로 유기하신다.

선택: 하나님의 사랑을 보여주는 증거

사랑의 하나님과 공의의 하나님, 선택의 하나님과 유기의 하나님은 성경에 자주 등장하는 하나님의 이중적이고 대조적인 모습이다. 하나님께서는 구약에서 아브라함과 이삭과 야곱을 선택하시고 결국 이스라엘 백성을 선택하시는데, 이와 같은 선택은 하나님께서 그들을 사랑하신 결과라는 것 외에 달리 설명할 길이 없다. 그렇다면 구약에 나타나는 수많은 하나님의 선택은 사랑의 행동이라 결론 내릴 수 있다. 선택받은 대상은 모두 예외 없이 죄인이었다. 하나님께서는 죄인을 부르시고 자신의 계획을 알려주시고 이 계획이 그들을 통해 반드시 이루어지리라 약속하셨다. 의로우신 하나님께서 이기적인 욕망으로 살아가는 인간, 즉 죄인을 불러 자신의 백성과 자녀로 삼으신다면 이런 하나님이야 말로 사랑의 하나님이 아니겠는가!

하나님의 선택은 오직 그리스도 안에서만 발생하는 구원사건이다. 왜냐하면 "창세전에 그리스도 안에서 우리를 택하사 우리로 사랑 안에서 그 앞에 거룩하고 흠이 없게 하시려고 그 기쁘신 뜻대로 우리를 예정하신" 분은 우리의 하늘 아버지이시며 우리를 "예수 그리스도로 말미암아 자기의 아들들이 되게 하셨다"(엡 1:4-5). 우리는 모두 예외 없이 하나님의 사랑으로 하나님의 자녀, 약속의 자녀가 된 것이다. 하늘 아버지의 독생자 그리스도는 하나님 사랑의 결정체다. 죄인인 우리를 향한 하나님의 사랑은 측량할 수 없는 절대 사랑이다. 그 증거는 독생자 그리스도의 성육신과 죽으심과 부활하심만으로도 충분하다. 하나님의 선택은 바로 이 절대 사랑의 열매다. 칼빈은 그것을 '하나님의 영원한 선택'(electio aeterna Dei)이라 부른다.

우리를 향한 하나님의 사랑은 확실히 예정 즉 미리 선택하심으로부터 시작한다. 하나님께서는 "또 미리 정하신 그들을 또한 부르시고 부르신 그들을 또한 의롭다 하시고 의롭다 하신 그들을 또한 영화롭게 하셨느니라"(롬 8:30). 하나님의 사랑은 예정의 선택에서 시작하여 부르시는 소명으로 이어지고 부름 받은 자들의 칭의와 의인의 영화라는 순으로 실현된다. 이것은 흔히 그리스도인 각자의 '구원 서정'(ordo salutis) 즉 '구원 순서'라 불린다. 이처럼 예정과 선택은 성경 곳곳에서 발견할 수 있는 죄인을 향한 하나님의 사랑 가득한 가르침이다.

하나님께서 멸망으로부터 구출하시고 구원하시는 죄인들은 하나님의 "영원하고 불변하는 작정 안에서 그분의 순수한 선하심에 의해" 선택된 자들이다. 여기서 '하나님의 순수한 선하심'은 우리 인간의 선함과 차원이 다르다. 하나님께서 모든 피조물을 선하게 창조하셨기 때문에 인간을 포함한 만물도 선하지만 하나님의 순수한 선하심과 달리 순수하지 못한 결과를 낳을 수 있다. 그래서 아담은 선하게 창조되었고 하나님의 형상으로 창조되었음에도 불구하고 불순종의 죄를 지었던 것이다. 즉, 인간의 선함은 하나님의 순수한 선하심과 달리 변질될 수 있다. 하지만 하나님은 결코 죄 지을 수 없는 분이시다. 이처럼 하나님은 완벽하게 선하시고 절대적으로 의로우신 분이시기 때문에 그분의 작정과 선택 역시 절대적으로 선한 결정이다.

선택 교리는 성경의 확고한 가르침이라는 사실을 부인할 그리스도인은 아무도 없을 것이다. 하지만 선택 교리가 하나님을 '사랑'으로 정의하는 성경의 가르침과 모순처럼 보이기 때문에 우리는 왠지 모를 불편함을 느끼는 것도 사실이다. 이런 불편함은 아마도 선택의 결과, 즉 누군가를 선택하면 누군가는 선택받지 못한다는 사실에 기인한다. 일부가 구원받는 대상으로 선택된 반면에 선택에서 제외된 나머지는 버려진다는 사실, 즉 유기가 발생한다는 사실 때문에 불편한 것이다. 선택 교리가 성경적이고 교리적으로 옳다면 포기와 버림을 의미하는 유기는 불가피하다.

유기 없이는 선택도 없다. 따라서 선택 교리는 반드시 유기를 동반한다.

유기: 하나님의 공의를 보여주는 증거

유기를 부인하려면 먼저 성경의 선택 교리부터 포기해야 한다. 선택을 강조하면서 유기를 꺼리는 자세는 앞면만 있고 뒷면이 없는 동전과 같다. 앞이 있다면 뒤도 있기 마련이다. 불편한 유기 교리를 포기할 수 있는 쉬운 길도 있다. 가령 하나님께서 죄인을 전부 구원받도록 선택하신 것이라면 유기를 가르칠 필요가 없지 않을까? 이것은 인류 전부가 구원받는다는 만인구원론이다. 유기를 거부하는 자들은 결국 만인구원론으로 기울어질 가능성이 크다. 하지만 모두를 선택한다는 문장은 그 자체로 모순이다. 만인구원론은 선택 개념이 필요 없고 무용하다. 아무도 구원에서 탈락하지 않을 뿐만 아니라, 누군가를 선택할 필요조차도 없기 때문에 유기와 선택 교리 전부를 부정할 수밖에 없다.

그런데 만인구원론은 선택론을 포기하는 정도에서 멈추지 않고, 믿음으로 구원 받는다는 기독교 신앙까지도 포기해야만 성립 가능하다. 믿음이 있는 자가 구원을 받는다면 믿음이 없는 자는 당연히 구원에서 배제된다. 그렇다면 믿음을 근거로 구원 받을 자와 받지 못할 자가 나뉜다는 의미인데, 이러한 교리를 만인구원론이 어떻게 수용할 수 있겠는가! 절대 불가하다! 믿음으로 구원 받는다는 교리를 강조하는 사람들 가운데 선택 교리를 인정하면서도 유기 교리를 거부하는 자들이 많다. 이런 자들은 믿음을 개인의 선택 행위로 간주한다. 즉, 그들은 하나님의 선물인 구원을 개인이 믿음으로 받아들이느냐 그렇지 않느냐에 구원의 유무가 결정된다고 본다. 이런 견해가 사실이라면 구원의 최종 결정권은 하나님이 아닌, 사람에게 달린 것이다.

만일 구원의 최종 결정권이 개인의 결단에 속한다면 이 결단으로서의 믿음은 단순히 선물을 받기 위해 내미는 손 정도의 역할이 아니라, 그 구원의 선물을 효력 있게 만드는 일종의 행위, 즉 공로로 간주되어야 한다. 하지만 성경은 구원이 하나님의 은혜로운 선물이라고 가르칠 뿐, 어디에서도 그 선물을 받는 손, 즉 믿음이 구원 행위나 공로라고 가르치지 않는다. 믿음이 구원이라는 하나님의 선물을 여는 수단, 즉 열쇠인 것은 맞지만 선물을 받은 개인이 그 열쇠를 만들 수는 없다. 사랑의 하나님은 결단코 자물쇠로 단단히 잠긴 구원의 선물을 열쇠도 없이 주시면서 알아서 열라고 하시는 고약한 분이 아니시다. 하나님께서 만드신 자물쇠를 누가 과연 열 수 있을까? 하나님 외에는 여실 분이 없다.

칼빈과 개혁 신학자들에 따르면 구원의 선물 보따리를 열어볼 수 있는 열쇠인 믿음은 우리를 감동시키시는 성령 하나님의 역사 이외의 다른 무엇이 아니다. 믿음은 구원과 함께 주어지는 하나님의 사랑의 선물이다. 반면에 불신은 하나님을 싫어하고 거부하는 죄인 각자의 자발적 결단이고 각자의 타락한 본성에 매우 잘 부합하는 결과물이다. 불신앙이 신앙으로 바뀌는 일은 사랑의 하나님께서 창세전에 우리를 구원하시기로 결정하신, 저 영원한 작정의 결실이다. 따라서 하나님의 부르심을 청종하는 우리의 믿음은 하나님의 은혜로운 선물이 아닐 수 없다. 작정도 소명도 의화도 영화도 모두 우리를 사랑하시는 하나님의 종합 선물이다. 반대로 유기는 죄인의 지속적인 불신앙의 결말이자 타락과 죄악의 쓰레기통이다.

하나님은 공의로우신 분이시기 때문에 어떤 죄도 묵과하지 않으시고 반드시 처벌하신다. 하나님은 모든 피조물, 특히 자신의 형상으로 창조된 인간이 자신의 명령에 순종하길 원하셨고, 불순종의 대가는 죽음이라 경고하셨다. 하지만 아담은 하나님의 약속을 불신했기 때문에 하나님의 명령에 순종하지 않았다. 이러한 아담의 첫 타락, 즉 불신과 불순종은 죄를 낳고, 모든 인류의 사망을 초래했다. 첫 타락 이후 인간을 포함한 모든 피조물은 죄의 비참과 파멸로 탄식하고 신음하게 되었고 온 세상은 희망이 사라진 절망으로 가득했다. 죄인의 인생은 죽음에 이르는 불치병 환자로 살 수밖에 없다. 하나님은 공의로우신 분이시기 때문에 죄를 짓는 자는 반드시 처벌을 받아야 한다. 죄인은 자발적으로 죄를 지을 때 하나님의 경고, 즉 양심의 소리를 듣지만 대부분 무시할 뿐만 아니라, 심지어 그 죄를 즐기며 산다.

하나님께서는 이와 같은 죄인의 자발적이고 능동적인 범죄행위를 억지로 막아서지 않으시고 내버려 두시지만 언젠가 반드시 심판하시는데, 이것이 바로 유기이다. 이런 점에서 단기적이고 일시적 유기는 신자든 불신자든 누구에게나 예외 없이 일어난다. 하지만 결정적이고 최종적인 유기는 그리스도 밖에서 일어난다. 공의로우신 하나님께서는 그리스도 안에 있는 자들을 그리스도의 죽음으로 처벌하셨기 때문에 두 번 다시 영원한 죽음으로 그들을 처벌하시지 않지만, 그리스도 밖에 있는 자들에게는 영원한 죽음의 처벌을 내리시지 않을 수 없다. 죄에는 반드시 처벌이 따른다. 이것이 가장 공정한 정의, 곧 하나님의 공의다. 하지만 하나님은 사랑이시기 때문에 흉악한 죄인이라 해도 자신의 죄를 고백하고 회개하는 자에게는 용서를 베푸신다.

선택은 사랑의 결실! 유기는 공의의 결말!

하늘 아버지이신 하나님은 사랑이시다. 사랑은 창조와 섭리, 그리고 구원의 동력이다. 하나님의 선택과 작정은 그리스도 안에서만 발생한다. 거룩하신 하나님은 공의로우신 분이시기 때문에 결코 죄를 용납하지 않으시지만, 그리스도 안에서 자신의 죄를 고백하고 참으로 회개하는 자에겐 용서와 구원의 선물을 베푸신다. 그리스도 밖에서, 자신의 죄를 인정하기는커녕 평생 자신의 죄를 즐기며 사는 자를 위해서는 하나님의 최후심판이 기다리는데, 이것이 곧 유기이다.

제17항

타락한 아담은 하나님으로부터 어떤 약속의 위로를 받았는가?

Article XVII.

Nous croyons que nostre bon Dieu par sa merveilleuse sagesse et bonté, voyant que l'homme s'estoit ainsi precipité en la mort tant corporelle que spirituelle et rendu du tout malheureux s'est luy mesme mis à le cercher, lors qu'il s'enfuyoit de luy tout tremblant, et l'a console luy faisant promesse de luy donner son Fils fait de femme pour briser la teste du serpent, et le faire bienheureux.

제17항. [명령에 불순종한 인간과 구원을 약속하시는 하나님]

우리가 믿는 것은 인간이 [스스로] 자신을 영적이고도 육적인 죽음에 던 져버리고 완전히 비참하게 된 것을 보신 우리의 선하신 하나님께서, 그 가 너무 두려워하여 자신으로부터 도망쳤을 때, 자신의 경이로운 지혜 와 선으로 친히 그를 찾으셨을 뿐만 아니라, 뱀의 머리를 상하게 하시고, 그를 복 받는 자로 만드시기 위해, 한 여자에게서 태어나게 되실 자신의 [친] 아들을 주신다고 그에게 약속하심으로 또한 그를 위로하셨다는 [사 실]입니다.

관련성경

창 3:15, 22:18; 사 7:14; 요 7:42; 딤후 2:8; 히 7:14; 요 1:14; 창 3장. 갈 4:4.

최초의 인간 아담은 스스로 타락을 선택했다. 우리는 그의 범죄를 '원죄'(original sin)라 부른다. 이후의 모든 범죄는 원죄처럼 자발적 특성을 지니기 때문에 전적으로 범죄자의 책임이다. 최초의 범죄가 가져온 최대의 불행은 죽음이다. 이 죽음은 먼저 영적 죽음을 의미하며 육적 죽음이 그 뒤를 따르는 것으로 보인다. 아담과 하와는 범죄를 저지른 후 하나님의 목소리를 듣자마자 "하나님의 낯을 피하여" 숨었는데, 이것은 모든 생명의 창조자이시며 영적 생명의 원천이신 하나님과의 관계가 단절되었다는 가장 분명한 증거다. 하나님과의 즐거운 친교가 불순종의 타락으로 두려운 일이 되었다.

아담이 하나님의 명령을 잊어버린 채 스스로 불순종을 선택 했을 때 하나님은 "네가 어디 있느냐?"라고 그를 부르시며 찾으셨다. 아담과 하와가 숨어 있는 곳을 몰라서 찾으셨을까? 결코 그렇지 않다. 왜 아담과 하와는 두려워서 숨고 하나님은 애타게 찾으시는 일이 벌어졌을까? 인간과 하나님 사이의 친교가 끊어졌기 때문이다. 즉 인간에게서 생명의 원천이신 하나님과의 관계가 끊어졌다. 이것은 한 단어로, '죽음의 사건'이다. 불순종의 타락으로 인간에겐 죽음이 찾아왔다. 죽음에 대한 하나님의 경고는 인간의 타락과 동시에 실현되었다. 이것은 영적 죽음이다. 육적 죽음은 영적 죽음을 증명하는 가장 확실한 증거다.

이처럼 아담의 첫 범죄는 하나님의 창조 세계 전체가 죽음의 지배 아래 신음하도록 심각한 변질을 초래했다. 아담의 타락 사건이 없었더라도 살아 있는 모든 것들은 지금처럼 죽음을 맞이했을 것이라는 일부 신학자들의 주장은 성경 어디에서도 찾아볼 수 없는 괴변에 불과하다. 불순종에 대한 하나님의 경고, "반드시 죽으리라!"는 영적인 죽음과 육적인 죽음 모두를 의미한다. 또한, 그것은 성경이 말하는 인간의 첫 번째 죽음과 두 번째 죽음 모두를 의미한다. 죽음은 죄의 결과물이다. 즉, "죄의 삯은 사망"이다. 사망이 권세를 부리고 지배하는 세상보다 더 비참한 곳은 없다. 사망의 권세와 지배력이 강할수록 비참한 상태도 극심해진다.

자신을 죽음의 심연으로 밀어 넣은 어리석은 인간, 스스로 뛰어내린 그 심연의 굴레를 벗어나기 위해 발악을 하지만 계속해서 제자리로 돌아가는 비참한 인간, 자신의 힘으로는 절대 그곳을 벗어날 수 없는 절망적인 인간을 측은지심(惻隱之心)으로 바라보시는 분이 계시는데, 바로 우리의 창조주 하나님이시다. 타락한 인간을 향한 하나님의 측은지심에 대해 네덜란드 신앙고백은 두 가지를 알려준다. 하나는 하나님이 타락한 인간을 버리지 않으시고 오히려 애타게 그를 부르시고 찾으신다는 사실이고, 다른 하나는 배은망덕한 인간에게 구원을 약속하시면서 그를 위로하신다는 사실이다.

타락한 인간을 다시 찾으신 하나님

하나님의 형상으로 창조된 인간은 불순종으로 비참한 죄인이 되었다. 죄인의 비참함은 죽음의 저주에 걸려 신음하면서도 결코 그 저주의 굴레를 스스로 벗어날 수 없다는 것이다. 하지만 하나님은 그 죄인을 결코 포기하거나 버리지 않으신다. 그분은 오히려 타락한 인간을 찾으신다. 이런 하나님을 네덜란드 신앙고백은 "우리의 선하신 하나님"(nostre bon Dieu)이라 부른다. 죄인을 찾으시는 분은 우리의 하나님, 선하신 하나님이다. 하나님은 죄인을 부르시고 찾으신다. "네가 어디 있느냐?" 잘못을 저지른 인간은 자신을 숨기고 싶어 한다. 그래서 은닉할 곳을 찾는다. 최적의 은닉 장소가 바로 캄캄한 어둠이다.

장소가 어두울수록 숨기고 숨기 좋다. 캄캄한 어둠 속에서는 아무 것도 분간할 수 없기 때문이다. 죄를 많이 지을수록 자신의 죄를 꼭꼭 감출 수 있는 더 깊은 어둠 속으로 들어간다. 그래서 죄인은 어둠을 좋아

하고 빛을 싫어한다. 자신의 죄가 드러나길 바라는 죄인은 아무도 없기 때문이다. 이런 죄인을 우리 하나님은 부르신다. "네가 어디 있느냐?"라고! 하나님의 부르심은 죄인이 어둠에서 빛으로 나오길 요청하는 사랑의 초대장이다. 어둠 속에서 신음하는 죄인은 하나님의 초청 메시지를 받지만, 그분의 음성이 천둥소리처럼 무섭다. 아무리 흉악한 죄인도 자신을 부르시는 하나님께 나오면 용서의 기회를 얻는다.

죄인은 가능한 한 선하신 하나님으로부터 멀리 도망치고 싶어 한다. 모든 죄인은 두 귀를 막고 부르시는 하나님의 음성을 듣기 싫어하지만, 어떤 죄인도 듣지 않을 수 없다. 왜냐하면 하나님의 부르심은 양심의 소리이기 때문이다. 죄를 지을 때 양심은 큰 소리로 외치지만 범죄가 반복되면 더 이상 소리치지 않는다. 아니, 죄인이 양심의 소리를 전혀 듣지 못하게 된다. 이처럼 하나님은 모든 죄인을 각자 부르신다. 죄를 짓고 멀리 도망가서 꼭꼭 숨어버린 죄인을 하나님은 언제나 "자신의 경이로운 지혜와 선하심으로" 찾아내신다. 자신의 절대선과 지혜를 동원하여 죄인을 찾으시는 하나님은 죄인을 용서하기 위해 부르시는 사랑의 하나님이시다.

타락한 아담과 하와를 구원의 약속으로 위로하신 하나님

아담의 타락 사건에서 주인공은 타락한 인간도, 인간을 타락시킨 사탄도 아니다. 그 주인공은 바로 하나님이시다. 사실상 하나님은 인간의 타락과 직접적인 관련이 전혀 없다. 하지만 하나님은 에덴동산의 규정을 정하신 분이시기 때문에 규정을 어긴 타락 사건과 무관하지 않을 뿐만 아니라, 오히려 타락 사건의 중심이시다. 하나님은 타락 사건을 면밀히 조사하시는 검사와 공의롭게 판결하시는 재판장으로 등장하신다. 타락의 진상은 거짓의 아비 사탄의 감언이설에 넘어간 하와가 먼저 선악과를 따먹고, 그 다음 하와의 권유로 아담이 금단의 열매를 먹은 사건이다. 이로써 아담과 하와는 하나님의 금지 규율을 어기고 깨뜨렸다.

법을 만드신 하나님은 사탄과 하와와 아담 순으로 벌을 내리셨는데, 그것은 단순한 처벌이 아니라, 타락한 인간에게 구원을 약속하시는 하나님의 위로가 담겨 있었다. 사탄에게 내리신 처벌 속에는 장차 뱀의 "머리를 상하게 할" 인물, 즉 "여자의 후손"에 관한 내용이 나오는데, 이것은 사탄에겐 저주이지만, 인간에겐 구원과 희망의 말씀이다. 이 사탄에 대한 하나님의 저주 속의 말씀을 신학자들은 '원시 복음'이라 부른다. 왜냐하면 여기서 "여자의 후손"은 예수 그리스도를 의미한다고 보기 때문이다. 사탄이 받은 저주는 그리스도의 십자가 위에서 이루어진 십자가 사건이다.

십자가에 달리신 그리스도의 죽음은 마치 사탄의 승리처럼 보이지만 실제로는 그리스도께서 사탄의 머리를 짓밟으신 구원 사건이다. 사탄의 머리가 상하는 일은 곧 죄인인 인간이 "복 받는 자"가 되는 일이므로 이 자체가 인간에게는 복된 소식, 즉 복음이다. 사탄의 머리를 상하게 하는 분의 도래는 죄인인 인간에겐 구원의 희망이 실현되는 결정적인 사건이다. 이것이 바로 '성육신'(incarnation)으로 불리는 그리스도의 탄생이다. 그리스도 오심 덕분에 모든 죄인은 '복 있는 자'가 될 희망을 품을 수 있게 된 것이다. 네덜란드 신앙고백에 따르면 구원자로 오신 그리스도는 "한 여자에게서 태어나게 되실" 분으로 하나님 "자신의 친 아들"이시다.

사탄에게 내리신 하나님의 저주 속에서 부인할 수 없는 핵심 하나는 타락한 인간을 구원하시기 위한 하나님의 확실한 계획이다. 네덜란드 신앙고백은 이 계획을 하나님의 "약속"이라 칭한다. 즉 하나님께서 타락한 인간에게 약속하셨다는 것이다. 약속의 내용은 하나님의 친 아들이 뱀의 머리를 상하게 하고 죄인을 복된 자로 만드시기 위해 여자에게서 태어나시게 되리라는 것이다. 이것은 인간이 죄를 범하고 두려움에 사로잡혀 숨어 있을 그 때 이미 하나님께서 자신의 독생자 그리스도를 이 땅에 보내서서 죄인을 구원하실 계획을 세우셨다는 의미다. 하나님은 그 계획을 아담과 하와에게 들려주심으로 구원의 희망을 갖도록 그들을 위로하셨다.

예수 그리스도는 하늘에서 하루아침에 갑자기 하늘에서 땅으로 뚝 떨어진 분이 아니라 여자 마리아에게서 나셨다. 이처럼 여자의 후손은 예수 그리스도의 탄생까지 역사와 계보를 가진다. 그래서 마태복음과 누가복음에는 예수 그리스도의 계보, 즉 족보가 기록되어 있는 것이다. 누가의 족보는 그리스도로부터 아담과 하나님에게까지 올라가는데, 원시 복음인 '여자의 후손'이 아담을 넘어 하나님과 연결된다는 사실을 잘 보여준다. 창조주 하나님은 선하신 분으로 약속의 하나님이시다. 자신의 약속은 반드시 지키시는 분이다. 약속으로 세우신 규정과 법을 공의롭게 집행하시되, 자신의 선을 따라 은혜롭게 집행하시는 사랑의 하나님이시다.

지금도 우리 죄인을 찾으시고 위로하시는 하나님

선하신 하나님은 아담과 하와에게 그렇게 하신 것처럼 지금도 우리 인간이 죄를 짓는 그 순간부터 용서 받을 수 있는 기회를 마련하시고 구원의 길을 제시하신다. 그 길은 오직 그리스도 한 분뿐이다. 어떤 죄인이든 그리스도 안에서만 용서의 기회를 획득할 수 있다. 용서와 구원의 길은 이미 오래 전 아담과 하와가 처음으로 죄를 지었을 그때 이미 준비되었던 것이다. 그때 이미 하나님은 죄인에게 구원을 약속하셨다. 사망을 선고 받은 죄인에게 구원의 약속보다 더 큰 위로는 없다. 한 여자 마리아에게서 태어나신 구원자 그리스도는 이 세상의 모든 죄인에게 가장 큰 위로다.

이 위로가 어떤 의미인지는 하이델베르크 신앙교육서 제1문답에서 가장 분명하게 배울 수 있다. "문. 삶과 죽음에 있어서 당신의 유일한 위로는 무엇입니까? 답. 몸과 영혼을 가진 나는 삶과 죽음 둘 다에 있어서 나의 것이 아니라 나의 신실하신 구원자 예수 그리스도의 것이라는 [사실입니다." 이 위로를 제공하시기 위해 하나님은 지금도 죄인을 부르시고 찾으신다. 하나님의 부르심에는 예외가 없다. 하나님은 모든 죄인을 예외 없이 부르시고 찾으시기 때문이다. 하나님의 부르심에는 조건이나 차별이 없다. 부자든 빈자든, 강자든 약자든, 지식인이든 무식자든 가리지 않고 무조건적이고 무차별적으로 부르시고 찾으시기 때문이다.

하지만 하나님은 죄를 대적하시고 죄인을 미워하신다. 이것은 '죄는 미워하되 죄를 지은 사람은 미워하지 말라'는 세상의 가르침과 사뭇 다르다. 하나님은 죄뿐만 아니라 죄인도 미워하신다. 하지만 그가 죄를 짓자마자 하나님은 즉시 그에게 용서의 기회를 주신다. "수고하고 무거운 짐 진 자들아, 다 내게로 오라!" 우리 주님은 세상의 모든 사람을 차별 없이 부르신다. 그리고 잃어버린 한 마리 양을 찾아 나서는 목자처럼 하나님도 어두운 세상에서 길을 잃고 헤매는 모든 죄인들을 친히 찾으신다. 어둠의 자식들인 죄인들에게 빛을 비추시면서 진리의 길, 구원의 길을 제시하시는 것이다.

하나님은 차별 없이 모든 죄인을 부르시지만, 들을 귀 있는 자들만 애타게 부르시는 하나님의 음성을 들을 수 있다. 하나님은 한 분이시지만 죄인을 부르시고 찾으시는 수단은 다양하다. 구원을 약속하시는 하나님도 한 분이시고 구원의 길도 오직 그리스도뿐이시지만 약속과 구원의 방법은 매우 다양하다. 구원과 관련하여 성경이 가르치는 유일성과 다양성을 혼동하지 말아야 한다. 지상 교회의 머리는 오직 그리스도 한 분이시만 지상 교회의 모습은 수많은 지체처럼 다양하다. 물론 그리스도의 몸인 교회는 둘이나 셋이 아닌, 하나뿐이다. 하지만 그 몸인 교회의 지상적인 모습은 매우 다양하다.

교회의 통일성은 결코 유니폼과 같지 않다. 머리이신 그리스도 중심의 통일성 속에서 수많은 지체의 다양성을 인정해야 하고, 또한 다양성 속에서 그리스도 중심의 통일성을 추구해야 하는 것이 지상교회다. 지상 교회는 모두 불완전하기 때문에 다른 교회와의 연합이 필수적이다.

제18항

전능하신 하나님께서 왜 연약한 인간으로 오셨는가?

Article XVIII.

Nous confessons donc, que Dieu a accompli la promesse qu'il avoit faite aux Peres anciens par la bouche de ses saincts Prophetes en envoyant son propre Fils unique et eternel au monde au temps ordonné par luy, lequel a prins la forme de serviteur fait à la semblance des hommes prenant vrayement à soy une vraye nature humaine avec toutes les infirmitez d'icelle (excepté Peché) estant conceu ventre de la bienheureuse vierge Marie par la vertu du S. Esprit sans oeuvre d'homme, et non seulement a prins la nature humaine quant au corps; mais aussi une vraye ame humaine, afin qu'il fust vray homme. Cor puis que l'ame estoit aussi bien perdue que le corps, il falloit qu'il prinst à soy tous les deux, pour les sauver ensemble. Pourtant nous confessons, contre l'heresie de Anabaptistes, nians, que Christ a pris chair humaine de sa mere, que Christ a participé la mesme chair et sang des enfans, qu'il est fruict des reins de David selon la chair, fait de la semence de David selon la chair, fruict du ventre de la vierge Marie, fait de femme, germe de David, jetton de la racine de Iesse, sorti de Iuda, descendu des Iuifs selon la chair, de la semence d'Abraham et a esté fait semblable à ses freres, excepté le Peché, de sorte qu'il est par ce moyen vrayement nostre Emanuel, c'est à dire Dieu avec nous.

제18항. [인간이 되신 하나님 예수 그리스도]

그러므로 우리는 하나님께서 정하신 때에 자기 자신의 유일하고 영원한 아들을 세상에 보내심으로, 자신의 거룩한 선지자들의 입을 통해 선조들에게 친히 하신 약속을 성취하셨다는 것을 고백합니다. 그분은 (죄 이외의) 모든 연약함을 가진 참된 인성을 취하시고, 복된 동정녀 마리아의 태에서 인간의 행위 없이 성령의 능력으로 잉태되심으로써 종의 형체를 취하셨고 인간과 동일하게 되셨습니다. 그리고 참 인간이 되시기 위해 육체와 관련한 인성뿐만 아니라, 인간의 참 영혼도 취하셨습니니

다. 왜냐하면 인간은 영혼에다가 육체까지도 상실되었기 때문에, 그 둘을 함께 구원하기 위해서는 그분이 그 둘 모두 취하실 필요가 있었습니다. 그러므로 우리는 그리스도께서 자신의 어머니의 인간 몸을 취하신 것을 부인하는 제세례파 이단과 반대로, 그리스도께서 유아들의 동일한 피와 몸을 분담하셨다는 것을 고백합니다. [또한] 그분이 육신을 따라 다윗 허리의 열매, 즉 육신을 따라 다윗 씨의 [열매]이시요, 동정녀 마리아 태의 열매, 즉 여자의 [열매]이시며 다윗의 싹이시고 이새의 뿌리에서 난 순이시며 유다 [가문]의 출신에 속하시고 육신을 따라 유대 후손에 속하시며, 아브라함의 씨를 취하셨기 때문에 아브라함의 씨에 속하시고, 죄 이외에는 자신의 형제들과 동일하게 되신 분이라는 것을 [고백합니다.] 따라서 그러한 방법으로 그분은 진실로 우리의 임마누엘, 즉 우리와 함께 하시는 하나님이 되십니다.

관련성경

빌 2:7; 딤전 3:16; 눅 1:55; 창 26:4; 삼하 7:12; 시 132:11; 행 13:23; 딤전 2:5; 고전 12:3; 신 29:2; 시 119:34; 롬 7:19; 렘 33:15; 히 7:14; 롬 9:5; 갈 3:16; 히 2:16; 마 1:16.

예수님께서는 "이 성경이 곧 내게 대하여 증언하는 것이니라… 모세를 믿었더라면 또 나를 믿었으리니 이는 그가 내게 대하여 기록하였음이라"(요 5:39, 46)라고 말씀하신다. 성경은 한 마디로 그리스도에 관한 기록이자 메시야의 도래에 관한 하나님의 약속이다. 구약이 오실 메시야를 기다리는 내용이라면, 신약은 오신 메시야의 재림을 고대하는 내용이다. 메시야의 도래는 곧 심판이자 구원을 의미한다. 창세기 3장에서 하나님께서 사탄의 머리를 박살 낼 "여자의 후손"을 약속하신 내용은 메시야의 도래를 의미하는 원시복음, 즉 하나님의 구원 언약이다.
"이 약속들은 아브라함과 그 자손에게 말씀하신 것인데 여럿을 가리켜 그 자손들이라 하지 아니하시고 오직 한 사람을 가리켜 네 자손이라 하셨으니 곧 그리스도라"(갈 6:16). 여자의 후손에 대한 하나님의 약속은 아담과 노아, 아브라함, 이삭, 야곱 등의 신앙 선조들을 통해서뿐만 아니라, 이새와 다윗 및 선지자들을 통해서도 전수되었다. 복음서에는 조금 다른 두 개의 메시야 계보가 나타나는데, 마태는 믿음의 조상 아브라함에게서 시작하여 그리스도 예수에 이르는 하향식 계보를 제시하고 누가는 그리스도 예수로부터 시작하여 하나님에게까지 거슬러 올라가는 상향식 계보를 제시한다.
이러한 메시야 계보는 구슬을 꿰는 줄처럼 성경의 다양한 내용, 즉 모든 계시를 메시야 중심으로 엮고 푸는 성경 해석의 방향타이자 나침반이다. 하나님의 약속은 언제나 그분 자신이 정하신 바로 그 때 즉 "때가 차매" 이루어진다. 네덜란드 신앙고백 제18항은 이런 고백으로 시작한다. "하나님께서 거룩한 선지자들의 입을 통해 선조들에게 하셨던 그 약속을 스스로 정하신 때에 자기 자신의 영원한 독생자를 세상에 보내심으로 성취하셨다."
구약에 약속된 구원자 메시야의 도래가 아주 기나긴 시간 후에 이루어진 것처럼 그리스도의 재림도 역시 기나긴 시간 후에 벌어질 일로 추정

가능하겠지만, 오히려 성경은 그 재림이 곧 닥칠 임박한 사건이라 가르친다. 오실 그리스도의 생애와 사역에 관한 가장 유명한 예언은 이사야 53장일 것이다. 누가복음 4장에는 예수님께서 친히 회당에 들어가셔서 이사야 61장을 읽으신 다음, 그 말씀이 성취되었다고 선언하시는 사건이 기록되어 있다.

네덜란드 신앙고백에 따르면 예수께서 "육신을 따라서는 다윗 허리의 열매요, 즉 육신을 따라서는 다윗의 씨로부터 나신 분이시고, 동정녀 마리아의 태의 열매요, 즉 한 여자에게서 나신 분이시며, 다윗의 싹이자 이새 줄기의 새싹이며 유다의 후손이요, 육신을 따라서는 유대인들의 후손에 속한 분이시며, 아브라함의 씨를 취하셨기 때문에 아브라함의 씨의 열매시다." 이처럼 그리스도의 인성에 관한 고백에서도 그리스도 중심의 구원 역사를 엿볼 수 있다.

구약에 예언된 메시야는 이미 2천여 년 전 이 땅에 오셨다. 그분의 이름은 전 세계 사람들이 알 정도로 유명한 '예수'다. 통상 그분은 "그리스도 예수"로 불리는데, 이것은 '기름부음 받은 자 예수'라는 뜻이다. 2천여 년 전에 오신 메시야는, 승천하시기 전에 자신의 제자들에게 다시 오실 것을 약속하셨기 때문에 그 약속의 말씀을 직접 들었던 그 제자들뿐만 아니라, 이후의 모든 그리스도인들도 메시야의 재림을 대망하며 살아야 한다.

왜 참 하나님은 참 인간이 되셨는가? - 성육신의 이유

다시 오실 메시야를 학수고대(鶴首苦待)하며 사는 삶이야 말로 깨어 있는 종말론적 삶이다. 그러므로 하나님의 백성이요 하나님의 영적 자녀, 즉 그리스도인은 누구나 메시야, 즉 그리스도께서 오시길 간절히 기다리며 살아야 한다. 메시야를 대망하는 삶이 곧 진정한 그리스도인의 삶이다. 이런 삶은 구약의 유대인들에게도 신약의 그리스도인들에게도 모두 공통분모다. 그리스도의 오심은 역사를 기원전과 기원후로 나누는 분기점이다.

따라서 2천여 년 전에 메시야로 오신 예수는 역사적 인물, 즉 정말 인간이라는 뜻이다. 이 땅에 오신 그리스도는 우리와 다르지 않은 참 인간이시다. 하지만 오해하지 말아야 할 것은 인간으로 오신 그리스도 예수는 본래 하나님이시라는 사실이다. 우리는 인간 부모에게서 태어난 인간이지만 예수 그리스도는 동정녀에게서 성령으로 잉태된 하나님이시다. 그래서 그분은 하나님의 "유일하고 영원한 아들"(Fils unique et eternel), 즉 "영원하신 독생자"라 불린다.

그러므로 예수 그리스도의 잉태와 탄생은 하나님께서 인간이 되신 사건, 즉 하나님의 성육신(incarnatio Dei)이다. 실제론을 대표하는 중세 신학자 안셀름(Anselmus)이 남긴 유명한 논문 "왜 하나님은 인간이 [되셨는가]?"(Cur Deus homo?)라는 질문처럼 과연 하나님께서 인간이 되신 이유는 무엇일까? 안셀름에 따르면 하나님께서 인간이 되실 수밖에 없는 필연적인 이유는 그것만이 죄와 사망의 저주에서 풀려날 수 있는 유일한 방법이기 때문이다.

하지만 네덜란드 신앙고백은 아담의 타락으로 잃어버린 인간의 본질인 육체과 영혼 모두를 회복할 수 있는 방법이기 때문이라고 대답한다. 이런 점에서 네덜란드 신앙고백의 대답도 안셀름의 논리 범주 안에 있다. 그러나 하나님께서 인간이 되신 이유는 그것만이 유일한 구원의 방법이었기 때문이 아니라, 하나님 자신이 그 방법으로 구원하기를 기뻐하셨고 또 그렇게 작정하셨기 때문이다. 안셀름의 대답은 이성적인 합리일지 몰라도 위험천만한 논리이다.

하나님께서 인간이 되신 첫 번째 이유는 자신의 형상으로 창조하신 인간이 타락했기 때문이다. 그리고 그 타락의 영향으로 인간을 포함한 모든 피조물이 죄와 사망으로 고통 속에서 신음할 수밖에 없는 저주에 걸렸기 때문이다. 죄와 사망의 저주에서 벗어날 수 있는 유일한 해법은 오직 창조주 하나님께만 있다. 처음부터 하나님께서 인간이 되셔야만 하는 필연적 이유 따위는 없었다. 다만 하나님께서 그렇게 하시기로 작정하셨고 그것을 기뻐하셨기 때문이다.

어떻게 참 하나님은 참 인간이 되셨는가? - 성육신의 의미

인간의 구원을 위한 것이라 해도 사실상 하나님께서 친히 인간이 되실 필요는 없었을지도 모른다. 하나님께서 인간이 되신 이유를 구원의 신비와 풍성함 밖에서 찾기는 어렵다. 그와 같은 하나님의 구원 방법은 인간을 향한 하늘 아버지의 사랑이 얼마나 엄청난 것인지 아주 분명하게 보여준다. 그것은 죄인인 우리를 구원하시기 위해 자신의 독생자조차 아낌없이 내어주시는 아버지의 사랑과 그 아버지의 뜻에 순종하시는 아들의 사랑을 증거한다.

하나님의 성육신은 하나님의 형상인 인간을 향한 끝없는 하나님 사랑의 증표다. 그보다 더 지고지순한 사랑은 없다. 그 사랑은 진리, 즉 진실하며, 또한 충성, 즉 신실하다. 여기에는 어떤 소홀함이나 가장이 있을 수 없다. 참 하나님은 참 사람이 되셨다. 이 결합은 신성과 인성의 혼합이나 변질이 아닌, 두 본질의 완전무결한 연합과 일치를 의미한다. 한 마디로 그것은 하나님의 신비이다. 더 이상의 설명은 불가능하고도 위험하다.

하지만 하나님께서 인간이 되신 성육신은 어떤 모순도, 거짓도, 속임도 없다. 불가시적이고 무한하신 하나님은 실제로 가시적이고 유한한 인간이 되셨다. 그러므로 그리스도의 성육신을 마치 인간인 것처럼 보이는 가상이나 환상으로 간주하는 것은 어리석은 이단설에 불과하다. 16

세기 재세례파 중에는 예수 그리스도가 육신적으로 마리아에게서 태어나신 것을 부인하는 자들이 있었는데, 네덜란드 신앙고백은 이들의 이단설을 경계하고 경고한다.

네덜란드 신앙고백은 그리스도의 인성이 어머니 마리아에게서 기원된 것임을 분명하게 선언한다. 신성과 인성은 오직 성령을 통해서만 하나의 인격체이신 예수 그리스도를 구성한다. 여기에는 어떤 혼합도 변질도 분리도 나뉨도 없다. 그리스도의 인성은 결코 그분의 신성에 의해 잠식되거나 흡수되지 않고 그분 속에 완전한 인성으로 존재한다. 그리스도의 육체성 역시 우리와 동일하다. 그리스도는 우리와 동일한 육체를 가지신 연약하지만 완벽한 인간이시다.

바울 사도는 이렇게 언급한다. 예수 그리스도는 "근본 하나님의 본체시나 하나님과 동등됨을 취할 것으로 여기지 아니하시고 오히려 자기를 비워 종의 형체를 가지사 사람들과 같이 되셨고 사람의 모양으로 나타나사 자기를 낮추시고 죽기까지 복종하셨으니 곧 십자가에 죽으심이라"(빌 2:6-8). 따라서 우리도 예수께서 "죄 외에는 [인간의 모든 연약함을 가진 참 인성을 취하셨고, 사람의 행위 없이 성령의 능력으로 복된 동정녀 마리아의 태에 잉태"되신 것을 고백한다.

네덜란드 신앙고백은 유난스럽게 그리스도의 인간되심을 강조하는데, 그리스도께서 우리와 동일한 인간의 육체와 영혼을 가지신 분이시리라는 사실을 거듭 밝힌다. "왜냐하면 육신과 같이 영혼도 잃어버린 이상, 그분이 그 둘을 구원하시기 위해 그 둘 모두를 취하시는 것은 반드시 필요하기 때문입니다." 타락으로 말미암아 아담이 잃어버린 것은 "육신과 영혼" 즉 인간의 모든 것이라는 신앙고백서의 주장은 하나님 편에서 영적 의미의 진단이다.

타락 이후에도 모든 인간은 육신과 영혼을 가지고 태어난다. 하지만 죄 아래 있는 육신과 영혼은, 즉 영적 의미에서 죄인의 육신과 영혼은 죽은 상태, 즉 생명이신 그리스도를 만나기 전이라면 모든 인간은 육적으로나 영적으로나 영적 생명을 잃어버린 상태, 즉 죽은 상태다. 그 죽은 상태를 신앙고백은 "잃어버린" 것으로 표현하는데, 이것은 죽어 사라진 육신조차도 그리스도의 재림을 통해 반드시 육체적 생명으로 부활한다는 사실과 일맥상통한다. 영혼의 부활과 육신의 부활, 둘 다를 위해 그리스도는 인간의 영혼뿐만 아니라 인간의 육신도 취하셨다.

무엇을 위해 참 하나님은 참 인간이 되셨는가? - 성육신의 목적

예수께서 연약한 인간의 영혼과 육신 모두를 취하셨으나 성령 하나님의 도우심으로 태어나셨기 때문에 원죄까지 물려받으신 것은 아니다. 그리스도는 마치 범죄 이전의 아담과 같은 상태로 태어나셨다. 그래서 그분은 두 번째 아담으로 불린다. 연약한 아담은 죄를 범했지만 연약하신 그리스도는 죄를 짓지 않으셨다. 그분은 원죄도 자범죄도 없이 십자가에서 죽으셨고 사흘 만에 부활하셨다. 그렇다면 왜 참 하나님은 참 인간이 되셨는가?

이 질문에 네덜란드 신앙고백은 분명하고도 확실하게 대답한다. "이런 방법으로 그분은 진실로 우리의 임마누엘, 즉 우리와 함께 하시는 하나님이 되고자 하신 것이다." 이것은 참 하나님께서 참 인간이 되신 필연적 이유와 목적에 대한 가장 성경적 설명이자, 확신에 찬 진술이다. 참 하나님은 우리의 영원한 임마누엘, 영원토록 우리와 함께 하시는 하나님이 되시기 위해 참 인간으로 이 땅에 오셨다. "종의 형체"로 오신 것은 우리 죄인과 함께 하시기 위해다.

예수께서 제자들에게 다음과 같이 말씀하신다. "내가 아버지 안에 거하고 아버지는 내 안에 계신 것을 너희가 믿지 아니하느냐? … 내가 아버지 안에 거하고 아버지께서 내 안에 계심을 믿으라! … 그 날에는 내가 아버지 안에, 너희가 내 안에, 내개 너희 안에 있는 것을 너희가 알리라"(요 14:10-11, 20). "내 안에 거하라. 나도 너희 안에 거하리라"(요 15:4). 임마누엘을 명령하신다. 참 인간이 되신 그리스도의 이 명령 앞에 우리는 어떤 자세로 살아야 하는가?

그리스도인의 거듭난 삶에 대해 바울 사도는 이렇게 설명한다. "내가 그리스도와 함께 십자가에 못 박혔나니, 그런즉 이제는 내가 사는 것이 아니요, 오직 내 안에 그리스도께서 사시는 것이라. 이제 내가 육체 가운데 사는 것은 나를 사랑하사 나를 위하여 자기 자신을 버리신 하나님의 아들을 믿는 믿음 안에서 사는 것이라"(갈 2:20). 그리스도인이라면 누구나 자기 삶의 주인이 그리스도이심을 부인할 수 없다. 그리스도 없이는 그리스도인도 없다. 그리스도인다운 삶은 오직 그리스도께로부터 나온다. 여주동행(如主同行)의 삶, 이것이 그리스도인의 삶이다.

무엇 때문에 그리스도는
하나님이시면서
동시에 인간이신가?

Article XIX.

Nous croyons, que par ceste conception la personne du Fils a esté unie et conjointe inseparablement avec la nature humaine, de sorte qu'il n'y a point deux Fils de Dieu, ni deux personnes; ains deux natures unies en une seule personne, retenant chacune nature ses proprietez distinctes: Ainsi que la Nature divine est tousjours demeurée incrée, sans commencement des jours, ni fin de vie, remplissant le ciel et la terre. La nature humaine n'a pas perdu ses proprietez; mais est demeurée Creature ayant commencement de jours, estant d'une nature finie, et retenant tout ce qui convient à un vray corps. Et jaçoit que par sa resurrection il luy ait donné immortalité; ce neantmoins il n'a pas changé la verité de sa nature humaine, attendu que nostre salut et resurrection depend aussi de la verité de son corps. Mais ces deux natures sont tellement unies ensemble en une personne, qu'elles n'ont pas mesmes esté separées par sa mort. Cela donc qu'il a mourant commandé à son Pere c'estoit un vray esprit humain, lequel sortit hors de son corps: mais cependant la nature divine demeura tousjours unie avec l'humaine, mesme estant gisante au tombeau: et la divinité ne laissoit d'estre en luy, comme elle estoit en luy, quand il estoit petit enfant, combien que pour peu de temps elle ne se demomstra pas ainsi. Voila pourquoy nous le confessons estre vray Dieu et vray homme. Vray Dieu, pour vaincre la mort pas sa puissance: et vray homme, afin qu'il peust mourir pour nous selon l'infinrmité de sa chair.

제19항. [참 하나님과 참 인간이신 그리스도]

우리는 이 수태로 성자 [하나님]의 위격이 인간의 본성과 분리 불가능하게 하나가 되었고 결합되었다는 것을 믿습니다. 따라서 결코 하나님의 두 아들이 있는 것도 아니요, 두 위격(혹은 인격)이 있는 것도 아닙니다. 다만 두 본성은, 각 본성이 자체의 고유한 속성을 보유한 채로, 하

나의 유일한 인격(혹은 위격) 속에 하나가 되었습니다. 즉 신성(=하나님의 본성, nature divine)은 하늘과 땅에 충만하여, 날의 시작도 생명의 끝도 없이 창조되지 않은 그대로 항상 유지되는 것과 같습니다. 인성(=인간의 본성, nature humanine)도 결코 그 자체의 고유한 속성을 잃어버리지 않지만, 날의 시작이 있는 피조물로 유지되는데, 유한한 본성에 속하며, 참된 육체에 적합한 모든 것을 가지고 있습니다. 심지어 그분은 자신의 부활로 불멸성을 그 [인성에] 주셨음에도 불구하고, 결코 자신의 인성에 관한 진리를 바꾸시지 않았습니다. 왜냐하면 우리의 구원과 부활이 그분의 육체의 진리에 달려 있기 때문입니다. 그러나 이 두 본성은 심지어 그분의 죽음으로도 결코 분리되지 않았을 만큼 그와 같이 하나의 인격(혹은 위격) 안에서 완벽하게 하나가 되었습니다. 그러므로 그분이 죽으시면서 자기 아버지께 부탁하신 것은 그분의 육체로부터 나누어진 참된 인간 영혼이지만, 그 순간에도 신성은 인간의 [본성]과 항상 하나가 되어 있었는데, 심지어 그분이 무덤에 누워계실 때조차도 [그랬습니다]. 또한 신성(divinité)은, 그분이 어린아이였던 때처럼, - 물론 그 때에도 [신성이] 잠시 드러나지 않았지만 그분 안에 계시는 것을 멈추지 않았습니다. 이런 이유 때문에 우리는 그분이 참 하나님과 참 사람이심을 고백합니다. 참 하나님[이심]은 자신의 능력으로 죽음을 이기시기 위함이요, 참 사람[이심]은 그분이 자기 육신의 연약함을 따라 우리를 위해 죽으실 수 있기 위함입니다.

관련성경

마 28:20; 요 10:13; 엡 4:8, 12; 히 7:3; 마 26:11; 행 1:11, 3:21; 눅 24:39; 요 20:25; 행 1:3; 마 27:50.

이 조항의 내용은 기독교 교리 가운데 가장 중요한 핵심이다. 이 교리에 대한 바른 이해를 위해 먼저 여기에 사용된 용어들을 살펴볼 필요가 있다. 우선 신성(nature divine)과 인성(nature humanine)이라는 개념이다. 신성은 신적 본성 즉 '하나님이심'(divinité)을 의미하고, 인성은 인간적 본성 즉 '인간임'(humanité)을 의미한다. 철학적으로 신은 무한자인 반면에 인간은 유한자다. 성경의 가르침에 따르면 하나님은 스스로 계신 영적 존재로서 창조주이시며 선하시고 무소부재하시고 전지전능하실 뿐만 아니라, 영원히 살아계신 사랑이다. 또한 자신의 선과 사랑을 허물고 공격하는 모든 죄악을 정확하게 처벌하시는 공의의 하나님이시다. 반면에 인간은 영적이며 동시에 육적인 존재로서 피조물이고 선하게 창조되어 만물을 다스리도록 위임 받았으나 불순종으로 죄인이 되었고 스스로 빠져나올 수 없는 죽음의 늪에 빠져버렸다. 하나님을 배신한 인간의 죄는 인간만 파괴하는 것이 아니라, 하나님의 피조 세계 전체를 죄로 물들이고 파괴할 정도로 강력하다. 죄는 인류뿐만 아니라, 우주전체의 재난과 재앙 덩어리다.

절대 선과 사랑이신 하나님은 자신의 선과 사랑으로 세상을 창조하신 것처럼 죄악으로 신음하는 인류와 만물을 구원하시기로 작정하셨는데, 그 작정 즉 예정이 "창세 전"이라는 초월적인 시공간에서 발생할 것이므로 그것을 "영원한 작정", "영원한 예정"이라 부르며 오직 하나님에게서만 일어나는 일로 간주한다. 반면에, 창조 세계에서 벌어지는 모든 것은 시공간의 제약을 받기 때문에, '영원'은 초월적인 개념이 아니라 시공간적 한계 속의 개념일 수밖에 없다. 물론 하나님은 자신만의 초월적 영원을 창조세계의 시공간적 영원과 완전히 분리하시기보다는, 오히려 그 둘을 마치 씨줄과 날줄처럼 신적 능력으로 엮으신다. 하나님의 영원한 작정과 예정이 시공간적 창조 세계에서는 그분의 말씀, 즉 은혜로운 약속을 통해 실현된다. 창조주이신 하나님의 말씀은 피조물인 인간에게 은혜로운 약속이면서 동시에 순종해야만 하는 명령이다. 하나님의 한 손에는 공의의 칼이, 다른 한 손에는 사랑의 선물이 들려 있다. 인간의 불순종 때문에 죽음과 파멸의 먹구름이 우주 만물을 뒤덮었다. 그 어둠의 굴레에서 벗어날 희망도 사라졌다. 인간의 불순종으로 죄와 죽음이 이 세상에 들어왔기 때문에 그 원인 제공자인 인간을 치유하지 않고서는 달리 그 문제를 해결할 길이 없다. 죄와 사망으로부터 인간을 해방시키는 길이 곧 온 세상과 우주 만물을 해방시키는 길이다. 여기서 우리는 왜 하나님께서 인간이 되셔야만 했는지 그 이유를 알 수 있다. 그렇다면 하나님과 인간 사이의 중보자이신 그리스도께서 왜 하나님이시면서 동시에 인간이 되셔야 하는지 그 이유도 추정 가능하지 않을까? 한 사람의 의인은 한 사람의 죄인만 대신할 수 있다. 그런데 세상에는 그런 의인이 단 한 명도 없다. 타락한 인간, 죄인을 죄와 사망으로부터 구원하실 수 있는 분은 오직 하나님 한 분뿐이시다. 인간의 죄 때문에 신음하고 탄식하면서 그리스도의 구속을 간절히 소망하는 모든 피조물을 그 죄와 죄의 삯인 사망으로부터 구해내실 수 있는 분도 하나님뿐이다.

그러므로 하나님은 인간이 되셨고 인간이 되셔야만 했다. 성자 하나님은 이 땅에 인간으로 오셨다. 구원자로서 그리스도는 영원한 하나님이신 동시에 의로운 인간이시다. 그분은 첫 사람 아담과 달리 수많은 유혹에도 불구하고 죽음에 이르기까지 죄 짓지 않으시고 의인의 삶을 살아내셨다. 그리고 우리 죄인을 위하여 대속의 십자가를 지시고 죽으셨다. 하지만 약속하신 대로 죽음 후 삼 일만에 부활하셨다. 그분의 죽음은 사망을 죽이는 죽음이요, 그분의 부활은 죽은 자들이 사망을 이기고 살아나는 첫 열매, 즉 생명의 신호탄이었다. 하나님은 죄를 처벌하시는 공의로우신 분이시다. 사형을 언도 받은 죄인을 구해내시기 위해서는 반드시 사형을 당해야 할 다른 의인이 필요하다. 그가 바로 세상 죄를 지고 가는 어린양, 즉 그리스도시다.

그리스도의 신성

기독교의 하나님은 성부와 성자와 성령의 삼위일체 하나님이시다. 그리스도는 성자시다. 성부 하나님께서 성자 하나님을 하늘로부터 지상으로 보내셨다. 온 세상, 즉 피조 세계 전체의 구원을 위해 성부 하나님은 파송하시고 성자 하나님은 파송 받으셨다. 성자 하나님은 동정녀 마리아의 태에 성령으로 잉태되어 예수라는 이름을 가지고 태어나셨다. 우리와 동일한 인간이 되셨지만 성자의 신성, 즉 하나님이심이 사라지거나 인성으로 변하지 않았다. 예수 그리스도는 이제 완벽한 인간이지만 여전히 그분은 하나님이시다. 신앙고백은 그 신성을 "하늘과 땅에 충만하여 날의 시작도 생명의 끝도 없이 창조되지 않은 그대로 항상 유지되는 것"으로 설명한다. 인간은 피조물이지만 인간이신 그리스도는 영원하시고 창조된 적이 없는 창조주의 신성을 그대로 간직하고 있다는 뜻이다. 요약하자면 그리스도는 인간이시면서 동시에 하나님이시다.

성육신 전에 성자 하나님은 삼위일체의 두 번째 위격으로서 하나님의 영원한 말씀이셨다. "태초에 말씀이 계시니라. 이 말씀이 하나님과 함께 계셨으니 이 말씀이 곧 하나님이시라. 만물이 그로 말미암아 지은 바 되었으니 지은 것이 하나도 그가 없이는 된 것이 없느니라"(요 1:1). 바로 이 말씀이 육신이 되어 인간으로 이 땅에 오셨다. 이것을 믿는 것이 기독교 신앙의 핵심이다. 사도 요한은 선언한다. "아버지가 아들을 세상의 구주로 보내신 것을 우리가 보았고 또 증언하노니, 누구든지 예수를 하나님의 아들이라 시인하면 하나님이 그의 안에 거하시고 그가 하나님 안에 거하느니라"(요일 4:14-15). 그리고 반문한다. "예수께서 하나님의 아들이심을 믿는 자가 아니면 세상을 이기는 자가 누구냐?"(요일 5:5) 성경은 예수 그리스도의 신성에 대해 일말의 의심도 없이 확고하게 가르친다.

신앙고백은 그리스도의 신성을 "하늘과 땅에 충만"한 것으로 설명하는데, 이것은 하나님의 내재성을 의미한다. 하나님은 초월자이시지만 창조 이후 자신의 창조 세계를 스스로 가득 채우시고 어느 곳에나 계시는 무소부재하신 분으로 자신의 신성을 드러내신다. 우주 만물 어디에서도 하나님께서 계시지 않는 곳은 없다. 이 사실은 다윗이 시편 139편에서 기도하고 고백하는 것처럼 우리에게 엄청난 위로요, 어깨를 활짝 펼 수 있는 용기와 힘을 주기에 충분하다. 바울은 우리 그리스도인이 머리이신 "그리스도의 장성한 분량이 충만한 데까지" 도달하기 위해서는 반드시 "우리가 다 하나님의 아들을 믿는 것과 아는 일에 하나가 되어"야 한다고 가르친다(엡 4:13). 여기서 "믿는 것과 아는 일"에 해당하는 헬라어는 동사가 아니라 명사, 즉 "믿음과 지식"이다. 그러므로 그리스도의 몸, 즉 교회를 구성하는 모든 교인은 예외 없이 모두 "하나님의 아들에 대한 믿음과 지식"이 하나로 통일되어야 한다. 그렇다면 하나님의 아들에 대한 믿음과 지식이 근본적으로 다르다는 것은 곧 구원 받지 못할 이단이라는 뜻이다.

또한 신앙고백에 따르면, 하나님의 아들이신 그리스도께서 죽으실 때 십자가에서 "아버지께 부탁하신 것은 자신의 육체로부터 나누어진 참된 인간 영혼"인데, 바로 그 죽음의 순간에도 "신성이 인성과 항상 하나가 되어" 있었기 때문에, "심지어 그분이 무덤에 누워계실 때조차도" 그리스도의 신성과 인성은 상호 분리되지 않았다. 이것은 성육신으로 그리스도의 한 인격 안에서 하나가 된 신성과 인성은 영원무궁토록 결코 나뉘지 않는다는 고백이다. 다만 그분의 신성이 발현되지 않고 잠잠할 때가 있는데, 가령 대부분의 어린 시절과 십자가 위에서 고난당하실 때, 그리고 죽음 후 부활까지의 무덤 속에 계실 때가 대표적이다. 그리스도의 신성은 죽임을 당할 수 없지만 인성과 하나였기 때문에 십자가의 인성적 죽음에 불사의 방법으로 동참한 것이다. 즉, 단 한 순간도 그리스도의 신성은 인성으로부터 분리된 적이 없다.

그리스도의 인성

하나님의 본성과 인간의 본성이 그리스도의 한 인격 안에서 어떻게 결합되었는지 합리적으로 설명하는 것은 사실상 불가능하다. 하지만 그 결합에 대한 설명을 시도한 초대교회 학자들이 있었는데 크게 두 학파로 분류된다. 하나는 알렉산드리아(Alexanderia) 학파로 두 본성이 그리스도 안에서 하나의 본성이 되었다는 단성론(Monophysitism)을 주장한 반면, 안디옥(Antioch) 학파는 두 본성이 그리스도의 한 인격 안에서 독립적으로 존재한다고 주장했다. 알렉산드리아 학파 아폴리나리우스(Apolinarius)는 무한한 신성이 유한한 인성을 흡수하는 방식으로 그리스도 안에서 하나의 본성으로 통일되었다고 주장하여 이단이 되었고, 안디옥 학파 네스토리우스(Nestorius)는 인성의 독립성을 지나치게 강조한 나머지 마치 두 본성이 하나로 통일되지 않고 분리된 채 각각 독립적으로 존재하는 것처럼 주장하여 이단으로 정죄되었다. 451년의 칼케돈(Chalcedon) 공의회가 두 학파의 극단적 주장을 이단으로 정죄함으로써 기독론 논쟁이 일단락 된 듯 했지만 이후 그리스도의 두 인격 논쟁이 일어났고 오늘날까지 지속적인 논쟁의 불씨로 남아 있다. 그리스도께서 자신을 "인자," 즉 "사람의 아들"로 소개하셨는데, 이 호칭은 문자 그대로 사람의 아들을 의미하면서 동시에 하나님께서 약속하신 세상의 구원자, 즉 하나님의 아들을 의미한다. 약 2000년 전에 태어나서 기원전과 기원후로 나누는 역사의 중심이신 예수 그리스도는 우리와 동일한 인간이시다. 우리의 대제사장 즉 "승천하신 이, 곧 하나님의 아들 예수"께서 충분히 인간인 "우리의 연약함을 동정"하실 수 있는 분이시다. 왜냐하면 그분은 "모든 일에 우리와 똑같이 시험을" 받으셨으나 죄를 짓지 않으심으로 "죄"가 전혀 없는 분이시기 때문이다(히 4:14-15). 하나님의 아들, 우리 주 예수 그리스도는 우리와 동일하게 모든 육체적 감각으로 기쁨과 분노와 슬픔과 즐거움을 느끼시는 분이시다. 그분은 우리와 동일하게 수많은 유혹을 받으셨으나 죄를 범하지 않으셨다는 점에서 유혹에 넘어져 죄를 지은 우리와 다르시다. 사복음서에는 참 인간으로서 그리스도의 탄생과 공생애 사역 및 처참한 십자가 처형에 관한 생생한 기록이 고스란히 담겨 있다. 그것은 하나님의 희생적 사랑으로 점철된 기록이다.

인간 예수께서 겪으신 유혹과 시험은 죄를 짓지 않기 위해 분투하셔야 했기 때문에 우리가 겪은 유혹과 시험의 강도보다 훨씬 더 큰 인내와 번민의 고통을 수반했으리라. 그렇다면 그분의 공생애 사역을 신적인 능력과 기적으로 점철된 화려한 역사로 해석하지 말아야 한다. 그리스도의 공생애 사역 가운데 그분 자신을 위한 말씀과 행위가 있는지 보라. 단 하나도 없다. 그분의 모든 말씀과 행위는 오직 하나의 목적, 전적으로 죄인인 우리와 죄악으로 가득한 이 세상을 구원하시기 위한 것뿐이다. 하나님은 우리 인간과 세상을 사랑하셔서 인간이 되셨다.

하나님이시며 인간이신 그리스도

하나님께서 인간이 되신 것은 당위의 결과가 아니다. 하나님께서 반드시 인간이 되셔야만 하는 필연적 이유는 없다. 굳이 그 이유를 성경에서 찾는다면 단 하나, 하나님의 사랑뿐이다. "하나님이 세상을 이처럼 사랑하사 독생자를 주셨으니 이는 그를 믿는 자마다 멸망하지 않고 영생을 얻게 하려 하심이라"(요 3:16). 하나님은 인간의 타락 직후부터 끊임없이 자기 백성에게 아담의 후손에 대한 구원의 약속을 일방적으로 선포하셨다. 일방적으로 약속하시고 자신의 약속을 일방적으로 성취하셨는데, 그것이 바로 자신의 하늘 독생자를 이 세상의 구원자로 보내신 성육신 사건이다. 성육신은 하나님께서 인간이 된 사건이다. 이런 점에서 비록 12월 25일 크리스마스가 우리 주님의 정확한 탄생일이 아닐지라도 그 날을 기념하는 것은 기독교 신앙과 직결된다고 볼 수 있다. 우리의 구원을 위해 성자 하나님께서 인간 예수가 되셨다.

하나님의 가장 완벽한
사랑은 무엇인가?

Article XX.

Nous croyons que Dieu estant tresparfaitement misericordieux, et aussi tresjuste a envoyé son Fils prendre la nature, en laquelle la desobeissance avoit esté commise, pour en icelle porter la punition du peché par la tresrigoureuse mort et passion d'iceuy. Dieu donc a declaré sa justice envers son Fils l'ayant chargé de nos pechez: et a espandu sa bonté, et misericorde sur nous coulpables, et dignes de damnation, nous donnant son Fils à la mort par une tresparfaicte amour, et le ressuscitant pour nostre justification, afin que par luy nous eussions immortalité et vie eternelle.

제20항. [하나님의 가장 완벽한 사랑]

우리는 가장 완벽하게 자비로우시며 또한 가장 공의로우신 하나님께서 자신의 아들을 보내셔서, 불순종이 저질러진 그 [인]성을 취하도록 [하신 것은] 저 [인성] 안에서 가장 혹독한 죽음과 고난으로 죄의 형벌을 감당하게 하시기 위한 것임을 믿습니다. 그러므로 하나님께서는, 그 [아들]로 말미암아 우리가 불멸과 영생을 가지도록 하시기 위하여, 가장 완벽한 사랑으로 자기 아들을 죽음에 내어주시고 우리의 칭의를 위하여 부활시키심으로써, 우리의 죄를 짊어지신 자기 아들에 대하여 자신의 공의를 선포하셨고, 죄를 범하여 저주받아 마땅한 우리를 위하여 자신의 선하심과 자비하심을 우리에게 쏟아부으셨습니다,

관련성경

히 2:14; 롬 8:3, 32, 4:25.

네덜란드 신앙고백에 따르면 하나님은 "가장 완벽하게 자비로우시고, 또한 가장 공의로우신" 분이시다. 성경의 자비는 값없는 은혜와 무조건적인 사랑을 의미한다. 요한의 정의에 따르면 기독교의 하나님, 삼위일체 하나님은 사랑의 하나님이시다. 그래서 요한은 사랑의 하나님을 믿는 자들에게 서로 사랑하며 살 것을 권면한다. "사랑하는 자들아, 우리가 서로 사랑하자. 사랑은 하나님께 속한 것이니 사랑하는 자마다 하나님으로부터 나서 하나님을 알고 사랑하지 아니하는 자는 하나님을 알지 못하나니 이는 하나님은 사랑이심이라. 하나님의 사랑이 우리에게 이렇게 나타난 바 되었으니 하나님이 자기의 독생자를 세상에 보내심은 그로 말미암아 우리를 살리려 하심이라. 사랑은 여기 있으니 우리가 하나님을 사랑한 것이 아니요, 하나님이 우리를 사랑하사 우리 죄를 속하기 위하여 화목 제물로 그 아들을 보내셨음이라"(요일 4:7-9).

심지어 하나님의 사랑을 모르는 세상에서도 사랑을 가장 위대한 것으로 꼽는다. 하물며 하나님의 사랑을 받은 자들로 구성된 교회에서는 두말할 필요도 없을 것이다. 그런데 과연 오늘날 교회 안에서 헌신적인 사랑이 최고의 가치일까? 물론 사랑이 이론적, 교리적으로는 최고일지 모르지만 실제로는 돈과 권력을 손에 거머쥔 사람과 성공신화가 최고의 가치다. 교회의 세속화가 안타까울 뿐이다. 교회는 사랑의 하나님을 가르쳐야 한다. 아니 사랑의 하나님을 가르치고 배우는 곳일 뿐만 아니라, 그 사랑의 하나님을 인격적으로 만나고 경험하는 곳이다. 이와 같이 위대한 하나님의 교회가 세속적인 가치관으로 찌들어 있다면 아무리 수천 명, 수만 명이 모이는 화려한 대형교회라 해도 이보다 더 교회답지 못한 모습이 또 어디에 있을까?

교회답지 못한 교회일수록 '하나님의 사랑'을 강조하는 경향이 강하다. 아마도 자신의 부끄러운 모습을 '사랑'이라는 예쁜 포장지로 가리고 싶기 때문일지도 모른다. 아무튼 사랑 공동체로서의 교회가 점점 교회다움을 잃어가는 것 같아 아쉽고 안타깝다. 교회답지 못한 교회일수록 사랑의 하나님을 지나치게 내세우는 반면에 공의의 하나님에 대해서는 숨기거나 침묵하고 싶어 한다. 왜 그럴까? 사실 성경이 가르쳐주는 사랑의 하나님은 공의의 하나님과 다른 분이 아니다. 사랑의 하나님은 곧 공의의 하나님이시다. 사랑의 하나님과 공의의 하나님은 모순처럼 보이는 것이 사실이다. 하나님의 용서하시는 사랑과 심판하시는 공의를 모순처럼 느끼는 것은 이성적이고 합리적인 사람일수록 지극히 정상으로 볼 것이다. 하지만 과연 그것이 모순일까?

사랑의 하나님과 공의의 하나님

성경은 사랑의 하나님과 공의의 하나님을 동일한 한 분 하나님이시라고 소개한다. 그렇다면 우리 그리스도인은 결코 하나님의 용서하는 사랑과 심판하는 공의를 모순으로 간주할 수도 없고 해서도 안 된다. 왜냐하면 기독교 신앙, 즉 십자가 신앙이 그 둘을 하나로 묶어서 제시하기 때문이다. 그리스도의 십자가는 하나님의 사랑과 공의가 동시에 가장 분명하게 계시된 곳이다. 짧은 억겁의 고통 속에서 죽어 가신 그리스도의 십자가는 하나님의 무한한 사랑과 무참한 공의가 공존하는 유일무이한 결정체다. 성경의 예언대로 그리스도께서는 이 땅에 오셔서 도살장으로 끌려가는 어린 양처럼 나무에 달려 비참한 죽음을 맞았다. 그 죽음의 십자가는 하나님 아버지께서 우리 죄인을 하나뿐인 친 아들보다 더 사랑하신다는 가장 확실한 증거다. 하지만 저 십자가 위에서 확증된 하늘 아버지의 사랑은 우리의 모든 죄를 아들에게 지우시고 처참한 죽음으로 심판하시는 그분의 절대적 공의를 통해 실현된 것이다. 십자가 위에서 그리스도께서 아람어로 외치신 절규의 소리를 들어보라. "엘리, 엘리, 라마 사박다니?" "나의 하나님, 나의 하나님, 어찌하여 나를 버리셨나이까?"(마 27:46) 십자가 처형은 하늘 아버지께서 하나 뿐인 친 아들을 버리신 사건이다. 아들에 관한 한 아버지의 비정한 유기 사건이다. 왜 하늘 아버지께서 아들을 버리셨는가? 왜 못 박힌 채 창에 찔려 죽는 아들의 끔찍한 십자가 사건을 아시고도 막기는커녕 허락하셨는가? 십자가와 관련된 이 모든 하나님의 일들은 도무지 이해할 수도 설명할 수도 없다. 하지만 십자가 사건이 하나님 자신을 위한 것이 아닌, 오직 우리 죄인들을 위한 것이라는 사실 하나만큼은 명확하다.

지금 우리 인간은 하나님의 형상으로 지음 받은 유일한 피조물로서 다른 모든 피조물을 다스리는 권세까지 받았으나 조물주 하나님을 불순종으로 배반한 죄인에 불과하다. 하지만 하나님은 그와 같은 배신자인 우리 죄인을 여전히 사랑하셔서 죽음에 이르는 인간의 죄악을 해결하시기 위해 하나 뿐인 아들을 친히 이 땅에 인간으로 보내시고 우리 죄인을 대신하여 십자가의 죽음에 이르도록 결정하신 것이다. 그러므로 십자가는 공의로우신 하나님의 심판 사건이다. 십자가는 우리 죄인을 죄와 사망에서 건져내시려는 하나님의 사랑이 우리 대신에 그리스도를 제물로 내어놓으신 하나님의 공의를 이룬 사건이다.

십자가에 달리신 그리스도를 통해 사랑의 하나님은 공의의 하나님으로, 공의의 하나님은 사랑의 하나님으로 나타나신다. 우리 그리스도인의 구원을 위해서는 반드시 하나님의 사랑과 더불어 하나님의 공의도 필요하다. 하나님의 무조건적 사랑이 은혜로운 용서의 선물이지만 결코 불의하지 않는 것처럼 하나님의 공의도 역시 정의로운 심판의 원인이지만 결코 매정하지 않다. 우리 죄인의 구원을 위해 하나님의 사랑도 필요하지만 하나님의 공의도 반드시 필요하다. 하나님의 공의로운 심판이 배제된 하나님의 사랑은 값싼 은혜, 즉 가치 없는 헤픈 사랑에 불과하다. 또한 하나님의 사랑이 동반되지 않는 하나님의 공의는 기계적 심판, 즉 비정한 비인격적 공의로 전락한다.

하나님의 사랑과 공의는 동전의 양면처럼 둘 다 하나님의 속성으로 상호 불가분의 관계다. 이런 점에서 "가장 완벽하게 자비로우시고, 또한 가장 공의로우신 하나님"이라는 네덜란드 신앙고백의 표현은 아름다운 가르침이다. 그 하나님은 "가장 완벽한 사랑으로 자기 아들을 죽음에 내어주시고 우리의 칭의를 위해 부활시키심으로, 우리의 죄를 짊어지신 자기 아들에 대하여 자신의 공의를 선포하신" 분이시다.

가장 완벽한 사랑

사랑이신 하나님, 그분의 사랑 중에서도 "가장 완벽한 사랑"(une tresparfaicte amour)는 과연 무엇일까? 한 마디로 그 사랑은 그리스도 자신이다. 그리스도는 하나님의 가장 완벽한 사랑, 즉 하나님 사랑의 결정체다. 네덜란드 신앙고백에 따르면 "가장 완벽하게 자비로우시고, 또한 가장 공의로우신 하나님께서 자신의 아들을" 이 땅에 보내셔서 인간이 되게 하셨다. 신성을 가지신 하나님의 아들은 인간이 되심으로 인성을 취하셨다는 뜻이다. 그런데 이 인성은 하나님의 명령에 불순종한 적이 있는 유약한 본성이라고 신앙고백은 설명한다. 하나님의 아들이 그런 인성을 취하신 이유는, 아니 아버지께서 하나 뿐인 아들로 하여금 그와 같이 불순종으로 타락한 적이 있는 인성을 취하게 하신 이유는 "가장 혹독한 죽음과 고난으로 죄의 형벌을 감당하기" 위한 목적 때문이다.

그렇다면 아버지는 왜 아들에게 "가장 혹독한 죽음과 고난으로 죄의 형벌을 감당하도록" 하셨는가? 또한 아버지와 동등한 하나님이신 아들은 왜 반항 없이 순순히 아버지의 결정과 계획에 순종하셨는가? 하나님이신 아버지도 하나님이신 아들도 우리가 도무지 이해하지 못할 결정을 스스로 하셨다. 아들 하나님이 인간으로서 감당하신 "가장 혹독한 죽음과 고난으로 죄의 형벌"은 십자가의 죽음을 의미한다. 하나님이 인간이 되신 일도 인간을 향한 하나님의 사랑이 아니면 이해할 수도 설명할 수도 없는데, 하물며 죄 없으신 분이 우리 죄인을 대신하여 십자가를 지신 일이야 '무조건적 사랑' 외에는 달리 말할 것이 없다. 십자가에서 나타난 하늘 아버지의 사랑은 우리 죄인에게는 한 없이 따뜻하고 열정적이었지만, 친 아들을 향해서는 지독하게 모질고 거친 침묵이었다. 지독하게 모질고 거친 아버지 아버지의 침묵은 곧 우리 죄인에게 하나님의 가장 완벽한 사랑이다.

하지만 아들이신 예수 그리스도의 자발적 희생 없이는 하나님의 가장 완벽한 사랑은 불가능하다. 우리 죄인을 향한 아버지 하나님의 사랑만큼이나 아들 하나님의 사랑도 엄청나게 깊고 넓고 고래 심줄처럼 질기다. 아버지 하나님과 아들 하나님의 합작품인 십자가는 하나님의 가장 완벽한 사랑이다. 확신에 찬 바울의 고백을 들어보라. "누가 우리를 그리스도의 사랑에서 끊으리요? 환난이나 곤고나 박해나 기근이나 적신이나 위험이나 칼이랴? … 내가 확신하노니 사망이나 생명이나 천사들이나 권세자들이나 현재 일이나 장래 일이나 능력이나 높음이나 깊음이나 다른 어떤 피조물이라도 우리를 우리 주 그리스도 예수 안에 있는 하나님의 사랑에서 끊을 수 없으리라"(롬 8:35, 38-39). 바울처럼 우리도 사랑의 승전가를 목이 터지도록 부르며 살아야 할 그리스도인들이다.

가장 완벽한 사랑의 대상과 목적

아버지 하나님은 "우리의 죄를 짊어지신 자기 아들에 대하여 자신의 공의를 선포하셨고, 죄를 범하여 저주받아 마땅한 우리를 위하여 자신의 선하심과 자비하심을 우리에게 쏟아부으셨다." 인간으로 오신 하나님의 아들은 아버지의 뜻에 순종하심으로 친히 우리의 죄를 짊어지시고 십자가에 달려 죽으셨다. 이것이 하나님의 가장 완벽한 사랑이다. 이 가장 완벽한 사랑을 과연 하나님께서는 누구에게 베푸시는가? 그 사랑은 누구를 위한 것인가? 하나님께서 베푸시는 가장 완벽한 사랑의 대상은 놀랍게도 우리 죄인들이다. 아버지 하나님은 더럽고 냄새나는 우리 죄인들을 구원하시려고 하나 뿐인 친 아들도 아끼지 않으신다.

하나님은 자신의 가장 완벽한 사랑을 죄인들을 향해 쏟아부어주신다. 죄를 범한 우리는 저주를 받아 마땅한 자들이다. 죄로 인해 생명이시며 생명의 근원이신 하나님으로부터 떨어진 우리는 영적으로 이미 죽었고 육적으로도 죽을 수밖에 없다. 한 마디로, 죄인은 죽음에 이르는 질병에 걸린 환자들이다. 그런 죄인을 위해 친 아들을 십자가의 죽음에 내어주신 분이 우리의 하늘 아버지시다. 죄인인 우리의 불멸과 영생을 위하여 아버지 하나님은 친 아들을 인간으로 보내셨고 아들 하나님은 하나님의 지위를 포기하시고 아버지의 뜻에 따라 이 땅에 인간으로 오셔서 십자가에 달리셨다.

"예수는 우리가 범죄한 것 때문에 내줌이 되고 또한 우리를 의롭다 하시기 위하여 살아나셨느니라"(롬 4:25). 그리스도의 죽음과 부활은 우리를 의롭게 만드는 필수적인 수단이요 과정이다. 우리 주 예수 그리스도는 죄인인 우리를 죄와 사망에서 구원해내시려고 친히 십자가를 지셨고 우리에게 영생을 선물로 주시려고 부활하셨다. 오직 예수 그리스도를 통해서만 죄인은 의인이 될 수 있다. 이것은 '오직 믿음으로만 의롭게 된다' 혹은 '오직 은혜로만 구원을 받는다'는 뜻이다. 하나님은 그리스도를 통해 죄인을 의인으로 만드시고 그들이 그리스도를 주로 모시고 그리스도 안에서 거하도록 하심으로 그들에게 영생을 선물로 주신다.

우리 그리스도인들은 하나님께서 베푸시는 가장 완벽한 사랑의 대상이자 중독자들이다. 따라서 어떤 시련도 심지어 죽음조차도 우리를 하나님의 완전한 사랑에서 끊을 수 없다. 우리는 "우리를 사랑하시는 이로 말미암아" 인생의 모든 역경을 넉넉히 이길 수 있는 능력자들이다.

제21항

어떻게 예수 그리스도는 대제사장이시면서 동시에 속죄 제물이신가?

Article XXI.

Nous croyons que Iesus Christ est grand sacrificateur eternellement avec serment, selon l'ordre de Melchisedech, et s'est presenté en nostre nom devant son Pere pour appaiser son ire avec pleine satisfaction en s'offrant soy-mesme sur le bois de la croix, et espandant son precieux sang, pour la purification de nos pechez, comme les prophetes avoyent predit. Car il est escrit: que la correction de nostre paix a esté mise sur le Fils de Dieu, et que nous sommes gueris par ses playes: qu'il a esté mene à la mort comme un agneau, mis au rang des pecheurs et condamné comme malfaiteur par Ponce Pilate, jaçoit qu'il le prononçast innocent. Il a donc payé, ce qu'il n'avoit point ravi et a souffert, luy juste, pour les injustes, voire en son corps et en son Ame, de sorte que sentant l'horrible punition deuë à nos pechez, sa sueur devint comme grumeaux de sang descoulans en terre: Il a crié, mon Dieu, mon Dieu pourquoy n'as tu delaissé? et a enduré tout cela pour la remission de nos pechez. Pourtant à bon droict nous disons avec S. Paul, que nous ne cognoissnce de nostre Seigneur Iesus Christ: nous trouvons toutes consolations en ses playes, et n'avons besoin de cercher, n'inventer autre moyen, pour nous reconcilier avec Dieu, que ce seul et unique Sacrifice une fois fait, lequel rend les fideles parfaicts à perpetuité. C'est aussi la cause pourquoy il a esté appelé par l'ange de Dieu Iesus Christ, c'est à dire, Sauveur, d'autant qu'il debvoir sauver son peuple de ses pechez.

제21항. [우리를 위한 영원한 대제사장이시며 동시에 속죄 제물이신 그리스도]

우리는 예수 그리스도께서 맹세하심으로 멜기세덱의 반차를 따라 영원히 대제사장이시며, [또한] 우리의 이름으로 자신의 아버지 앞에 자신을 세우셨다고 믿는다. [그분은] 아버지의 진노를 온전한 속죄로 누그러뜨리기 위하여 십자가 나무 위에 자신을 제물로 바치시고, 우리의 죄를 씻

기 위해 자신의 고귀한 피를 쏟으신 [분이십니다.] 이것은 선지자들이 예언했던 것과 같습니다. 왜냐하면 이렇게 기록되었기 때문입니다. "우리의 평화를 위한 징계가 하나님의 아들 위에 놓였고, 그분의 상처 자국으로 우리는 치유되었다, 그분은 마치 도살장으로 끌려가는 어린 양과 같았고 죄인 신분으로 여겨졌습니다"[사 53:5, 7, 12]. 처음에는 그분을 죄 없는 분이라 선언했던 [바로 그 본디오 빌라도에 의해 강도처럼 정죄되었습니다. 그분은 자신이 빼앗지 않은 것을 물어주었고 고난을 당하셨습니다. 의인이신 그분이 불의한 자들을 위하여! 우리의 죄 때문에 자신의 육체와 자신의 영혼으로 끔찍한 형벌을 겪으셨습니다. 그분의 땀은 땅에 떨어지는 피 방울처럼 떨어졌습니다. 그분은 "나의 하나님, 나의 하나님, 어찌하여 나를 버리셨습니까?"라고 부르짖으셨고 우리의 죄 용서를 위하여 이 모든 것을 참으셨습니다. 그러므로 우리가 바울과 함께 바르게 말하길, 우리는 예수와 십자가에 못 박히신 그분 외에는 다른 어떤 것도 알지 않을 것이요[고전 2:2], 우리는 우리 주 예수 그리스도에 관한 지식의 탁월함을 위하여 모든 것을 해로 여기며[빌 3:8], 신자들을 영원히 완전하게 하는 이 유일하고도 특별한 단 번의 희생제사 외에는, 우리를 하나님과 화목하게 만드는 다른 방법을 고안하지 않도록 우리는 그분의 상처 자국에서 모든 위로를 발견합니다. 또한 이것이 하나님의 천사에 의해 그분이 예수, 즉 구원자라 불리는 이유입니다. 그분은 자기 백성을 그들의 죄에서 구원할 것이기 때문입니다.

관련성경

마 28:20; 요 10:13; 엡 4:8, 12; 히 7:3; 마 26:11; 행 1:11, 3:21; 눅 24:39; 시 11:4; 히 5:10; 롬 5:8-9; 골 2:14; 히 2:17, 9장; 롬 4:25; 요 15:13; 행 2:24; 요 3:16; 롬 8:32; 딤전 1:15; 사 53:5; 히 9:14; 벧전 2:24; 마 15:28; 요 18:38; 시 69:5; 출 12:6; 시 22:16; 사 53:7; 단 9:26; 고전 2:2; 롬 5:6; 빌 2:8; 히 9:12; 벧전 1:18-19; 요 10:9; 히 9:25-26, 10:14; 요 5:10; 마 1:21; 행 4:12; 눅 1:31.

우리 주 예수 그리스도는 모든 죄인들을 위한 대제사장이시다. 그리스도를 대제사장 또는 제사장으로 부르는 신약성경은 히브리서뿐이다. "우리에게 큰 대제사장이 계시니 승천하신 이 곧 하나님의 아들 예수시라"(히 4:14). 여기서 "큰 대제사장"(ἀρχιερεύς μέγας)이란 호칭은 히브리서에서만 나타난다. 히브리서 저자는 바울이 그리스도를 하나님의 아들과 왕으로, 죄인들을 대신하여 십자가의 죽음을 당하신 희생 제물로 강조하는 것과 약간 결이 다른 호칭, 즉 "우리가 믿는 도리의 사도시며 대제사장"(히 3:1)으로 부른다. 그리스도는 믿음의 도리를 가르치시는 사도이실 뿐만 아니라, 또한 이 땅에 오신 메시야, 즉 대제사장이시다. 여기서 우리는 그리스도의 삼중직 가운데 두 직분을 만나는데, 그리스도의 삼중직(왕, 제사장, 선지자)을 매우 탁월하게 제시하는 성경이 히브리서다. 또한 히브리서는 그리스도의 신성과 인성, 즉 그리스도께서 하나님의 아들이심과 동시에 사람의 아들이심을 균형 있고 확고하게 증거한다.

"우리에게 있는 대제사장은 우리의 연약함을 동정하지 못하실 이가 아니요, 모든 일에 우리와 똑같이 시험을 받으신 이로되 죄는 없으시니라"(히 4:16). 그리스도는 우리와 동일한 인간으로 시험을 받으셨기 때문에 우리를 동정하실 수 있다. 하지만 죄를 짓지 않으셨기 때문에 죄가 없는 대제사장이시다. 대제사장이신 그리스도와 구약의 대제사장들을 비교하자면 전자에서는 동일하지만 후자에서는 완전히 다르다. 구약의 대제사장들은 "사람 가운데서 택한 자이므로" 그들이 드리는 제사는 "백성을 위하여 속죄제를 드림과 같이 또한 자신을 위하여도 드리는 것이 마땅하다"(히 5:1, 3). 하지만 그리스도는 "멜기세덱의 반차를 따른 대제사장"이시므로 자신을 위한 제사를 드릴 필요가 없고 오직 하나님의 백성을 위해서만 제사를 드리는 분이시다. "그는 저 대제사장들이 먼저 자기 죄를 위하고 다음에 백성의 죄를 위하여 날마다 제사 드리는 것과 같이 할 필요가 없으니 이는 그가 단번에 자기를 드려" 자기 백성을 죄로부터 온전히 구원하셨기 때문이다(히 7:27). 구약의 제사장이나 대제사장과 달리, 그리스도는 자기 자신을 제물로 드린 제사장이요, 대제사장이시다.

멜기세덱의 반차를 따르는 영원한 대제사장

그리스도의 대제사장 신분에 대하여 히브리서 저자는 "멜기세덱의 반차"(班次), 즉 멜기세덱의 서열 또는 계열을 따른다고 가르친다. "네가 영원히 멜기세덱의 반차를 따르는 제사장이라"(히 5:6). 이것은 "너는 멜기세덱의 서열을 따라 영원한 제사장이라"는 시편 110:4을 인용한 말씀이다. "그가 아들이시면서도 받으신 고난으로 순종함을 배워서 온전하게 되셨은즉 자기에게 순종하는 모든 자에게 영원한 구원이 되시고, 하나님께 멜기세덱의 반차를 따른 대제사장이라 칭하심을 받으셨느니라"(히 5:8-10). 그리스도는 아론과 레위지파의 제사장이나 대제사장과 같은 직분자이시면서 또한 동시에 그들과 전혀 다른 기원의 제사장이시며 대제사장이시다. 그리스도는 "멜기세덱의 반차"를 따른 제사장이요 대제사장이시기 때문이다.

그렇다면 과연 멜기세덱은 누구이며 그리스도께서 멜기세덱의 계열을 따르는 제사장 또는 대제사장이시라는 가르침은 어떤 특별한 의미가 있는가? "이 멜기세덱은 살렘 왕이요, 지극히 높으신 하나님의 제사장이라. 여러 왕을 쳐서 죽이고 돌아오는 아브라함을 만나 복을 빈 자라. 아브라함이 모든 것의 십분의 일을 그에게 나누어 주니라. 그 이름을 해석하면 먼저는 의의 왕이요, 그 다음은 살렘 왕이니 곧 평강의 왕이요, 아버지도 없고 어머니도 없고 족보도 없고 시작한 날도 없고 생명의 끝도 없어 하나님의 아들과 닮아서 항상 제사장으로 있느니라"(히

7:1-3). 멜기세덱처럼 그리스도는 "지극히 높으신 하나님의 제사장"이시며 시작도 끝도 없는 영원한 "의의 왕"과 "평강의 왕"이시다. 멜기세덱이 하나님의 아들을 닮은 영원한 제사장인 것과 달리, 그리스도는 자신이 곧 하나님의 아들로서 영원한 제사장이시다.

"아론의 반차"를 따른 레위 지파의 제사장들과 대제사장들이 맹세 없이 출생으로 그 직분을 소유하거나 물려받은 것과 달리, "예수께서 제사장이 되신 것은 맹세 없이 된 것이 아니니… 오직 예수는 자기에게 말씀하신 이로 말미암아 맹세로 되신 것이라"(히 7:20-21). 우리 주 예수 그리스도는 "맹세하시고 뉘우치지 아니"하신 제사장으로 구약의 제사장들보다 "더 좋은 언약의 보증"이시다. 즉, 그분은 죽은 수많은 구약의 제사장들과 달리 죽지 않으시는 영원한 제사장이시다. 그리스도께서 "자기를 힘입어 하나님께 나아가는 자들을 온전히 구원하실 수" 있는 분이신 이유는 "항상 살아 계셔서 그들을 위하여 간구"하시기 때문이다(히 7:25). 그리스도는 하나님의 아들로 항상 살아 계신 분이시다. 따라서 제사장과 대제사장으로서 그분은 천상천하의 유아독존이시다. 그리스도는 우리 죄인들을 위한 유일무이한 대제사장이시다. 따라서 그리스도의 초림 이전에도 이후에도 그리스도와 같은 제사장이나 대제사장은 없다. 그리스도의 제사장 직분이 갖는 영원성과 유일성은 오직 멜기세덱에게서만 그 유사성이 발견된다. 그리스도의 영원하고도 독보적인 제사장과 대제사장 직분 때문에 더 이상의 다른 제사장과 대제사장은 불필요하고 무익하다.

우리 주님은 우리의 영원한 대제사장이시다. 히브리서에 따르면 "큰 대제사장"이시며 네덜란드 신앙고백에 따르면 "위대한 제사장"(grand sacrifcateur)과 "최고의 제사장"(summus sacerdos)이시다. 그런데 그분은 아버지 앞에서 "맹세하심으로" 대제사장이 되셨다. 그리스도께서 친히 우리의 영원한 대제사장이 되신 것은 적극적인 의지를 가지신 그분 자신의 자발적 결정이었다. "맹세컨대"란 마치 아들이 '너 정말 저 죄인들을 위한 대제사장이 될거야?'라는 아버지의 질문에 망설임 없이 '예. 저 죄인들을 구원하여 아버지의 백성으로 만들 대제사장이 되겠습니다. 맹세합니다'라고 대답하신 것과 같다. "이러한 대제사장이 우리에게 있다는 것이다"(히 8:1). 우리 주 예수 그리스도께서 부활하시고 승천하셔서 지금은 하나님의 보좌 우편 하늘에서 "더 아름다운 직분," 즉 "더 좋은 약속으로 세우신 더 좋은 언약의 중보자"로서 우리의 영원한 대제사장 역할을 충실히 감당하고 계신다(히 8:6). 그리스도는 부활하시고 승천하셔서 하늘의 제사장이 되신 유일무이한 대제사장이시다. 땅 위에 사는 우리에게 필요한 대제사장은 이제 하늘에 계신 영원한 대제사장 예수 그리스도 한 분만으로 충분하다. 그분은 우리를 위한 최고 최상의 영원한 대제사장이시다.

우리의 속죄 제물이신 예수 그리스도

그리스도는 "아버지의 진노를 충분한 속죄로 누그러뜨리시기 위하여 십자가 나무 위에 자신을 제물로 바치시고 우리의 죄를 씻기 위해 자신의 고귀한 피를 쏟으신" 분이시다. 그분은 우리가 받아야 할 심판을 온 몸과 영혼으로 받아내셨다. 그것이 곧 저 나무 십자가다. 그리스도는 십자가 나무 제단 위에 자신을 희생 제물로 바치셨고 자신의 고결한 피를 쏟으셔서 우리의 모든 죄를 깨끗하게 씻어주셨다. 나무 십자가는 그리스도께서 우리의 죄 때문에 "자신의 육체와 자신의 영혼으로" 친히 겪으신 끔찍한 형벌이었다. 형벌로서 십자가상의 죽음은 그리스도께서 단지 육적 고통뿐만 아니라, 영적 고통까지도 수반한 최후의 대속 제물로 죽으셨음을 의미한다. 그분은 십자가의 죽으심으로 의로우신 하나님과 죄인인 우리 사이에 끊어졌던 평화의 길을 복구하신 평강의 왕이시다. 따라서 끔찍한 형벌인 십자가는 아버지 하나님께서 "우리의 평화를 위해" 아들에게 내리신 "징계"이다.

우리 주 예수 그리스도는 "의의 왕"이시며, 동시에 "평강의 왕"이시다. 대제사장이신 그리스도께서 우리 죄인들을 위한 대속 제물로 자기 자신을 바치심으로 의의 왕인 동시에 평강의 왕으로 등극하셨다. 하나님의 아들은 죄 없으신 의인이시지만 마치 죄 많은 죄인처럼 취급받은 하나님의 어린 양이시다. "의인이신 그분이 불의한 자들을 위하여" 스스로 고난을 당하셨다. 고난당하신 저 어린 양의 상처 때문에 우리 죄인들은 죽음에 이르는 질병으로부터 나음을 입었다. 어린 양 그리스도는 우리 영혼의 유일한 치료제이시다. 그리스도의 십자가는 죄인인 우리가 죄악과 사망으로부터 영원히 벗어날 수 있는 유일한 피난처다. 이 피난처는 결코 쉽게 마련된 것이 아니다. 십자가에 달리신 그리스도는 원망과 비탄의 신음소리로 "나의 하나님, 나의 하나님, 어찌하여 나를 버리셨습니까?"라고 부르짖으셨음에도 불구하고 우리의 죄가 용서 받을 수 있는 희망의 길을 마련하시기 위해 끝까지 그 모든 죽음의 고통을 참으셨다.

그리스도는 친히 우리의 속죄 제물이 되신 어린 양이시다. 십자가는 죄인인 우리가 영원한 죽음의 절망에서 벗어나 영원한 생명의 희망으로 갈 수 있는 유일한 수단과 방법이다. 그리스도의 십자가 외에 "우리를 하나님과 화목하게 만드는 다른" 길은 없다. 왜냐하면 그것은 "신자들을 영원히 완전하게 하는 이 유일하고도 특별한 단 번의 희생제사"이기 때문이다. 그리스도의 십자가 죽음 없이는 어떤 부활이나 생명의 희망도 없다.

예수 그리스도를 아는 지식이 가장 고상한 까닭은?

고난당하신 어린 양 그리스도의 상처는 죽음의 절망을 사는 모든 죄인들에게 무한한 위로가 아닐 수 없다. 그리스도의 십자가로 만족하지 못하는 자들은 밑 빠진 독에 물 붓는 인생을 살아갈 수밖에 없다. 죄인의 인생을 지배하는 죽음의 절망은 생명의 희망으로부터 가능한 멀리 떨어지길 원한다. 그 둘은 영원한 평행선을 달리기 때문에 결코 만날 수 없다. 하지만 죽음의 절망이 생명의 희망으로 바뀌는 기적은 일어날 수 있다. 하지만 그 기적은 오직 십자가 위에서만 일어난다. 왜냐하면 그것은 십자가에 달려 죽으신 우리 주 예수 그리스도만을 통하여 체험할 수 있는 기적이기 때문이다. 예수 그리스도를 아는 지식이 가장 고상하다고 고백한 바울처럼 우리도 오직 우리 주 예수 그리스도에게서만 위로와 희망을 찾아야 한다. 십자가는, 그리스도는 우리의 유일한 희망이자, 우리 인생의 모든 위로다. 우리 주님은 "자기 백성을 그들의 죄에서 구원"하시기 위해 그리스도, 즉 대제사장이 되셨을 뿐만 아니라, 친히 우리를 위한 희생제물이 되셨기 때문이다.

죄로 어두운 인생의 유일한 희망은 예수 그리스도 한 분 뿐이다. 예수 그리스도는 우리의 모든 것, 우리의 전부이시다. 세상 지식은 비록 진리일지라도 유한하다. 하지만 우리 주 예수 그리스도는 무한한 진리이실 뿐만 아니라, 또한 우리 인생이 가야할 길이시며 죽음을 이길 수 있는 영원한 생명이시다. 우리의 죄는 절망적인 죽음만을 낳지만 그리스도의 의는 희망적인 생명을 낳는다. 십자가 위에서 그리스도는 우리의 죄가 되시고 우리는 그분의 의가 된다. 우리의 절망이 그리스도의 공로 덕분에 영원히 희망으로 바뀌는 기적은 오직 그리스도의 십자가 위에서만 일어난다. 십자가를 통해 그분의 약함은 우리의 강함이 된다. "그러므로 함께 하늘의 부르심을 받은 거룩한 형제들아, 우리가 믿는 도리의 사도이시며 대제사장이신 예수를 깊이 생각하라"(히 3:1).

"무엇이든지 내게 유익하던 것을 내가 그리스도를 위하여 해로 여길뿐더러, 또한 모든 것을 해로 여김은 내 주 그리스도 예수를 아는 지식이 가장 고상하기 때문이라. 내가 그를 위하여 모든 것을 잃어버리고 배설물로 여김은 그리스도를 얻고 그 안에서 발견되려 함이니 내가 가진 의는 율법에서 난 것이 아니요, 오직 그리스도를 믿음으로 말미암은 것이니, 곧 믿음으로 하나님께로부터 난 의라"(빌 3:7-9). 그리스도를 얻기 위해 날마다 그분만을 깊이 생각하자!

제22항

예수 그리스도만으로 만족할 수 있는가?

Article XXII.

Nous croyons, que pour obtenir la vraye cognoissance de ce grand mystere, le S. Esprit allume en nos coeurs une vraye foy, laquelle embrasse Iesus Christ, avec tous ses merites: et le fait sien, et ne cerche plus rien hors d'iceluy. Car il faut necessairement, que tout ce qui est requis pour nostre salut, ne soit point en Iesus Christ: ou si tout y est, que celuy qui a Iesus Christ par foy, ait tout son salut. De dire donc, que Christ ne suffit point, mais qu'il y faut quelque aultre chose avec, c'est un blaspheme trop enorme contre Dieu: Car il s'ensuivroit, que Iesus Christ ne seroit que demy Sauveur. Et Pourtant à juste cause nous disons avec Sainct Paul, que nous sommes justifiez par la seule foy, ou, par la foy sans les oeuvres. Cependant nous n'entendons pas à proprement parler, que ce soit la foy mesme qui nous justifie: car elle n'est que l'instrument par lequel nous embrassons Christ noste justice; mais Iesus Christ, nous alloüant tous ses merites, et tant de sainctes oeuvres qu'il a faictes pour nous, et en nostre nom, est nostre justice, et la foy est l'instrument, qui nous tient avec luy en la communion de tous ses biens, lesquels estant faits nostres nous sont plus que suffisans, pour nous absoudre de nos pechez.

제22항. [우리의 전부이신 예수 그리스도 : 완전한 구원의 소유]

우리가 이 위대한 비밀에 대한 참된 지식을 얻도록 성령께서 우리 마음에 참된 믿음을 일으키심을 우리는 믿습니다. [이 믿음은 예수 그리스도를 그분의 모든 공로와 함께 수용하고, 그분을 소유하도록 만들고 그분 이외의 어떤 것도 추구하지 않습니다. 왜냐하면 우리의 구원에 요구되는 모든 것이 예수 그리스도 안에 있지 않거나, 아니면 그와 같이 모든 것이 예수 그리스도 안에 있어서 믿음으로 그분을 소유한 자가 자신의 구원 전부를 가지거나, 반드시 [둘 중 하나]여야 하기 때문입니다. 그러므로 그리스도께서 충분하지 않고 그분과 더불어 다른 무엇이 더 필

요하다고 말하는 것은 하나님에 대한 너무나도 엄청난 모독입니다. 왜 냐하면 예수 그리스도께서 절반의 구원자에 불과하다는 결론에 도달할 것이기 때문입니다. 그러므로 우리는 정당한 이유로 바울과 함께 말합니다. 즉 우리가 오직 믿음으로만, 또는 행위 없는 믿음으로 의롭게 된다는 것입니다. 그렇지만 우리는 결코 우리를 의롭게 하는 것이 믿음 그 자체라고 말하는 것을 인정하지 않습니다. 왜냐하면 [믿음]은 우리가 그리스도를 우리의 의로 수용하는 수단에 불과하기 때문입니다. 그러나 그리스도께서는 자신의 공로 전부를 [우리에게 제공하시고, 또한 그분이 우리를 위해 우리의 이름으로 행하신 수많은 거룩한 사역들까지도 우리에게 제공하시는 [분으로] 우리의 의이십니다. 그리고 믿음은 우리가 교제 속에서 그분과 함께 그분의 모든 선한 것들을 붙잡는 수단이요, 그것들이 우리의 것이 되게 하는 [수단]입니다. [그러므로 믿음은] 우리에게 우리 죄로부터 우리를 해방시키기에 충분한 것 이상입니다.

관련성경

시 51:8; 엡 1:17-18; 살전 1:6; 고전 2:12; 갈 2:21; 렘 23:6; 고전 1:20; 렘 51:10; 고전 15:3; 마 1:21; 롬 8:1, 3:20, 28; 갈 2:16; 히 7:19; 롬 8:29, 33; 행 13:28; 벧전 1:4; 롬 10:3, 5, 9; 눅 1:77; 딛 3:5; 시 32:1; 롬 4:5; 롬 3:24, 27; 빌 3:9; 딤후 1:9; 시 115:1; 고전 4:7; 롬 4:2.

구원의 비밀을 아는 "참된 지식"(vraye cognoissance)을 "참된 믿음"(vraye foy)과 연결하는 네덜란드 신앙고백 제22항은 프랑스 신앙고백(1559)에서 전혀 다루지 않는 내용이다. 구원의 비밀은 그리스도로 통한다. 하나님의 아들이신 그리스도께서 죄인들을 구원하시기 위해 인간이 되셨으며 고난을 당하시고 그들이 저지를 죗값을 대신 지불하시려고 십자가의 죽음을 자처하신 분이시며 죽으신지 삼일 만에 무덤에서 살아나신 부활의 주님이시다.

죄인들의 죄를 용서하시기 위해 그들 대신에 죽으시고 죄인들을 살리시기 위해 친히 죽음을 이기고 부활하신 유일무이한 메시야시다. 바로 이 메시야 그리스도를 나의 주 나의 하나님으로 인정하는 것, 이것이 바로 구원에 대한 참된 지식이요, 곧 성령께서 우리의 마음에 일으키시는 참된 믿음이다. 그리스도께서 우리 안에 거하실 때 우리도 그분 안에서 살 수 있다. "하나님의 아들에 대한 믿음과 지식"(엡 4:13)의 동일성은 성도의 교제를 위해서도 중요하다.

구원에 관한 참된 지식과 참된 믿음이 한 목소리로 가르치는 진리는 그리스도 한 분이면 죄인인 우리의 구원을 위한 필요충분조건이 완벽하게 충족된다는 것이다. 한 마디로 그리스도는 우리 그리스도인의 전부라는 가르침이다. 성경은 그리스도를 세상의 무엇과도 바꾸고 싶지 않는 가장 값진 보화라고 천명한다. 그러므로 그리스도는 우리의 전부다. 그리스도를 주인으로 모시고 사는 삶, 이것이 바로 거듭난 그리스도인의 새로운 인생이다.

하지만 우리는 불행하게도 만족하는 법을 잘 모른다. 끊임없이 새로운 무엇, 더 나은 무엇을 추구하는 것이 죄인의 인생인데, 우리 그리스도인들도 세상에 물들어 그리스도 한 분만으로 만족할 줄 몰라 자신에게 필요한 것을 계속해서 달라고 조르는, 만족을 모르는 인생을 살아가고 있는 것은 아닌지 우리 각자 돌아보아야 한다. 그리스도를 인생의 주인으로 모시고 산다면 부족한 것이 없다. 왜냐하면 이미 주님께서 자신의 모든 것을 우리에게 주셨기 때문이다.

우리 주 예수 그리스도와 우리 주님께서 우리에게 이미 주신 하늘의 모든 보화들을 날마다 새롭게 발견하고 누리는 삶이야말로 그리스도께 속한 자들, 즉 그리스도인들의 거듭난 인생, 복된 인생이다. 우리 주 예수 그리스도에 대한 참된 지식과 참된 믿음을 우리에게 제공시는 분은 "지혜와 계시의 영"(엡 1:17)이신 성령 하나님이시다. 따라서 성령의 전인 우리는 우리가 살아가는 바로 지금 이곳에서 그리스도 한 분만으로 만족하는 구원의 기쁨을 누려야 한다.

우리의 믿음과 그리스도의 공로

칼빈에 따르면, 믿음으로 하나님의 자녀가 된 자들은 누구든지 천국을 소유한다. 칠흑같이 어두운 인생길을 가는 죄인들에게 "길이요 진리요 생명"이신 분은 오직 예수 그리스도 한 분뿐이시다. 그래서 바울은 "예수 그리스도와 그가 십자가 못 박히신 것 외에는 아무 것도 알지 아니하기로 작정"했다고 고백한다. 즉 그리스도 외에는 어떤 것도 더 알 가치가 없다고 선언한 것이다. 그리스도는 구원의 알파와 오메가시다.

믿음은 우리를 그리스도께 속한 자, 즉 그리스도인으로 만든다. 한 분 하나님을 바라보는 것이 믿음이다. 그리스도를 통하지 않고 하나님을 알 수 있는 길은 없다. 그리스도를 나의 주, 나의 하나님으로 받아들이는 믿음 없이는 누구도 전지전능의 창조주이시며 의로운 사랑의 구원자이신 하나님을 알 거나 믿을 수 없다. 그리스도께서 하나님의 아들이시며 세상의 구원자이시라는 진리를 알거나 믿을 수 있는 것은 성령 하나님의 역사 없이는 불가능하다.

네덜란드 신앙고백에 따르면, "우리가 오직 믿음으로만, 또는 행위 없는 믿음으로 의롭게 되는" 것은 사실이지만 그렇다고 "믿음 자체가 우리를 의롭게 만드는 것은 아니다." 그 이유를 이렇게 설명한다. "왜냐하면 믿음은 우리가 그리스도를 우리의 의로 수용하는 수단에 불과하기 때문이다." 믿음은 단지 수단에 불과하기 때문에 믿음 자체가 우리를 의롭게 만든다는 생각은 천부당만부당하다는 것이다.

그렇다면 누가 우리를 의롭게 만드시는가? 그것은 그리스도시다. 그리스도께서 자신의 십자가 공로로 우리를 죄에서 벗어나도록 만드셨다는 것이다. 엄밀하게 말하면 우리의 믿음 때문이 아니라 그리스도의 공로 덕분에 죄인인 우리가 의인으로 거듭나게 된다. 믿음은 "그리스도를 우리의 의로 받아들이는 수단"일 뿐이다. 그 믿음조차도 우리에게서 나오는 것이 아니라, 성령 하나님께서 우리의 마음에 감동감화로 일으키시는 것이다. 즉, 믿음은 성령의 선물이다.

믿음이라는 수단, 즉 통로를 통해 그리스도께서는 자신의 의를 우리에게 주셔서 우리의 의가 되게 하시는 반면, 우리의 죄를 가져가셔서 마치 자신의 죄인 것처럼 스스로 그 죄를 짊어지시는 것이다. 그러므로 우리가 지고 갈 인생의 짐, 우리 주님께서 우리 어깨 위에 지워주시는 십자가는 결코 무겁지 않다. 왜냐하면 우리 각자 져야할 무거운 짐은 우리 주님께서 모두 가져가셨기 때문이다. 우리를 의롭게 만드는 것은 우리의 믿음이 아니라, 우리 주님이시다.

누가 의인인가?: 믿음과 율법

구원의 선물상자를 열 수 있는 열쇠는 믿음이다. 이 믿음은 베드로처럼 예수 그리스도를 '나의 주, 나의 하나님'으로 진심으로 믿고 공적으로 고백할 수 있는 것을 의미한다. 이 믿음으로 우리는 "예수 그리스도를 그분의 모든 공로와 함께" 받을 수 있고, "그분을 소유"하며 "그분 이외의 어떤 것도 추구하지 않는다." 믿음으로 의롭게 된 자는 누구인가? 그는 "오직 하나님으로부터 온 영," 즉 하나님의 성령을 받은 자요, "그리스도의 마음"을 가진 자다(고전 2:11, 16). "자신을 버리신 하나님의 아들을 믿는 믿음 안에서 사는" 자다(갈 2:20).

한 마디로, 의인은 신자, 즉 믿음으로 사는 자다. 그 믿음은 자신의 선행이라는 공로가 전혀 영향을 주지 못하는 '하나님의 은혜'를 의미한다. 세상의 주요 종교 가운데 오직 기독교만이 공로 없이 믿음만으로 의로운 구원을 받는다고 가르친다. 이것이 곧 "공로 없는 믿음"이다. 하나님께서는 구약 백성인 유대인들에게도 믿음으로 구원 받는 원리를 가르치셨다. 왜냐하면 구약성경에는 "아브람이 여호와를 믿으니 여호와께서 이를 그의 의로 여기시고…"(창 15:6)라는 진리의 말씀이 아주 선명하게 기록되어 있기 때문이다.

하나님께서 아브라함에게 가르치신 구원의 원리는 "오직 믿음"(sola fides)이었는데, 이 가르침은 할례의 명령보다 앞서고 이스라엘 백성에게 주신 모세의 율법과는 비교할 수 없을 정도로 앞선 것이다. "오직 믿음"의 원리는 곧 "오직 은혜"(sola gratia)로 통한다. 구약 어디에서도 하나님의 은혜 없는 구원을 발견할 수는 없다. 이 땅에 태어난 인간은 예수 그리스도 외에는 모두 죄인으로 태어나기 때문이다. 하나님의 은혜는 항상 인간의 선행적 공로에 앞선다. 십계명조차도 은혜의 산물이다. "나는 너를 애굽 땅, 종 되었던 집에서 인도하여 낸 네 하나님 여호와니라"(출 20:2). 율법의 요구는 하나님의 은혜에 앞서는 것이 아니라 오히려 뒤따른다.

그리스도는 구원과 관련하여 오직 믿음과 오직 은혜의 총화(summa)이다. 왜냐하면 "우리의 구원에 요구되는 모든 것은 예수 그리스도 안에" 있기 때문이다. 그리스도와 무관한 "의인"은 없다. 그리스도의 의의 공로 없이 의인이 되는 일은 불가능하다. 그리스도의 의를 가진 자만이 의인이다. 믿음이라는 수단과 통로 외에는 그리스도의 의를 소유할 수 있는 다른 길이 없다. 그리스도를 "믿음으로 소유한 자는 자신의 구원 전부를" 가지게 된다. 따라서 의인에게 마치 자신의 것처럼 선한 공로가 나타난다 해도 그것을 자신의 것으로 자랑할 수는 없다.

믿음은 그리스도와 교제하는 수단

의인이란 오직 자신을 의롭게 하신 예수 그리스도만을 자랑하는 사람이다. 왜냐하면 그는 자신의 전부가 예수 그리스도 한 분이시라는 진리를 깨달은 사람이기 때문이다. 그러므로 의인은 자신의 모든 선한 것이 그분의 것임을 고백하며 사는 자다. 그리스도께는 부족한 것이 없다. 우리 인생의 새로운 주인이시며 교회의 머리이신 예수 그리스도께서는 자신의 지체에게 자신의 모든 좋은 것을 남김없이 아낌없이 베푸시는 분이시다. 우리에게 장차 영원한 죽음 대신에 영원한 생명을 약속하실 뿐만 아니라, 이 땅에서 이미 그 모든 하늘 보화를 풍성하게 누리고 살 수 있도록 우리에게 자신의 영이신 성령까지도 흔쾌히 제공하신다. 그래서 네덜란드신앙고백은 다음과 같이 가르친다. "그리스도께서는 자신의 공로 전부를 [우리에게 제공하시고], 또한 그분이 우리를 위해 우리의 이름으로 행하신 수많은 거룩한 사역들까지도 우리에게 제공하시는 [분으로] 우리의 의이십니다. 그리고 믿음은 우리가 교제 속에서 그분과 함께 그분의 모든 선한 것들을 붙잡는 수단이요, 그것들이 우리의 것이 되게 하는 [수단]입니다." 이것은 '그리스도께서 자신의 전부를 우리에게 주십니다'라는 한 문장으로 요약할 수 있다. 즉, 그리스도는 우리 그리스도인의 전부라는 것을 의미한다.

위 신앙고백의 내용에서 우리가 놓치지 않고 주목해야 할 부분은 "교제 속에서 그분과 함께"라는 문구인데, 이것은 "그리스도와의 교제를 통하여"라는 뜻이다. 네덜란드 신앙고백은 우리 그리스도인들이 그리스도를 우리의 전부로 소유할 수 있는 유일한 방법은 "믿음"이라는 가르친다. 믿음은 우리 죄인이 의로우신 주님과 만나서 교제할 수 있는 유일한 수단이다. 우리의 믿음이라는 그릇에 담긴 내용물은 '그리스도와의 교제'다. 그리스도와의 교제가 없다면 믿음은 빈 깡통에 불과하다. 그리스도의 모든 것은 그분 안에서 그분과 함께 누릴 수 있기 때문이다. 그리스도의 모든 하늘 보화는 그분과의 교제를 통해서만 우리의 것이 된다. 그리스도께서 우리 자신의 전부일 때 그리스도의 모든 선한 것은 우리의 소유가 된다. 그분의 모든 공로가 곧 우리 자신의 것이 된다. 그렇다면 믿음은 단순히 마음으로 믿고 입으로 시인하는 '신앙고백'에서 끝나지 않고 그리스도의 전부를 우리의 전부로 만드는 열쇠다. 하지만 그 열쇠는 우리의 마음에 영적 감동을 일으키시고 우리를 소생시키시는 성령께서 친히 제공하시기 전에는 아무도 가질 수 없다. 그 열쇠는 받은 자는 그리스도께서 자신의 전부이심을 고백할 수밖에 없다.

하지만 우리가 성령으로부터 받은 선물인 믿음은 불신앙으로 기울기 쉬운 우리의 타락한 본성 때문에 항상 풍전등화처럼 꺼질 듯이 심하게 흔들린다. 이 믿음의 심지가 굳어질 수 있는 길은 오직 하나님의 말씀뿐이다. 따라서 우리는 우리의 믿음을 하나님의 말씀으로 무장하고 강화해야 한다. 우리가 기도해도 하나님께서 듣지 않는 것처럼 느낄 때, 우리에게 호의를 베푸시기는커녕 오히려 우리를 치시고 우리를 대적하시는 것처럼 느낄 때, 말씀으로 무장한 믿음은 우리에게 하나님의 징벌이 그분의 진노에서 비롯된 것이 아니라, 오히려 사랑에서 기인하는 것이라고 가르친다.

믿음은 어떤 고난과 고통 속에서도 우리에게 피할 길을 내시고 우리를 인도하시는 하나님의 사랑을 붙들게 한다. 비록 사탄이 우리에게 하나님께서 불법을 엄벌하시는 보복의 하나님이시라는 사실로 위협할지라도 믿음은 우리가 진심으로 회개하기만 하면 언제든지 우리의 모든 불법을 기꺼이 용서하실 하나님의 사랑으로 우리의 잘못된 방향의 발걸음을 돌이키도록 요구한다. 믿음은 우리 죄인에게 공의의 하나님과 사랑의 하나님을 동시에 가르치지만, 자신의 길을 돌이키지 않는 완고한 불신자와 달리 진심으로 돌이키길 원하는 신자에게는 언제나 하나님의 사랑이 공의보다 더 크다는 사실을 깨닫게 하여 안심시킨다.

우리의 믿음은 하나님의 사랑 없이는 발생 불가능하다. 하나님의 사랑에서 비롯된 믿음은 우리에게 하나님 사랑과 이웃 사랑을 강력하게 요구한다. 믿음은 결코 사랑을 배제할 수 없다.

제23항

하나님 앞에서 의롭게 된 자의 복

Article XXIII.

Nous croyons que nostre beatitude gist en la remission de nos pechez à cause de Iesus Christ, et qu'en cela est contenuë nostre justice dcevant Dieu, comme David et S. Paul nous enseignent: declarans la beatitude de l'homme à qui Dieu alloüe justice sans oeuvres. Et le mesme Apostre dit, que nous sommes justifiez gratuitement, ou de grace par la redemption qui est en Iesus Christ. Et pourtant nous tenons ce fondement ferme à jamais, donnans toute gloire à Dieu en nous humilians et recognoissans tels que nous sommes, sans rien presumer de nous mesmes, ni de nos merites, et nous appuyons et reposons en la seule obeissance de Christ crucifié, laquelle est nostre, quand nous croyons en luy. Icelle est suffisante pour couvrir toutes nos iniquitez, et nous rendre asseurez, esloignant la conscience de crainte, horreur, et espouvantement pour approcher de Dieu, sans faire comme nostre premier pere Adam, lequel tremblant se vouloit couvrir avec des fueilles de figuier. Et de fait, s'il nous falloit comparoistre devant Dieu, estant appuyez tant peu que ce soit sur nous, ou sur quelque autre creature: helas! nous serions engloutis. Et pourtant un chacun doit dire avec David: O Seigneur, n'entre point en jugement avec tes serviteurs: car devant toy homme qui vive ne sera justifié.

제23항. [그리스도의 순종과 하나님 앞에서 의로운 자]

우리는 우리의 행복이 예수 그리스도 때문에 우리의 죄가 용서됨에 있다는 것과, 하나님 앞에서 우리의 의가 [바로] 그곳에 있다는 것을 믿습니다. 그것은 다윗과 바울이 우리에게 가르치는 것과 같습니다. 즉 [그들은] "일한 것이 없이 하나님께 의로 여기심을 받은 사람의 복에 대하여" 설명합니다[시 32:1-5; 롬 4:4-8]. 또한 동일한 사도는 말하길, 우리가 "그리스도 예수 안에 있는 속량으로 말미암아 하나님의 은혜로 값없이 의롭다 하심을" 얻게 됩니다[롬 3:24]. 그렇기 때문에 우리는 이 기초를

항상 견고하게 붙잡습니다. [그러므로 우리는] 모든 영광을 하나님께 돌리고, 우리 자신을 낮추며, 우리가 있는 모습 이대로 인정하고, 어떤 것도 우리 자신이나 우리의 공로에 돌림 없이 오직 십자가에 못 박히신 그리스도의 순종만을 의지하고 기초합니다. 그것은(=그리스도의 순종은) 우리가 그분을 믿을 때 우리의 것이 됩니다. 저 [순종]은 우리의 모든 죄악을 가리기에 [충분하고], 또한 양심이 두려움과 공포와 불안에서 벗어나 하나님께 나아가기 위한 확신을 주기에도 충분합니다. [그러므로 우리는] 우리의 첫 조상 아담이 떨면서 무화과 잎으로 자신을 가리려고 했던 것과 같이 행동할 필요가 없습니다. 뿐만 아니라, 실제로는 만일 우리가 우리 자신이나 어떤 다른 피조물에 의지한 채로 하나님 앞에 나타나야 했더라면, 화로다, 우리는 삼키어져버려야 했을 것입니다. 그렇기 때문에 누구나 다윗과 함께 [이렇게] 말해야 합니다. "오, 주님, 주의 종에게 심판을 행하지 마소서! 주의 눈앞에는 의로운 인생이 하나도 없나이다"[시 143:2].

관련성경

히 11:7; 엡 2:8; 고후 5:19 (10); 딤전 2:6; 요일 2:1; 창 3:7; (롬 5:19); 롬 4:6; 행 4:12; 겔 36:23, 32; 신 27:26; 약 2:10; 창 3:7; 시 143:2; 눅 16:15; 욥 1장; 고전 4:4; 시 18:28; 습 3:11; 히 10:20.

인생의 최고 행복은 무엇인가?

웨스트민스터 대소교리문답은 "하나님을 영화롭게 하고 그분을 즐거워하는 것"을 인생의 최고 행복으로 정의하는데, 네덜란드 신앙고백에 따르면 그 행복은 '죄 용서'이다. 먼저 자신의 죄 문제가 해결되지 않은 죄인이 의로우신 하나님을 영화롭게 하거나 즐거워하는 일을 불가능하다. 그러므로 최고의 행복은 죄인이 자신을 사망과 저주의 구렁텅이에 빠뜨리는 죄악의 쇠사슬로 칭칭 감겨 있는 한 결코 누릴 수 없다. 죄 용서는 세상의 어떤 것으로도 대신할 수 없는 엄청난 선물이다.

칼빈은 "복음의 최고봉"을 "회개와 죄 용서"로 간주하고, 이 두 가지를 "값없는 갱생과 구원"으로 설명하면서 이 두 가지에 이르는 길이 믿음이라고 가르친다. 이런 칼빈의 교리는 네덜란드 신앙고백이 인생의 최고 행복을 '죄 용서'라고 가르치는 것과 정확하게 일치한다. 기독교는 용서의 종교이지만 회개 없이는 용서도 없다. 회개와 죄 용서는 기독교 신앙의 양면이자 복음의 핵심이다. "회개하라, 천국이 가까웠느니라!"는 외침은 세례 요한의 가르침일 뿐만 아니라, 우리 주 예수 그리스도의 복음이기도 하다.

우리는 예수님의 복음을 곧 천국 복음이라 부른다. 천국은 회개 없이, 죄 용서 없이, 믿음 없이는 결코 들어갈 수 없는 하나님의 나라다. 만일 누군가 천국을 보장 받는다면 이보다 더 큰 즐거움과 행복이 어디 있겠는가? 죄 용서는 회개와 믿음의 결과이자 천국 백성의 표지다. 이 땅에서 천국티켓을 인생에 새긴 사람보다 더 행복한 사람은 없다. 죄 없는 나라, 하나님의 나라는 죄 용서 받은 자들만 들어갈 수 있다.

그렇다면 자신의 죄, 죽음에 이르는 죄를 어떻게 용서받을 수 있는가? 죄 용서는 오직 하나님의 아들 예수 그리스도 한 분을 통해서만 일어난다. 네덜란드 신앙고백이 가르치는 것처럼 죄 용서는 "그리스도 때문에," 즉 그리스도 덕분이다. 죄 용서는 오직 그리스도 한 분을 통해서만 가능하다. 그리스도께서 우리 죄인을 대신하여 지신 죽음의 십자가 덕분에 우리가 얻게 된 죄 용서는 그리스도 자신의 의가 우리의 의로 탈바꿈하는 기적의 버튼이자, 값없는 선물이다. 죄 용서 속에서 새싹처럼 피어난 우리의 의는 우리 죄인을 향한 하나님 사랑의 결정체다.

한 마디로 요약하면, 그것은 "일한 것이 없이 하나님께 의로 여기심을 받은 사람의 복"이다. 하늘의 복을 이 땅, 지금 이곳에서 누리는 사람이 바로 우리 그리스도인, 하나님의 백성이요 하나님의 자녀들이다. 이 세상에서 우리 그리스도인보다 더 행복한 사람이 있을 수 있는가? 단언컨대, 없다! 우리가 가장 행복한 인생을 사는 사람들이다. 우리는 모두 죄 용서의 복을 누리는 사람들이기 때문이다. 죄 용서의 기쁨보다 더 큰 기쁨은 없다. 죄 용서 받은 사람의 행복보다 더 큰 행복도 있을 수 없다. 인생의 최고 행복, 죄 용서의 행복을 마음껏 누릴 권리를 가진 자는 우리 그리스도인들뿐이다.

세상에서 가장 행복한 사람, 최고의 행복자는 돈이 많은 부자도, 최고의 권력자도, 최고의 지성인도 가장 힘 센 장사도 아닌, 바라 우리 그리스도인들이다. 그렇다면 우리 그리스도인이 세상의 누구보다 행복하게 인생을 살아가는 것은 마땅한 일이 아닐까? 우리는 비록 학식이나 돈이나 힘이 없거나 부족할지라도 우리의 하늘 아버지께서 우주만물의 주인이신 창조주 하나님이시며, 우리를 죄와 사망에서 구원하신 사랑의 하나님이시라는 사실을 잊지 말고 하늘 아버지의 자녀로서 천상의 행복을 이 땅에서도 당당하게 누리며 살아야 할 주인공들이다.

누가 하나님 앞에서 의인인가?

우리의 의는 결코 우리의 선행이나 공로의 결과가 아니다. 우리 그리스도인의 의는 오직 그리스도의 공로 덕분일 뿐이다. 왜냐하면 우리는 "그리스도 예수 안에 있는 속량으로 말미암아 하나님의 은혜로 값없이" 의롭게 되었기 때문이다. 그리스도 예수 안에 있는 속량, 즉 구원은 우리에게 하나님의 은혜로 값없이 주어진 선물이다. 우리의 구원을 위한 그리스도의 십자가 공로가 곧 우리를 의롭게 만드는 것이다. 우리의 의는 우리 자신의 것이 아니다. 그리스도의 의가 우리의 의로 전가된 것이다. 이것이 '의의 전가'(imputatio iustitiae) 교리다.

하나님께서는 인간이신 그리스도의 의만 인정하신다. 하나님 앞에서 예수 그리스도만이 의인이시다. 죄인인 우리가 의인이 되는 길은 오직 그리스도와 하나가 되는 것뿐이다. 그리스도인은 예수 그리스도 안에서 구원을 받고 의롭게 된 자를 의미한다. 그가 그리스도 안에 거하고 그리스도께서 그 안에 거하는 자는 그리스도의 모든 선행과 공로의 열매에 동참할 수 있다. 우리의 의는 율법의 공로, 즉 우리 행위의 의가 아니다. 그리스도의 공로, 즉 십자가 위의 죽으심은 우리를 죄인에서 의인으로 바꾸는 능력이다.

네덜란드 신앙고백이 언급하는 "그리스도의 순종"은 십자가의 죽으심을 의미한다. 자신의 뜻이 아닌, 하나님의 뜻대로 사는 것을 기독교는 '순종'이라 부른다. 그리스도께서는 인간으로서 십자가를 지고 싶지 않으셔서 밤이 새도록 죽음의 잔을 거두어달라고 기도하셨으나 결국 자신의 의지를 꺾으시고 하나님의 뜻에 따르시기로 결론내리셨다. 이것은 '하나님께서 원하시는 대로 이루어지기를!'(Deo volente!)의 고백이며, 우리 그리스도인들이 매일 드리는 기도의 결론이어야 한다. 이 기도의 결론은 다른 어떤 것이 아닌, 오직 하나님께만 순종하겠다는 것이다.

모든 기도의 결론, 즉 '하나님께서 원하시는 대로 이루어지길 바랍니다!'라는 '데오 볼렌테!'는 네덜란드 신앙고백의 내용과 상통한다. "우리는 모든 영광을 하나님께 돌리고, 우리 자신을 낮추며, 우리가 있는 모습 이대로 인정하고, 어떤 것도 우리 자신이나 우리의 공로에 돌림 없이 오직 십자가에 못 박히신 그리스도의 순종만을 의지하고 기초합니다." 그리스도의 순종은 모든 순종의 유일하고 완전한 모범이지만 단순한 모범이 아니라, 하나님 사랑의 결정체다. 그리스도의 순종은 자신뿐만 아니라, 모든 죽은 자를 살리는 부활의 씨앗이다.

십자가를 지신 그리스도의 순종만을 의지하고 그 순종만을 기초로 삼겠다는 고백은 그리스도와 하나의 불가분리적 공동체가 되겠다는 의미이다. 교회는 그리스도의 몸으로 그리스도와 함께 죽고 그리스도와 함께 사는 공동체를 의미한다. 교회는 그리스도의 순종으로 하나가 된 순종 공동체다. 그리스도의 순종이 없는 교회는 교회가 아니다. 그리스도의 순종을 따르지 않는 교회도 교회가 아니다. 그리스도의 순종만을 의지하고 기초로 삼는 공동체는 모든 영광을 하나님께 돌리고 자신을 겸손히 낮출 수밖에 없다.

그리스도의 순종을 갖추지 못한 신자는 그리스도인이라 할 수 없다. 왜냐하면 그리스도의 순종을 자신의 것으로 삼은 자만이 진정한 그리스도인이기 때문이다. "그리스도의 순종은 우리가 그분을 믿을 때 우리의 것이 된다." 따라서 그리스도의 순종이 없는 신자는 신자가 아니다. 그리스도의 순종이 없다는 것은 그리스도를 믿는 믿음이 없다는 뜻이다. 그리스도를 '나의 주 나의 하나님'으로 믿고 고백하는 자는 그리스도의 순종을 자신의 순종으로 삼은 자이다. 그리스도의 순종을 사유화하지 않고 그리스도인이 될 다른 방법은 없다.

그리스도의 순종을 사유화할 수 있는 유일한 방법은 우리가 그리스도와 연합하는 것이다. 즉 그리스도께서 우리 안에 거하시고 우리가 그리스도 안에 거할 때 비로소 그리스도의 순종은 우리의 순종이 된다. 그리스도의 순종이 만든 모든 은택도 우리의 것이 된다. 이 모든 은택을 사유화하고 누리는 것은 그리스도인뿐이므로 그리스도인만의 특권이다. 우리 자신의 선행으로 우리가 하나님 앞에서 의인이 되는 것이 아니라, 그리스도의 순종으로 의인이 되는 것이다. 따라서 모든 공로는 오직 그리스도께만, 모든 영광은 오직 하나님께만 돌려야 한다.

하나님 앞에서 의인은 어떻게 살아야 하는가?

하나님 앞에서 의인으로 인정받은 그리스도인은 어떻게 살아가야 하는 것인가? 이 질문에 가장 먼저 떠오르는 성경 말씀은 바울 사도의 가르침이다. "의인은 믿음으로 살리라." 여기서 믿음은 은혜와 다른 말이 아니다. 따라서 하나님 앞에서 믿음의 의인이란 이 세상에서 하나님의 은혜로만 사는 자를 의미한다. 달리 말하면 하나님 앞에서뿐만 아니라, 심지어 사람 앞에서조차도 스스로 자랑할 것이 손톱만큼도 없는 자라는 뜻이다. 인간은 공기만 마시고 살 수 없다. 물만 마시고 살 수도 없다. 그런데 의인은 오직 하나님의 은혜로만 살 수 있는 자다.

이 은혜는 그리스도의 순종 안에서만 누릴 수 있다. 왜냐하면 그리스도의 순종은 "우리의 모든 죄악을 가리기에 충분할 뿐만 아니라, 또한 양심이 두려움과 공포와 불안에서 벗어나 하나님께 나아가기 위한 확신을 주기에도 충분하기" 때문이다. 두려움과 공포와 불안이 없는 인생보다 더 평화로운 인생은 없을 것이다. 때론 두려움과 공포와 불안은 우리 스스로 지은 죄에서 기인한 것들이 대부분이겠지만 우리 자신의 연약함에서 오는 것도 많다. 가령 죽음이나 고통은 아무도 경험하지 않았지만 누구나 절로 두려워한다. 스스로 의로운 인생은 아미도 없다.

우리는 하나 같이 모두 죄인이다. 죄인이 스스로 죄의 굴레와 죄의 결과인 죽음으로부터 벗어날 수 있는 길은 그리스도 외에 전혀 없다. 그리스도는 우리 그리스도인 모두의 기독교의 독보적인 진리이자 유일한 자랑이다. 그리스도 없는 그리스도인은 존재 자체가 성립 불가능하다. 그리스도 덕분에 의인이 된 자가 바로 그리스도인이기 때문이다. 죄인을 의인으로 만드실 수 있는 분은 그리스도 한 분뿐이시다. 그분의 순종이 우리를 죄인에서 의인으로 만드는 것이다. 그러므로 의인은 그리스도의 은혜만으로 사는 자다. 그 은혜 없이는 삶이 불가능하다.

〈은혜 아니면〉이라는 복음송가의 가사가 의인이 어떻게 살아가야 하는지 잘 말해준다.

> 어둠 속 헤매이던 내 영혼 갈길 몰라 방황할 때에
> 주의 십자가 영광의 그 빛이 나를 향해 비추어 주셨네.
> 주홍빛 보다 더 붉은 내 죄, 그리스도의 피로 씻기어,
> 완전한 사랑, 주님의 은혜로 새 생명 주께 얻었네.
> 은혜 아니면 나서지 못하네.
> 십자가의 그 사랑, 능력 아니면 나서지 못하네.
> 은혜 아니면 나서지 못하네.
> 놀라운 사랑, 그 은혜 아니면 나서지 못하네.
> 나의 노력과 의지 아닌, 오직 주님의 그 뜻 안에서,
> 의로운 자라 내게 말씀 하셨네.
> 완전하신 주의 은혜로, 은혜 아니면 나서지 못하네.
> 십자가의 그 사랑, 능력 아니면 나서지 못하네.
> 은혜 아니면 나서지 못하네.
> 완전한 사랑, 그 은혜 아니면 나서지 못하네.
> 이제 나 사는 것 아니요, 오직 예수 내 안에 살아계시니,
> 나의 능력 아닌, 주의 능력으로 이제 주와 함께 살리라.
> 오직 은혜로 나 살아가리라 십자가의 그 사랑 주의 능력으로
> 나는 서리라.
> 주의 은혜로 나 살아가리라.
> 십자가 사랑, 그 능력으로 나 살리라, 주 은혜로 나 살리라.

믿음이라는 나무와 선행이라는 열매

Article XXIV.

Nous croyons que ceste vraye foy estant engendrée en l'homme par l'oüie de la parole de Dieu, et par l'operation du S. Esprit, le regenere et fait nouvel homme, le faisant vivre d'une nouvelle vie, l'affranchissant de la servitude de peché. Ainsi tant s'en fault, que ceste foy justifiante refroidisse les hommes de bien et sainctement vivre; que tout au rebours sans icelle jamais ils ne feront rien pour l'amour de Dieu, mais seulement pour l'amour d'euxmesmes, et craignant d'estre damnez. Il est don impossible, que ceste saincte foy soit oyseuse en l'homme, veu que nous ne parlons pas de la foy vaine; mais de celle, que l'Escriture appelle foy ouvrante par charité: laquelle induict l'homme à s'exercer és oeuvres que Dieu a commandées par sa parole: lesquelles oeuvres procedantes de la bonne racine de foy, sont bonnes et receuës devant Dieu, d'autant qu'elles sont toutes sanctifiées par sa grace. Cependant elles ne viennent point en conte pour nous justifier. Car c'est par la foy en Christ que nous sommes justifiez voire devant que faire bonnes oeuvres: autrement elles ne pourroyent estre bonnes, non plus que le fruict d'un arbre ne peust estre bon, que premierement l'arbre ne soit bon. Nous faisons doncques des bonnes oeuvres; mais non point pour meriter (car que meriterions nous?); mais plutost nous sommes redevables à Dieu, pour les bonnes oeuvres que nous faisons, et non pas luy envers nous: d'autant que c'est luy qui met en nous le vouloir et le parfaire selon son bon-plaisir, regardans à ce qyu est escrut: Quand vous aurez fait tout ce qui vous est commandé, dites, nous sommes serviteurs inutiles: ce que nous debvions faire nous l'avons fait. Nous ne voulons pas cependant nier, que Dieu ne remunere les bonnes oeuvres; mais c'est par sa grace, qu'il couronne ses dons. Au reste combien que nous faisons des bonnes oeuvres, nous n'y fondons point nostre salut: car nous ne pouvons faire aucune oeuvre qui ne soit souillée par nostre chair, et aussi digne de punition. Et quand nous en pourrions monstrer une, la memoire d'un seul peché suffit pour la rejetter devant Dieu. Par ainsi nous

serions tousjours en doubte, et flottans çá et lá sans auculne certitude, et nos povres consciences seroyent tousjours tourmentées, si elle ne se reposoyent sur le merite de la mort et passion de nostre Sauveur.

제24항. [성화와 중생과 선행]

우리는 하나님 말씀의 들음과 성령의 역사로 사람 속에 생성된, 이 참된 믿음이 그를 중생시키고, 새 사람으로 만들며, 새로운 삶을 살아가도록 하고, 죄의 종노릇으로부터 해방시킨다는 것을 믿습니다. 그러므로 의롭게 하는 이 믿음이 선하고 거룩하게 사는 사람들을 냉랭하게 만들 것이라는 [주장]은 잘못입니다. 완전히 반대로 이 [믿음]이 없다면 결코 그들이 하나님에 대한 사랑 때문에 행할 수 있는 [일]은 아무 것도 없을 것이고, 다만 자신들에 대한 사랑 때문에 정죄되는 것을 두려워할 뿐입니다. 따라서 이 거룩한 믿음이 사람 안에서 빈둥거리는 [일]은 불가능합니다. 왜냐하면 우리는 헛된 믿음에 대해서가 아니라, 성경이 사랑으로 역사하는 믿음이라 부르는 바로 이 [믿음]에 대해 말하기 때문이다. 그것은(=믿음은) 사람을 움직여서 하나님께서 자신의 말씀으로 명령하신 일들(=행위들)을 실행하도록 합니다. 믿음의 선한 뿌리에서 나오는 그 일들(=행위들)은 하나님 앞에서 선하고 받아들여집니다. 왜냐하면 그들 모두 그분의 은혜로 성화되었기 때문입니다. 그렇지만 그것들이 (=행위들이) 우리를 의롭게 하기 위한 것으로는 전혀 고려되지 않습니다. 왜냐하면 우리가 의롭게 되는 것은 선한 일들을(=행위들을) 행하기 전에 그리스도를 [믿는] 믿음으로 말미암기 때문입니다. 먼저 그 나무가 선하지 않고서는 그 나무의 열매가 선할 수 없는 것과 마찬가지로, 달리 그것들이(=행위들이) 선할 수는 없을 것입니다. 그와 같이 우리가 선한 일들을 행합니다만 [그것이] 결코 가치 있는 것은(=결코 우리의 공로는) 아닙니다. (실제로 우리는 어떤 가치가 [=실제로 우리에게 무슨 공로가] 있습니까?) 그러나 오히려 우리가 행하는 선한 일들에 있어서는 우리가 하나님께 빚진 자들이지, 결코 그분이 우리에게 [빚진 것이] 아닙니다. 왜냐하면 그분은 자신의 선한 기뻐하심을 따라 우리 안에 [우리의] 원함과 완수함을 넣으시기 때문입니다[참조, 빌 2:10]. [다음과 같

이] 기록되어 있는 것에 주목합시다. "이와 같이 너희도 명령 받은 것을 다 행한 후에 이르기를 우리는 무익한 종이라. 우리가 하여야 할 일을 한 것뿐이라 할지니라"[눅 17:10]. 그럼에도 또한 우리는 하나님께서 선한 일들을 보상하신다는 것을 결코 부인하고 싶지 않습니다. 그러나 그분이 자신의 선물에 관을 씌우시는 것은 그분의 은혜로 말미암는 것입니다. 비록 우리가 선한 일들을 행한다 할지라도 우리는 결코 우리의 구원을 그 위에 세우지 않습니다. 왜냐하면 우리는 우리의 육신에 의해 더럽혀지지 않고 또한 처벌 받지 않을만한 어떤 일도 할 수 없기 때문입니다. 그리고 우리가 하나의 [선행]을 만들 수 있다 해도 오직 하나의 죄에 대한 기억은 [하나의 죄만으로도] 하나님 앞에서 거부되기에 충분합니다. 만일 그것들이 우리 구세주의 죽음과 고난의 공로 위에 세워지지 않는다면 우리는 어떤 확실성도 없이 여기저기로 쫓겨 다니면서 항상 의심 속에 있을 것이요, 우리의 가난한 양심은 항상 괴로워할 것입니다.

관련성경

롬 10:17; 요 5:26; 엡 2:4; 요 8:36; 딛 2:12; 요 15장; 히 11:6; 딤전 1:5; 갈 5:6; 딛 3:8; 롬 9:32; 딛 3:5; 마 7:17; 롬 14:23; 히 11:4; 창 4:4; 고전 4:7; 빌 3:13; 사 26:12; 갈 3:5; 살전 2:13; 눅 17:10; 롬 2:6; 행 2:13; 요이 8절; 롬 11:5 (6, 7); (엡 2:5); 사 64:6; 고전 3:11; 사 28:26; 롬 10:11; 합 2:4.

네덜란드 신앙고백에 따르면 참된 믿음은 "하나님의 말씀을 들음으로"(par l'ouie de la parole de Dieu), 그리고 "성령의 역사로"(par l'operation du S. Esprit) 발생한다. 말씀을 듣는 것과 성령의 역사하심은 참된 믿음의 두 가지 수단이자 원인이다. 이렇게 만들어진 믿음은 네 가지 일을 담당하는데, 그것은 중생시키는 일, 새 사람으로 만드는 일, 새 삶을 살게 하는 일, 그리고 죄의 종노릇에서 해방시키는 일이다. 이것은 네 가지 단계가 아니다. 사실상 네 가지를 동시에 이루어가고 네 가지 모두를 동시에 점점 더 나은 상태로 만들어 가는 것이다. 이것이 성화이므로 믿음 없이는 신자의 성화는 불가능하다.

성화란 무엇인가?

네덜란드 신앙고백은 "의롭게 하는 이 믿음이 선하고 거룩한 삶에 대해 사람들을 냉랭하게 만들 것"이라고 주장하는 것을 잘못으로 진단한다. 종교개혁자들의 이신칭의 교리를 오해한 자들이 그러한 주장을 펼친다. 이들의 논리는 마치 신자가 믿음으로만 의롭게 된다면 이미 의롭게 된 신자가 더 이상 영적인 열매를 맺기 위해 노력할 이유가 없기 때문에 게을러질 수밖에 없다는 것이다. 구원은 이미 따 놓은 당상인데, '무엇 때문에 더 열심히 살겠느냐'는 논리다.

이 논리는 "예수천당, 불신지옥"이라는 전도 문구의 허점을 날카롭게 찌른 것일지 몰라도, 16세기 종교개혁자들의 교리, 특히 루터와 칼빈의 신앙론을 성화와 선행의 포기로 오해한 것이다. 참된 믿음 없이는 아무도 하나님에 대한 사랑이 있다 해도 "이 사랑 할 수 있는 일이란 아무 것도 없을 것이다." 사람들이 참된 믿음 없이 할 수 있는 유일한 일은 자신을 사랑하기 때문에 자신이 "정죄되는 것을 두려워하는 것"뿐이다. "따라서 이 거룩한 믿음이 사람 안에서 빈둥거리는 일은 불가능하다." 거룩한 믿음은 우리가 거룩하도록 끊임없이 추동한다.

참된 믿음은 정죄에 대한 공포심 대신에, 하나님에 대한 경외심과 동시에 하나님을 향한 사랑과 이웃을 향한 사랑을 불러일으킨다. 이것이 믿음의 결과인 성화다. 따라서 앞선 참된 믿음 즉 "거룩한 믿음"(saincte foy)과 뒤따르는 성화는 불가분의 관계다. '성화'(sactificatio)는 문자 그대로 '거룩하게 함'이다. 이것이 어쩌다가 '거룩하게 됨'이라는 수동적 의미로 각인되었는지는 모를 일이다. 아마도 '믿음으로 의롭게 된다'는 이신칭의 개념 때문일 것이다.

하지만 로마서 8:30처럼 하나님께서 친히 우리를 부르시고 의롭게 하시고 영화롭게 하신다는 능동적이고 적극적인 의미가 훨씬 성경적이다. 물론 우리 편에서야 그것이 수동적이지만 자칫 수동적 의미는 의롭게 하는 주체가 하나님이 아니라 우리의 '믿음'이라는 오해를 불러올 수 있다. 또한 '성화'가 마치 하나님과 우리 그리스도인의 협력으로 이루어지는 것처럼 착각하기 십상이다. 의롭게 하시는 것도, 거룩하게 하시는 것도 모두 하나님 한 분의 일이다.

네덜란드 신앙고백의 표현을 빌리자면 "선하고 거룩하게 사는 것"(vien et sainctement vivre)이 성화이고 이 성화는 믿음과 불가분의 관계다. 왜냐하면 믿음은 성화에 불을 붙이는 도화선일 뿐만 아니라, 성화의 불이 계속 활활 타오르도록 제공되는 연료이기 때문이다. 이런 일을 가능하게 하시는 분은 삼위일체 하나님이시다. 믿음 일체가 성령 하나님의 주도적 사역이지만 특히 거룩하게 하는 '성화'는 거룩한 영이신 성령의 대표적인 사역이다.

그리스도인의 삶을 요약하면 "선하고 거룩하게 사는 것"이다. 즉, 성화의 삶이다. 성화는 신자가 성령 하나님과 지속적으로 교통하고 성령의 지배를 받을 때 일어난다. 따라서 그리스도인이 그리스도인다운 삶을 산다는 것은 성령 하나님께 사로잡혀 산다는 의미다. 성령의 교통 없이는 성화도 없다. 성령은 우리를 하나님의 말씀에 순종에로 인도하신다. 성령의 인도하심을 따라 말씀에 순종하는 삶이 곧 성화의 삶이요, 거룩한 믿음의 삶이다.

중생이란 무엇인가?

죄인인 우리를 중생시키고 "새 사람"(nouvel homme)으로 만들어 "새 삶"(vouvelle vie)을 살도록 하고 죄의 종노릇에서 해방시키는 원동력은 성령의 선물, 참된 믿음이다. 이것은 중생에 대한 칼빈의 가르침, 즉 "우리는 믿음으로 중생된다."(Fide nos regenerari)는 것과 일치한다. 또한 칼빈에게 중생(regeneratio)이란 죄의 종노릇으로부터 풀려나는 것이다. 중생은 '다시 태어나는 것' 즉 '거듭남'을 의미한다.

칼빈은 중생이 "회개와 죄 용서로"(in poenitentia et remissione peccatorum) 일어난다고 가르친다. 따라서 회개와 죄 용서는 믿음의 효력이다. 죄인의 중생은 새로운 삶의 시작이다. 예수님께서는 다음과 같이 말씀하신다. "사람이 거듭나지 아니하면 하나님의 나라를 볼 수 없느니라"(요 3:3). "사람이 물과 성령으로 나지 아니하면 하나님의 나라에 들어갈 수 없느니라"(요 3:5). 결론적으로, 중생 없이는 하나님의 나라를 볼 수도 없고 그 나라에 들어갈 수도 없다.

네덜란드 신앙고백에 따르면 중생은 새 사람이 되는 것, 새 삶을 사는 것, 죄의 종노릇에서 해방되는 것을 의미한다. 요한복음 3장에서는 중생한 자 즉 거듭난 자를 "성령으로 난 사람"이라 부르고 이런 사람을 "믿는 자"로 해석한다. 믿음을 통해 그리스도께서는 우리 마음속에 거하시고 자신의 성령을 통해 자신의 십자가 공로를 내부로부터 우리에게 적용하신다. 우리의 거룩함은 오직 십자가의 그리스도 한 분께만 달려 있다.

우리가 거듭난 자로서 새 사람이 되어 새로운 삶, 거룩한 삶을 사는 것은 우리 자신의 능력으로 가능한 것이 아니라, 오직 성령 하나님의 감동과 역사로만 가능하다. 오직 하나님의 은혜뿐이다. 우리의 구원은 시작부터 인생의 마지막 순간까지 하나님의 은혜로 이루어지는 것이지, 우리 자신의 결단과 결심에 달린 것이 아니다. 비록 우리가 거듭난 자, 중생한 자로서 더 이상 죄의 종노릇을 하진 않지만 이 땅에 사는 동안 모든 죄에서 완전히 벗어날 수는 없다.

우리 그리스도인은 거룩하게 하시는 성령 하나님의 손에서 벗어나는 순간 곧장 죄악의 나락으로 떨어지고 만다. 그러므로 더욱 성령 하나님의 감동감화에 민감해야 하고 그분의 손을 놓지 않기 위해 항상 겸손히 기도해야 한다. 단 한 순간도 성령의 도우심 없이는 중생한 자답게 살아갈 수 없기 때문이다. 사실 우리는 거짓말을 밥 먹듯이 하고 산다. 우리에게 불리하거나 곤란한 상황에서는 여지없이 거짓말을 입에 담는다. 그리고 변명한다. 어쩔 수 없었다고!

거듭난 자는 믿음 즉 충성과 정직으로 산다. 성령의 도우심을 구하고 받는 자라면 하나님께만 충성하고 정직하게 사는 것을 소원할 것이다. 거짓은 진리의 사람에게 가장 어울리지 않는 것이다. 왜냐하면 사탄이 거짓의 아비이고 우리의 하늘 아버지는 진리의 하나님이시기 때문이다. 우리가 의지하는 우리 주 예수 그리스도께서 "길이요, 진리요, 생명"이시기 때문이다. 예수 그리스도께만 길이 있고 진리가 있고 생명이 있다. 성령께서도 진리의 영이시다.

중생한 자는 우리의 진리와 구원이신 예수 그리스도만을 따르는 자다. "그런즉 누구든지 그리스도 안에 있으면 새로운 피조물이라. 이전 것은 지나갔으니 보라 새 것이 되었도다"(고전 5:17). 중생하기 전에는, 그리스도를 알기 전에는 우리 자신만을 위해 속이는 자로 살았다. 하지만 이제는 "새로운 피조물"이다. 새 사람이요, 새 삶을 사는 자다. 길과 진리와 생명이신 그리스도와 연합하지 않고는, 그분과 하나가 되지 않고는 누구도 거듭날 수 없다.

거듭난 자는 더 이상 자신을 위해 비루하게 살지 않는다. 그는 새로운 피조물, 새 사람답게 천국 백성, 하나님의 자녀라는 사실을 자랑스럽게 생각하고 그리스도만을 자랑하는 믿음의 용기를 가진 자다. 왜냐하면 우리 그리스도인의 완전한 구원은 오직 그리스도의 죽으심과 부활하심에만 기초하기 때문이다. 믿음의 용기로 무장한 우리는 자신만을 위해 살던 비굴한 삶에서 돌아설 것이다. 믿음의 용기 덕분에 믿음이 허락하지 않는 길은 결코 가지 않을 것이다.

선행이란 무엇인가?

중생은 단순히 거듭난 삶, 위로부터 난 삶이라는 상태만을 의미하지 않는다. 중생은 새 사람이 된 죄인에게 새로운 인생의 방향과 목적을 제시하는데, 그것은 다름 아닌 우리 주 예수 그리스도시다. "범사에 그에게까지 자랄지라. 그는 머리니 곧 그리스도라"(엡 4:15). 교회의 머리이시면서 동시에 모든 거듭난 인생의 새로운 주인이시다. 그러므로 거듭난 새 사람, 즉 그리스도의 몸에 접붙여진 지체는 모두 머리에 도달하기까지 성장하기를 멈추지 말아야 한다.

그리스도에게까지 자라는 영적 성장은 네덜란드신앙고백에서 말하는 "선한 일들"(bonnes oeuvres), 즉 선행과 결코 무관하지 않다. 우리는 선행을 통해 그리스도에게까지 성장할 수 있다. 왜냐하면 우리 그리스도인은 "그리스도 예수 안에서 선한 일을 위하여 지으심을 받은 자"(엡 2:10)이기 때문이다. 이것은 그리스도인의 새로운 정체성을 의미한다. 즉, 그리스도인은 선한 일을 위해 새롭게 태어난 자들이라는 것이다.

그리고 이와 같은 "선한 일"인 선행은 믿음이라는 뿌리와 몸통을 통해 맺는 열매다. 그래서 이것을 성경은 "사랑으로 역사하는 믿음"이라 부른다. "예수 그리스도 안에서는 할례나 무할례가 효력이 없으되 사랑으로 역사하는 믿음뿐이니라"(갈 5:6). 우리가 세상에서 어떤 처지와 상태, 그리고 어떤 신분이냐 하는 것은 전혀 중요하지 않다. 할례를 받았느냐 받지 않았느냐는 것은 우리를 구원하는 믿음, 사랑으로 역사하는 믿음과 아무런 관련이 없다.

좋은 나무가 좋은 열매를 맺는 것처럼 참된 믿음은 사랑이라는 열매, 즉 선행이라는 열매를 맺는다. 사실상 하나님의 창조 목적과 재창조 목적은 사랑으로 통한다. 모든 피조물은 서로 돕도록 창조되었다. 모든 피조물은 자신에게 주어진 일인 사명을 충실하게 감당할 때 다른 피조물의 필요를 채워줄 수 있도록 하나님께서 그들을 창조하셨다. 하나님의 형상으로 창조된 사람도 역시 하나님께서 주신 사명을 성실하게 감당하는 것이 하나님을 사랑하는 방법이었다.

그런데 아담과 하와는 하나님의 명령을 듣기보다는 뱀의 그럴듯한 속임수에 넘어가 하나님의 말씀을 불신하고 사탄의 말에 순종하는 타락의 길을 선택함으로써 사람에게 필요한 모든 것을 제공하신 하나님을 배반했다. 이것이 죄의 속성이다. 이후 인간은 죄인, 즉 죄의 종이 되었다. 그런데 이제 새로운 피조물은 이런 죄의 속성, 즉 죄의 종노릇에서 벗어나 "선한 일"을 위해 살아가야 한다. 하나님을 사랑하고 이웃을 사랑하며 살도록 새롭게 거듭난 것이다.

사랑하며 사는 것이 새로운 피조물의 속성이다. 왜냐하면 성경은 우리 그리스도인에게 이렇게 명령하기 때문이다. "그리스도께서 너희를 사랑하신 것 같이 너희도 사랑 가운데서 행하라"(엡 5:2). 우리는 이미 그리스도의 사랑을 차고 넘치도록 받았고 끊임없이 받는 자들이다. 만일 그리스도의 사랑을 받은 자라면 누구든지 그 사랑을 나누면서 살아야 한다. 사랑은 나눌수록 풍성해진다. 이것이 사랑의 법칙이다. 끝없는 사랑, 무한한 사랑이 하나님의 사랑이다.

하나님은 사랑이시다. 이 사랑의 하나님이 우리의 하늘 아버지시다. 우리가 하나님의 자녀라면 사랑의 자녀들이 아닌가! 하나님이 사랑이신 것처럼 우리 그리스도인의 정체성도 사랑이다. 사랑 없이 그리스도인이 된다는 것은 불가능하다. "오직 의인은 믿음으로 말미암아 살리라!"(롬 1:17)는 말씀에서 "믿음"은 "사랑으로 역사하는 믿음"(갈 5:6)과 다른 믿음이 아니다. 두 말씀 모두 바울의 가르침이기 때문이다. 다만 참 사랑은 오직 참 믿음으로부터 나온다.

믿음 없는 그리스도인이 불가능하듯이 사랑 없는 그리스도인도 불가능하다. 거듭난 우리 그리스도인, 새로운 피조물은 모두 사랑의 하나님을 아버지로 모신 사랑의 자녀이기 때문이다.

그림자인 율법과
실체이신 그리스도

Article XXV.

Nous croyons que les Ceremoies et figures de la Loy ont cessé à la venuë de Christ, et toutes ombres ont prins fin, de sorte que l'usage en doit estre osté entre les Chrestiens. Toutesfois la verité et substance d'icelles nous en demeure en Iesus Christ, en qui elles ont leur accompissement. Cependant nous usons encores de tesmoignages prins de la Loy, et de Prophetes pour nous confermer en l'Evangile, et aussi pour regler nostre vie en toute honnesteté, à la gloire de Dieu, ensuivant sa volonté.

제25항. 율법의 완결자이신 그리스도]

우리는 율법의 의식들과 표상들이 그리스도의 오심으로 중단되었으므로, 모든 그림자가 종결되었다는 것을 믿습니다. 그러므로 그것들의 사용이 그리스도인들에게는 반드시 폐기되어야만 한다는 것을 [믿습니다]. 그럼에도 불구하고 그것들의 진리와 본질은 [여전히] 예수 그리스도 안에서 우리에게 남아 있습니다. 그분 안에서 그것들은 성취되었습니다. 그러나 여전히 우리는 율법과 선지자들로부터 취해진 증거들을 사용하는데, [이것은] 우리 자신을 복음 안에서 굳건하게 하려는 것이요, 또한 우리의 삶을 하나님의 뜻에 따라 하나님의 영광에 부합하게 하려는 것입니다.

관련성경

롬 10:4; 갈 3장, 4장; 골 2:17; 벧후 1:19, 3:2, 18.

하나님의 법은 하나님께서 자기 백성에게 직접적으로 요구하시는 공적인 명령이다. 구약에서 율법은 하나님의 법, 즉 하나님의 말씀을 의미한다. 대표적으로 십계명을 들 수 있다. 십계명뿐만 아니라, 이스라엘 백성에게 주신 모든 하나님의 명령이 하나님의 율법이다. 따라서 예배와 신앙생활을 위한 규정들도 모두 율법에 속한다. 이런 구약의 '율법'은 크게 세 가지, 즉 의식법(제사법), 시민법, 도덕법 등으로 구분되는데, 이것은 모두 그리스도로 통한다.

먼저, 의식법은 거룩한 장소인 성막과 성전에 관한 규정들, 거룩한 사람들인 레위인들과 제사장들에 관한 규정들, 그리고 거룩한 의식인 제사들과 할례와 금식 및 절기에 관한 규정들로 나눌 수 있는데, 이 모든 의식법은 신약에서 완전히 폐기되거나 대체되었다. 두 번째로, 시민법은 이스라엘 국가의 백성과 시민으로서 사회생활에 관한 모든 규정들뿐만 아니라, 하나님의 총독인 왕과 하나님의 이름으로 판결하는 재판장들과 정부 지도자들에 관한 모든 규정들까지도 포함한다. 시민법 역시 이스라엘 국가에 제한된 하나님의 나라가 전 세계의 보편교회로 확장되면서 폐기되고 수정 적용되지만 하나님을 왕으로 섬기는 기본 개념이 변하지는 않았다.

마지막 세 번째로, 구약의 도덕법은 신약 시대의 교회에 여전히 유효하다. 구약의 대표적인 도덕법은 하나님께서 모세를 통해 두 돌판에 새겨 이스라엘 백성에게 주신 십계명이다. 십계명에서도 형식과 의식은 폐기된다. 제4계명은 창조의 마지막 날인 제7일을 안식일로 지키라는 명령인데, 제7일이 형식에 해당하기 때문에 그리스도에 의해 폐기된 것으로 보아야 한다. 창조의 마지막을 의미하는 제7일 안식일은 예수 그리스도의 부활 사건에 의해 새롭게 시작된 재창조의 제8일 주일로 대체되었기 때문에 제4계명의 안식일 준수는 그리스도의 재창조를 통해 부활의 주일 준수로 간주되어야 한다. 주일은 안식일에 속박되지 않는 부활의 날이다.

네덜란드 신앙고백 제25항의 전체 내용은 다음과 같다. "우리는 율법의 의식들과 표상들이 그리스도의 오심으로 중단되었으므로, 모든 그림자가 종결되었다는 것을 믿습니다. 그러므로 그것들의 사용이 그리스도인들에게는 반드시 폐기되어야만 한다는 것을 [믿습니다]. 그럼에도 불구하고 그것들의 진리와 본질은 [여전히] 예수 그리스도 안에서 우리에게 남아 있습니다. 그분 안에서 그것들은 성취되었습니다. 그러나 여전히 우리는 율법과 선지자들로부터 취해진 증거들을 사용하는데, [이것은] 우리 자신을 복음 안에서 굳건하게 하려는 것이요, 또한 우리의 삶을 하나님의 뜻에 따라 하나님의 영광에 부합하게 하려는 것입니다." 네덜란드 신앙고백 25항을 간단히 요약해서 설명하자면 다음과 같다. 의식법과 시민법, 그리고 도덕법, 이 세 종류의 구약 율법은 모두 형식과 의식의 차원에서는 전면적이고 근본적인 폐기와 대체 혹은 변경이 일어났지만, 그 율법의 의도와 정신은 하나님의 백성인 우리에게 아직 그대로 유효하고 살아 있다. 구약 율법의 폐기와 대체와 변경은 율법의 실체와 목적이시며 율법의 완성과 마침이신 예수 그리스도를 통해서만 일어나고, 오직 그분 안에서만 경험된다.

율법의 완성이신 그리스도: 율법주의가 아니다!

네덜란드 신앙고백에 따르면, "율법의 의식들과 표상들은 그리스도의 오심으로 중단되었고, 모든 그림자는 종결되었다. 따라서 그것들의 사용은 그리스도인들에게는 반드시 폐기되어야만 한다." 율법의 '중단', '종결', '폐기'는 "그리스도의 오심" 때문에 발생하고 모두 형식과 의식에 관한 것들이다. 율법이 요구하는 형식과 의식을 이제 더 이상 우리 그리스도인들에게는 유효하지 않다. 왜냐하면 그 모든 형식과 의식의 그림자를 대신할 실체이신 그리스도께서 오셨기 때문이다. 그러므로 이제 더 이상 실체를 가리키는 표상은 필요하지 않다.

이처럼 율법의 실체이신 그리스도께서 이 땅에 오심으로 율법은 철저하게 폐기되었다. 하지만 우리 주님은 자신이 율법을 폐기하기 위해 이 땅에 오신 것이 아니라, 오히려 율법을 완성하기 위하여 오셨다고 말씀하신다. "내가 율법이나 선지자를 폐하러 온 줄로 생각지 말라. 폐하러 온 것이 아니요 완전하게 하려 함이라"(마 5:17). 실체가 등장하면 실체를 가리키는 그림자의 역할은 끝난다. 그리스도는 모든 율법이 가리키는 최종 목적지, 즉 종착지다. 그런데 정작 실체이신 그리스도께서는 율법을 폐기처분하기 위해 이 땅에 오신 것이 아니라고 주장하신다. 실체의 등장은 그림자의 자동 폐기를 의미하는데, 그리스도의 오심은 오히려 율법의 완성을 의미한다. 역설적으로 그리스도의 오심은 율법의 폐기인 동시에 율법의 완성이다.

그리스도는 율법의 완성자시다. 완성은 끝마침이다. 하나님의 율법은 그리스도를 통하여, 그리스도 안에서 완성된다. 왜냐하면 율법이 요구하는 온전히 거룩한 삶, 즉 율법의 일점일획도 어김없이 완전하게 지키는 완벽한 삶은 오직 그리스도 덕분에만, 그리스도 안에서만 가능하기 때문이다. 바울은 갈라디아 교인에게처럼 오늘 우리에게도 반문한다. "너희에게 성령을 주시고 너희 가운데서 능력을 행하시는 이의 일이 율법의 행위에서냐 혹은 듣고 믿음에서냐?"(갈 3:5) 죄인이 의인이 되고 의인으로 살아가는 것은 전적으로 믿음에 달린 문제다.

이것이 곧 "의인은 믿음으로 산다"는 의미다. 이것은 바울의 가르침이자, 복음의 핵심이다. 즉 의인의 생명과 삶은 오직 예수 그리스도를 믿는 믿음으로만 가능하다. 죄인으로서 우리가 율법을 완전히 지킴으로 의인이 될 가능성은 전혀 없다. 따라서 우리를 구원할 의는 우리 자신의 율법적 행위에서 나올 수 없고, 다만 우리 주 예수 그리스도를 믿는 믿음에서 나올 뿐이다. 물론 이 믿음조차도 결코 우리의 공로가 아니다. 믿음이라는 열쇠가 포함된 구원의 종합선물세트는 하나님의 은혜요 은사다. 성령의 감동 없이는 믿음이 일어날 수 없기 때문이다.

율법이 요구하는 '완전히 의로운 행위'를 죄인인 우리 안에게서 발견하는 것을 불가능하다. 율법의 완전한 의는 오직 그리스도에게서만 발견된다. 그런데 그 의가 그리스도인들에게서도 발견되는데, 그것은 그들이 그리스도 안에서 그분과 하나로 연합한 자들이기 때문이다. 이런 점에서 예수 그리스도는 하나님의 백성을 위해 주어진 율법을 완성하는 종결자시다. "그리스도는 모든 믿는 자에게 의를 이루기 위하여 율법의 마침이 되시니라"(롬 10:4). 그리스도께서 율법의 마침이 되신 최종 목적은 모든 믿는 자를 의인으로 만드시기 위함이다.

율법의 완성이자 마침이신 그리스도는 율법주의자이신가? 결코 그럴 수 없다. 그리스도는 복음이다. 그리스도께서 율법주의를 배격하시고 과감하게 파괴하시기 때문에 복음은 결코 율법주의적일 수 없다. 그럼 구약의 율법 자체가 율법주의를 동반하거나 요구하는가? 결코 아니다. 하나님께서 모세를 통해 구약 이스라엘 백성에게 주신 십계명은 은혜로운 구원의 선물이었다. 그렇다면 율법주의의 기원은 무엇인가? 율법주의는 하나님의 율법 자체에서 기원한 것이 아니라, 율법에 대한 유대인들의 오해와 아전인수(我田引水)식의 해석에서 발생한 것이다. 유대인들이 하나님의 은혜와 은사인 십계명과 율법을 감사와 기쁨으로 수용하지 않고 무거운 책임과 의무로만 받아들이기 시작하면서 율법주의가 탄생하게 된 것이다.

율법주의는 한 마디로 은혜와 은사의 변질이다. 이와 같은 변질은 발생하기 쉽고, 지금도 계속 일어나고 있다. 하지만 기독교의 복음은 율법주의와 전혀 무관하다. 율법주의는 인간의 공로와 직결되기 때문에 구원을 오직 하나님의 은혜로만 간주하는 복음과 절대 함께 할 수 없다.

율법주의는 복음을 변질시키는 누룩이다. 따라서 복음은, 복음을 가진 기독교는 율법주의로 변질되지 말아야 한다. 복음을 가진 우리 그리스도인들 역시 우리 주 예수 그리스도 때문에 결코 율법주의자로 전락해서는 안 된다.

율법의 실체이신 그리스도: 율법폐기주의가 아니다!

바울은 구약의 율법적 관습들에 관하여 우리에게 다음과 같이 경고하고 가르친다. "그러므로 먹고 마시는 것과 절기나 초하루나 안식일을 이유로 누구든지 너희를 비판하지 못하게 하라. 이것들은 장래 일의 그림자이나 몸은 그리스도의 것이니라"(골 2:16-17). 예수님께서 유대인들의 율법주의를 파괴하신 것처럼 바울도 역시 유대인들의 율법주의 관습에 얽매이지 않을 수 있는 그리스도인의 자유를 역설한다. 실체이신 그리스도께서 오셨기 때문에 그리스도를 가리키던 모든 그림자는 사라져 마땅하다는 논리다. 하지만 그리스도인의 자유를 마치 율법폐기주의로 오해하지는 말아야 한다. 복음을 율법폐기주의로 오해한 자들을 칼빈은 광적 이단(secte phantastique), 자유주의자들(libertins), 영성주의자들(spirituelz)로 정의한다.

그리스도 즉 복음에 의한 구약 율법의 중단과 종결과 폐기는, 마치 화가가 화폭의 용을 마지막 화룡점정(畵龍點睛)으로 살아서 날듯이 완성하는 것처럼, 완결적 마무리를 의미한다. 그리스도께서는 구약의 율법을 무용지물로 만드신 것이 아니라, 오히려 본래 의미대로 다시 살려내신 것이다. 따라서 복음은 율법을 폐기처분하지 않는다. 복음은 우리 죄인의 죄를 지적하는 율법의 기능을 넘어 우리 죄인을 은혜로운 구원의 길로 안내하는 더 큰 능력이다. 이 구원하는 능력의 복음을 가지고 이 땅에 오신 분이 바로 우리 주 예수 그리스도시다.

하나님의 말씀은 율법과 복음의 이중 행태로 죄인에게 제공된다. 죄인의 구원과 관련하여 율법은 죽이는 기능을, 복음은 살리는 역할을 각각 감당한다고 볼 수 있다. 하지만 구약의 율법과 신약의 복음은 모두 하나님의 말씀이다. 율법과 복음을 지나칠 정도로 대조하는 경향의 대표적 신학자는 종교개혁자 루터이다. 그는 율법을 불완전한 말씀으로, 복음을 완전한 말씀으로 간주한다. 루터의 이런 가르침 때문에 율법 폐기주의는 16세기 루터 교회 내에서 심각한 논란을 불러 일으켰다. 하지만 루터는 율법 폐기주의를 지지하거나 옹호하지 않았다. 비록 율법은 정죄의 기능으로 인간을 절망에 빠뜨리는 몽학선생이지만, 역설적이게도 그 절망의 바닥은 복음의 시작인 구원의 출발점이다.

예컨대, 십계명 가운데 제4계명은 하나님의 창조와 관련하여 제7일인 안식일을 지키라고 명령한다. 그래서 구약 이스라엘 백성은 안식일을 지켜야만 했다. 하지만 그리스도의 부활 이후 안식의 개념은 훨씬 넓고 깊어졌다. 신약의 복음은 창조의 안식만큼, 아니 안식보다 더 재창조의 부활, 즉 살림(vivificatio)을 강조한다. 안식일이 창조 중심의 과거 지향적 기념일이라면 부활주일은 재창조 중심의 현재와 미래 지향적 기념일이다. 그리스도인의 부활 소망은 안식 개념보다 훨씬 더 종말론적이다. 쉼은 이제 그리스도 안에서 단순한 수동적인 쉼을 넘어 능동적인 살림으로 승화하는 것이 주일의 의미다. 그래서 창조적 쉼의 안식일은 천상적 평안을 지상에서 맛보는 예배 중심의 역동적 삶이라는 부활 주일로 변모한 것이다. 이러한 변화는 구원사적 발전 가운데 하나다.

하나님의 영원한 말씀인 구약 율법은 형식과 의식의 폐기에도 불구하고 그 원리와 정신만큼은 지금도 모든 그리스도인에게 유효하고 유익하다. 이것은 신학적으로 율법의 제3용법이다. 율법의 목적이신 그리스도께서 하나님의 율법을 존중하고 따르셨던 것처럼, 우리도 그리스도인으로서 율법을 존중하고 따라야 한다. 그리스도 때문에 기독교 신앙은 맹목적 신앙주의와 근본적으로 다를 수밖에 없다. 의무와 책임만으로 율법을 온전히 준수하고 순종하는 일은 불가능하다. 순종에는 반드시 성령의 도우심이 선행되고 동반되어야 한다. 성령의 도우심과 인도하심이 없이는 우리가 율법의 요구를 기쁘고 즐겁게 자발적으로 따를 수 없다. 율법 준수는 우리 그리스도인의 기쁨이요, 자랑이다. 왜냐하면 자발적 순종은 성령의 열매이기 때문이다.

제26항

중보자이신 그리스도

Article XXVI.

Nous croyons que nous n'avons aucune approche vers Dieu sinon par un seul Mediateur et Advocat Iesus Christ le juste, qui pour ceste cause a esté fait homme, unissant ensemble la nature divine et humaine, afin que nous hommes ayons entrée vers la majesté divine; autrement nous n'y aurions point d'entrée. Mais ce Mediateur que le Pere nous a ordonné entre luy et nous ne nous doit pas espouvanter par sa grandeur, pour nous en faire cercher un aultre à nostre fantasie: car il n'y a personne ni au ciel ni en terre entre les creatures qui nous aime plus que Iesus Christ, lequel jaçoit qu'il fut en la forme de Dieu, s'est anneanti soy-mesme, prenant la forme d'homme et de serviteur pour nous, et s'est fait du tout semblable à ses freres. Si donc il nous falloit trouver un autre intercesseur, qui nous ayme plus que celuy qui a mis sa vie pour nous, lors mesmes, que nous estions ses ennemis? Et s'il en fault trouver un, qui ait credit et puissance, qui est celuy qui en a aultant, que celuy qui est assis à la dextre du Pere, et qui a toute puissance au ciel et en la terre? Et qui sera plutost exaucé, que le propre fils de Dieu bienaymé? La seule deffiance donc a amené ceste coustume de deshonnorer les saincts au lieu des les honnorer, faisant ce que jamais ils n'ont fait ni demandé; mais l'ont rejetté constamment, et selon leur debvoir, comme il appert par leurs escrits. Il ne fault pas icy alleguer que nous ne sommes par dignes: car il n'est pas icy question de presenter nos prieres sur nostre dignité; mais seulement sur l'excellence et dignité de Iesus Christ, duquel la justice est nostre par la foy. Et pourtant à bon droict l'Apostre nous voulant oster ceste folle crainte ou plustost deffiance, nous dit, que Iesus Christ a esté fait du tout semblable à sef freres, afin qu'il fust souverain Sacrificateur, misericordieux et fidele, pour purifier les pechez du Peuple; car par ce qu'il a souffert estant tenté, il est aussi puissant pour secourir ceux qui sont tentez. Et puis apres afin de nous donner meilleur courage d'approcher pres de luy, il dit: Nous donc, ayans un souverain sacrifiteur IESVS fils de DIEU, qui est entré

és cieux, tenons la confession: car nous n'avons point un souverain sacrificateur, qui ne puisse avoir compassion de nos infirmitez; mais qui a esté tenté de mesmes que nous en toutes choses excepté peché. Allons donc avec fiance au throsne de grace afin que nous obtenions misericorde, et trouvions grace pour estre aydesz. Le mesme Apostre dit, que nous avons liberté d'entrer au lieu Sainct par le sang de Iesus: Allons donc, dit il, en certitude de foy. Etc. Item, Christ a perpetuelle sacrificature, parquoy il peut sauver à plein ceux qui s'approchent de Dieu par luy, tousjours vivant pour interceder pour eux. Que fait il d'avantage, puis que Christ luy mesme prononce: Ie suis la voye, la verité, la vie: Nul ne vient à mon Pere, sinon par moy? A quel propos cercherons nous un autre advocat? Puis qu'il a pleu a Dieu de nous donner son fils pour estre nostre Advocat, ne le laissons point lá pour en prendre un autre, ou plustost cercher sans jamais trouver. Car quand Dieu nous l'a donné il sçavoit bien que nous estions pecheurs. Pourtant, ensuyvans le commandement de Christ, nous invocquons le pere celeste par Christ nostre seul Mediateur comme nous sommes enseignez par l'Oraison dominicale, estans asseurez, que tout ce que nous demanderons au Pere en son Nom, nous l'obtiendrons.

제26항. [우리의 유일한 중보자 예수 그리스도]

우리는 유일한 중보자이시며 변호인이신 예수 그리스도를 통하지 않고는 하나님께로 가까이 가는 접근 [수단이] 없음을 믿습니다. 의인이신 그분은, 이런 이유 때문에, 신성과 인성이 조화롭게 결합된 사람이 되셔서 우리 사람들이 신적 위엄에 들어가는 통로를 갖도록 하셨습니다. 달리 말하면, 우리에게는 그 통로가 전혀 없습니다. 하지만 이 중보자는 아버지께서 자신과 우리 사이에 세우신 분이시며, 또한 결코 자신의 위대함 때문에 우리가 공포에 질려 우리의 환상[=이상적인 생각]에 따라 다른 [신]을 찾는 [일이 벌어지지] 않도록 하시는 분이십니다. 왜냐하면 예수 그리스도보다 더 강렬하게 우리를 사랑하는 자가, 하늘에서도 땅

위에서도 피조물 중에는 아무도 없기 때문입니다. 그분은 하나님의 본체로 계셨음에도 불구하고 자신을 비우시고 우리를 위하여 사람과 종의 본체를 취하셨으며 모든 면에서 자신의 형제들과 동일하게 되셔야 했습니다. 그러므로 만일 우리가 우리에게 호의적인 다른 중보자를 찾아야만 했다면, [과연] 우리는, 우리가 그분의 원수였을 때에도 우리를 위해 자신의 생명을 버리신 [바로] 그분보다 우리를 더 사랑하는 분을 찾을 수 있었을까요? 또한 만일 [지금] 신실함과 권세를 가진 누군가를 찾아야만 한다면, 성부의 우편에 앉아 계시고 하늘과 땅의 모든 권세를 가지신 그분만큼 많이 가진 자가 누구입니까? 또한 하나님의 사랑 받는 독보적 아들보다 더 잘 받아들여질 자가 누구입니까? 그러므로 오직 불신앙이 성인들[=성도들]에게 명예 대신에 불명예를 돌리는 이 관습을 끌어들였는데, 그것은 그들이 행하지도 요구하지도 않았던 것입니다. 반대로 그들은 그들 자신의 저술들에 나타난 것처럼 지속적이고 의무적으로 거절했습니다. 여기서는 우리가 무가치하다는 것을 내세우지 말아야 합니다. 왜냐하면 여기서 문제는 우리가 기도를 우리의 가치에 근거하지 않고, 오직 예수 그리스도의 탁월함과 가치에만 근거하여 내세울 수 있기 때문입니다. 그분의 의는 믿음으로 우리의 것이 됩니다. 그러므로 사도는 우리가 이 어리석은 두려움을, 혹은 오히려 저 불신앙을 제거하길 원하면서 우리에게 올바르게 말합니다. 예수 그리스도께서 "범사에 형제들과 같이 되심이 마땅하도다. 이는 하나님의 일에 자비하고 신실한 대제사장이 되어 백성의 죄를 속량하려 하심이라. 그가 시험을 받아 고난을 당하셨은 즉 시험 받는 자들을 능히 도우실 수 있느니라"[히 2:17-18]. 그런 다음 그는 [우리가] 그분께 가까이 가도록 우리에게 더 큰 용기를 제공하기 위해 [이렇게] 말합니다. "그러므로 우리에게 큰 대제사장이 계시니 승천하신 이, 곧 하나님의 아들 예수시라. 우리가 믿는 도리를 굳게 잡을지어다. 우리에게 있는 대제사장은 우리의 연약함을 동정하지 못하실 이가 아니요, 모든 일에 우리와 똑같이 시험을 받으신 이로되 죄는 없으시니라. 그러므로 우리는 긍휼하심을 받고 때를 따라 돕는 은혜를 얻기 위하여 은혜의 보좌 앞에 담대히 나아갈 것이니라"[히 4:14-15]. 동일한 사도는 [이렇게] 말합니다. "그러므로 형제들아, 우리가 예수의 피를 힘입어 성소에 들어갈 담력을 얻었나니,... 참 마음과 온전한 믿음으로 하나님께 나아가자!"[히 10:19-22] 등등. 마찬가지로, "예수

는 영원히 계시므로 그 제사장 직분도 갈리지 아니하느니라. 그러므로 자기를 힘입어 하나님께 나아가는 자들을 온전히 구원하실 수 있으니, 이는 그가 항상 살아 계셔서 그들을 위하여 간구하심이라"[히 7:24-25]. 그리스도께서도 친히 "내가 곧 길이요 진리요 생명이니, 나로 말미암지 않고는 아버지께로 올 자가 없느니라"[요 14:6]라고 선포하신 이상, 무엇이 부족합니까? 어떤 목적으로 우리가 다른 변호인을 찾아야 합니까? 하나님께서는 자신의 아들을 우리의 변호인이 되도록 우리에게 주시길 기뻐하셨습니다. 다른 [변호자]를 붙잡기 위해, 혹은 오히려 [그분을] 발견하지도 못한 체 [다른 변호인을] 찾기 위해 그분을 놓치지는 맙시다. 왜냐하면 하나님께서 그분을 우리에게 주셨을 때, 그분은 우리가 죄인들이라는 것을 잘 아셨기 때문입니다. 그러므로 그리스도의 명령에 따라 우리는 주님의 기도에서 배운 것과 같이 우리의 유일한 중보자 그리스도를 통하여 하늘 아버지를 부릅니다. 우리는 우리가 그분의 이름으로 아버지께 구한 모든 것을 얻는다고 확신합니다.

관련성경

딤전 2:5; 요일 2:1; 롬 8:26; 신 4:24; 창 3:10; 출 20:19; 렘 2:33; 사 43:22; 호 13:9; 눅 18:19; 엡 3:20; 요일 4:10; 엡 3:19; 빌 2:7; 요 15:13; 마 28장; 롬 5:8; 히 1:3, 7; 사 55:1-3; 행 14:15, 10:26; 히 9:24; 요 11:9; 행 4:12; 고전 1:30; 시 34:7; 렘 2:5; 히 4:14, 16; 렘 17:5, 7; 히 2:17-18, 4:14-16; 엡 2:18; 히 10:19; 히 7:25; 요 14:6; 시 44:(21) 6; 딤전 2:5; 요일 2:1; 롬 8:34; 눅 11:2; 요 14:13; 렘 16:20; 히 13:15.

죄인들을 가장 사랑하시는 중보자

여기에 '중보자'로 번역된 단어는 사실상 하나님과 죄인 사이의 유일한 '중재자'를 의미한다. "하나님도 한 분이시요 또 하나님과 사람 사이에 중보자도 한 분이시니 곧 사람이신 그리스도 예수라"(딤전 2:6). 한 분 하나님께서는 죄인인 "모든 사람이 구원을 받으며 진리에 이르기를 원하시"는 분이시다. 그래서 유일한 중보자께서는 "모든 사람을 위하여 자기를 대속물"로 기꺼이 내어주셨다. 이 사실을 근거로 네덜란드 신앙고백은 "예수 그리스도보다 더 강렬하게 우리를 사랑하는 자가, 하늘에서도 땅 위에서도 피조물 중에는 아무도 없다"고 가르친다.

세상에서 죄인인 우리를 가장 뜨겁게 사랑하시는 분은 우리 주 예수 그리스도시다. 어쩌면 '가장 뜨거운 사랑'이 중보자의 유일한 자격일 것이다. 그 사랑 때문에 "하나님의 본체"(la forme de Dieu), 즉 아들 하나님으로서 성부 하나님과 동등한 분이시지만 "하나님과 동등됨"을 과감하게 포기하시고, 형편없는 우리 죄인들을 구원하시기 위해 "사람과 종의 본체"(la forme d'homme et de serviteur)로 오셔서 피조물인 우리 인간과 동인한 인간이 되셨다. 이 사실을 바울은 빌립보서 2장에서 강조한다.

바울은 빌립보 교인들에게 강력하게 권면한다. "너희 안에 이 마음을 품으라. 곧 그리스도 예수의 마음이니…"(빌 2:5). 우리를 위해 모든 것을 내어주신 그리스도의 마음을 품을 때 비로소 우리는 "마음을 같이하여 같은 사랑을 가지고 뜻을 합하며 한마음을 품"을 수 있기 때문이다. 예수 그리스도를 유일한 중보자로 고백하는 자들이 그리스도인답게 살기 위해서는 유일한 중보자이신 예수 그리스도의 마음, 즉 무조건적인 사랑의 마음을 품어야 한다.

바울은 자신을 "죄인의 괴수"라고 고백한다. 세상에서 가장 흉악한 사형수를 사랑하는 사람이 과연 있을까? 혹 있다면 아마도 부모 정도가 아닐까? 바울에 비교한다면 우리는 모두 죄인의 괴수 중의 괴수다. 우리 모두는 추악하거나 끔찍한 비밀 하나쯤은 가지고 사는 괴물들이다. 드러나면 인생 전체가 무너질 정도로 매우 부끄러운 비밀을 가진 괴물! 이런 비밀을 알고도 괴물을 변함없이 사랑할 수 있을까? 사랑은 고사하고 동정조차 받기 어려울 것이다.

하지만 이와 같이 추악하고 끔찍한 우리의 모든 죄악을 알고서도 우리를 기꺼이 사랑하시는 분이 계신다. 그분의 사랑은, 비록 그것이 세상에서 누구나 쉽게 할 수 있는 가장 흔한 종류의 사랑이나 사랑의 감정이라 해도 비난하기 어려운데, 놀랍게도 자신의 모든 것을 조건 없이 아낌없이 베푸시는 사랑이다. 죄 없으신 그분이 사형수인 우리 죄인을 대신하여 짊어지신 십자가의 사랑이다. 이 십자가는 가장 열정적인 사랑의 결정체다.

우리 죄인을 위해 자신의 생명까지 아낌없이 내어던지신 십자가의 사랑이야말로 중보자의 유일한 조건이자 자격이다. 이 조건과 자격은 그리스도께서 자신의 하나님 신분을 포기하시고 이 땅에 인간으로 오셨을 때 이미 충분하게 갖추셨다. 성육신하신 유일한 중보자의 조건과 자격은 십자가 위에서 극적으로 성취되었다. 죄인인 우리는 십자가 위에서 예수 그리스도와 연합할 때 의인으로 거듭난다. 믿음으로, 오직 은혜로 그리스도의 의는 우리의 의가 된다.

하나님의 아들로서 인간이 되신 중보자

우리의 유일한 중보자는 "아버지께서 자신과 우리 사이에 세우신 분"으로 하나님이시며 동시에 인간이시다. 성자 하나님께서 성부 하나님과 죄인 사이의 중보자가 되시기 위해 인간이 되셔야만 하는 이유는 무엇일까? 네덜란드 신앙고백은 그 이유에 대하여 하나님께서 "결코 자신의 위대함 때문에 우리가 공포에 질려 우리의 환상에 따라 다른 신을 찾는 일이 벌어지지 않도록" 하시기 위한 것이라고 설명한다.

우리가 공포에 질리지 않도록 하고 또한 우리 멋대로 상상하여 다른 신을 추구하지 않도록 하는 일은 중보자를 이 땅에 보내신 아버지 하나님의 은혜로운 배려이자, 중보자로 이 땅에 오신 아들 하나님의 자기희생적 사역이다. 우리 주 예수 그리스도는 하나님의 구원사역을 위해 "자비하시고 신실하신 대제사장"이시다. 대제사장이신 그리스도는 하나님의 백성을 그들의 죄로부터 속량하신다.

우리를 구원하시고 우리와 함께 계시는 대제사장은 "승천하신 이, 곧 하나님의 아들 예수시라. 우리가 믿는 도리를 굳게 잡을지어다. 우리에게 있는 대제사장은 우리의 연약함을 동정하지 못하실 이가 아니요, 모든 일에 우리와 똑같이 시험을 받으신 이로되 죄는 없으시니라. 그러므로 우리는 긍휼하심을 받고 때를 따라 돕는 은혜를 얻기 위하여 은혜의 보좌 앞에 담대히 나아갈 것이니라"(히 4:14-15).

예수 그리스도는 우리와 동일한 인간으로 동정녀 마리아에게서 태어나셨다. 그분은 마리아에게서 태어난 형제들과 동일한 인간이기 때문에, "우리의 연약함"을 충분히 아실뿐만 아니라 우리를 "동정"하실 수 있다. 심지어 "모든 일에 우리와 똑같이 시험"도 받으신다. 이것은 우리처럼 세상의 모든 유혹을 받으신다는 뜻이다. 다만 시험에 빠져 죄를 짓지 않으셨다는 점에서는 우리와 다를 뿐만 아니라, 아담과도 다른 분이시다.

우리의 유일한 중보자는 죄를 짓지 않으셨기 때문에, 아들 하나님으로서 신성의 의를 잃지도 않으셨고 두 번째 아담으로서 인성의 의도 잃지 않으셨다. 그분은 하나님으로서 하나님의 본체뿐만 아니라, 인간으로서 하나님의 형상과 모양도 온전히 보존하신다. 인간으로서 구원을 자력으로 이루셨을 뿐만 아니라, 사형수들인 우리 죄인들을 대신하여 십자가에 못 박혀 죽으심으로 죄인을 사망의 형벌로부터 구원하신 유일한 구원자시다.

세상 사람들을 죄와 사망으로부터 구원하실 수 있는 능력은 그리스도의 신성과 인성 둘 다로부터 나온다. 유일한 중보자이신 예수 그리스도 안에서 우리는 하나님의 아들이신 그분 덕분에 하나님의 아들이 된다. 유일한 중보자 예수 그리스도의 구원을 통해 우리는 단순히 에덴동산의 아담과 동일한 수준의 인간으로 회복되는 것이 아니라, 그보다 훨씬 높은 수준, 즉 하나님의 아들이라는 신분으로 상승한다. 물론 이것이 피조물의 신분을 벗어난다는 뜻은 아니다.

죄인들을 위한 유일한 변호인

비록 우리가 그리스도 덕분에 구원을 받았지만 여전히 죄를 짓고 사는 것은 여전하다. 죄인의 신분에서 벗어나 의인이 되었을 뿐만 아니라, 하나님의 자녀라는 놀라운 신분 상승을 맛보았음에도 불구하고 우리는 왜 의인이 아닌, 죄인의 모습으로 살아갈까? 의로우신 하나님의 자녀가 아닌, 죄지은 아담의 자녀로 살아갈까? 이것을 비텐베르크(Wittenberg)의 개혁자 루터(Luther)는 "의인인 동시에 죄인"(simul iustus et peccator)의 상태로 설명했다.

루터의 가르침에 따르면 비록 우리가 구원 받은 그리스도인일지라도 이 땅에서 우리의 삶은 죄를 짓고 사는 죄인의 상태를 완전히 벗어날 수 없다. 현실적으로 그리스도인은 의인이지만 동시에 죄인으로 산다. 죄가 없는 상태의 의인은 아직 완전히 성취되지 않은 미래의 약속이다. 마치 태어난 아이가 자립적인 어른이 되기까지는 부모의 도움을 받으면서 기고 걷고 뛰는 과정을 거치는 것처럼, 그리스도 안에서 중생한 그리스도인도 그와 같은 성장과정을 거친다. 의인을 향한 그리스도인의 영적 성장은 선택이 아니라, 필수이다. 즐겁고 자발적인 의무이다. 하지만 우리가 아무리 그리스도의 의를 따라 산다고 해도 알게 모르게 자주 죄를 짓게 마련이다. 그 죄를 어떻게 해결해야 하는가? 죄를 해결하는 유일한 해결책은 회개다. 이성을 가진 인간이 자발적으로 지은 죄를 자발적으로 회개하지 않는다면 용서 받기란 어렵다. 즉, 회개 없이는 용서도 없다. 죄인은 스스로 자신의 죄 문제를 해결할 능력이 없다. 그래서 하나님께서는 우리의 죄 문제를 해결하도록 중보자를 보내신 것이다.

중보자 예수 그리스도께서는 십자가를 지심으로 이미 우리의 죄 문제를 근본적으로 해결하셨다. 그렇다면 다음과 같이 합리적인 질문을 던질 수 있다. '우리가 우리의 유일한 중보자와 함께 죽고 함께 살아난 자들이 아닌가? 믿음으로 이미 구원 받은 자들이 아닌가? 우리의 죄 문제는 그리스도의 십자가를 통해 해결된 것이 아닌가? 그런데 왜 또 회개해야 하는가? 한 번 회개로 우리의 죄 문제가 해결되지 않는다면 도대체 언제까지 얼마나 회개해야 하는가?'

분명히 우리가 예수 그리스도를 우리 자신의 구원자로 믿고 고백함으로 그분과 함께 십자가에 못 박힐 때, 우리의 신분은 죄인에서 의인으로 변화된다. 이것은 어려운 신학 용어로 "법정적 칭의"(forensic justification)라 부른다. 여기서 '포렌식'은 요즘 사회적으로 잘 알려진 것처럼 '법정 제출용 디지털 증거 자료의 수집과 분석 기술'을 의미하는 용어와 동일한 단어다. 한 마디로, 우리 그리스도인은 법적으로 의인의 신분이지만, 실제로는 죄인으로 산다는 것이다.

의인이 죄인으로 산다는 것은 모순이다. 하나님께서 이 모순을 해결할 수 있는 방법으로 우리에게 허락하신 것이 회개다. 회개는 의인으로서 우리 자신이 죽는 것을 방지하는 최선의 대책이다. 죽어가는 죄로 인해 죽어가는 우리 그리스도인을 다시 살려내는 재생의 기술, 부활의 기술이다. 회개란 깨어 있는 그리스도인에게는 매우 가까이 있지만, 죄로 인해 깊은 영적 잠에 빠진 자에게서는 멀리 떨어져 있다. 회개를 가까이 하는 자의 영적 삶은 아름답다.

하지만 회개조차도 우리 자신의 공로가 아니라는 사실을 알아야 한다. 성령 하나님의 은혜 없이는 결코 일어나지 않는 것이 회개다. 성령께서 우리의 심령에 감동 감화의 역사를 일으킬 때 우리는 회개할 수 있고, 다시금 신앙 양심이 회복된 믿음의 길을 걸어갈 수 있다. 뿐만 아니라 우리가 회개해도 회개가 용서를 부르는 신호이긴 하지만, 회개 자체가 용서의 효력을 발휘하지 못한다. 왜냐하면 용서는 오직 중보자에게만 달린 문제이기 때문이다.

우리 주 예수 그리스도는 우리의 유일한 중보자이시되, 영원한 중보자 이시다. 단지 십자가 위에서만, 십자가에 달리신 그 순간에만 우리의 중보자이셨던 것이 아니라, 지금도 우리의 중보자로서 하나님 보좌 우편에서 우리의 죄 용서를 위해 성부 하나님께 변호하신다. 유일한 중보자 그리스도 때문에 하나님께서는 우리가 과거에 지었던 죄와 현재 짓고 있는 죄, 그리고 미래에 지을 죄까지 모두 한꺼번에 용서해주시지만, 그 죄를 회개할 때마다 용서해주신다.

단번의 용서와 때마다 용서는 대학 합격증을 받고 입학하는 것과 입학 후 대학을 다니는 것의 관계와 유사하다. 대학생은 4년의 대학생활을 거쳐야 졸업이 가능하다. 대학생의 꽃은 합격증이나 입학이 아니라, 대학 생활이다. 우리 그리스도인은 달려가야 할 경주를 멈추지 말아야 한다. 그 경주에서 우리에게 새로운 영적 활력소가 바로 회개다. 회개는 은혜의 통로다. 우리 하늘 아버지는 회개하는 자녀에게 하늘의 은혜를 아낌없이 베푸신다.

우리의 영원한 중보자이신 그리스도께서 지금도 하나님의 보좌 우편에서 우리를 중보하시며 변호하신다. 회개하는 죄인을 위한 유일한 중보자요 유일한 변호인으로서 그리스도께서는 자기 자신 안에 있는 자라면 아무도 그분 밖으로 쫓겨나지 않도록 최후의 심판 날까지 보호하신다. 그리스도를 통한 단번의 구원은 영원하다. 또한 그리스도 안에서 회개를 통해 매일 누리는 구원의 경험보다 더 큰 은혜의 기쁨과 감격은 없다. 우리 자신의 죄를 회개할 때마다 성령 하나님께서는 회개하는 심령을 들어 올려 하늘의 중보자를 직접 만나게 하시기 때문이다.

"너희가 진리를 순종함으로 너희 영혼을 깨끗하게 하여 거짓이 없이 형제를 사랑하기에 이르렀으니 마음으로 뜨겁게 서로 사랑하라"(벧전 1:22). 그리스도 사랑은 곧 형제 사랑이다.

교회란 무엇인가?

Article XXVII.

Nous croyons et confessons une seule Eglise Catholique, ou universelle, laquelle est une saincte congregation et assemblée des vrais fideles Chrestiens, attendans tout leur salut en Iesus Christ, estans lavez par son sang, et sanctifiez et seellez par le S. Esprit. Ceste Eglise a esté dés le commencement du Monde, et sera ainsi jusques à la fin, comme il appert en ce que Christ est Roy eternel, qui ne peut estre sans subjects. Et ceste S. Eglise est maintenuë de Dieu contre la rage de tout le monde, jaçoit que pour quelque temps elle soit bien petite en apparence aux yeux des hommes, et quasi comme estaincte: Comme le Seigneur pendant un temps si dangereux, qu'estoit celuy d'Achab, s'est reservé sept mille hommes qui n'ont ployé le genouil devant Baal. Aussi ceste S. Eglise n'est point située, attachée, ne limitée en un certain lieu, ou à certains personnages; ains elle est espanduë et dispersée par tout le monde, estant toutesfois joincte et unie de coeur, et de volonté en un mensme Esprit par la vertu de la Foy.

제27항. [교회란 무엇인가?]

우리는 유일한 보편적 또는 우주적 교회를 믿고 고백합니다. 그 [교회는] 참된 기독교 신자들의 거룩한 공동체와 모임입니다. 그들[=참된 기독교 신자들]은 예수 그리스도 안에서 자신의 모든 구원을 기다리고, 그의 피로 씻음 받았으며, 성령으로 거룩하게 되고 보증되었습니다. 이 교회는 세상의 시작부터 있었고 끝까지 있을 것입니다. 그것은 그리스도 께서 피지배자 없이는 불가능한 영원한 왕이시라는 바로 그 [사실]에서 밝혀지는 것과 같습니다. 그리고 이 거룩한 교회는, 온 세상의 분노에 맞서도록 하나님에 의해 보호되거나 보존됩니다. 비록 때때로 그것이 한 동안 너무 작아서 사람의 눈에 보이지 않을지라도! 마치 주님께서 아합 [통치]의 위태로운 시대에 바알 앞에 무릎 꿇지 않았던 칠천 명을 보존하셨던 것과 같습니다. 또한 이 거룩한 교회는 어떤 장소나 어떤 사람

들에게 고정되지도, 국한되지도, 한정되지도 않습니다. 오히려 그 [교회는 온 세상을 통해 확장되고 흩어졌으며, 그럼에도 불구하고 동일한 한 분 성령 안에서 믿음의 능력으로 마음과 뜻이 서로 결합되고 연합됩니다.

관련성경

롬 10:4; 갈 3장, 4장; 골 2:17; 벧후 1:19, 3:2, 18.

교회는 하나님의 나라이자, 그리스도의 나라다. 왜냐하면 교회는 하나님의 친 백성으로 구성된 공동체이자, 교회의 머리이신 그리스도의 몸이기 때문이다. "너는 네 하나님 여호와의 성민이라. 여호와께서 지상 만민 중에서 너를 택하여 자기 기업의 백성으로 삼으셨느니라"(신 14:2). 하나님께서는 이스라엘을 택하셔서 거룩한 백성 즉 "자기 기업의 백성으로" 삼으셨다. 하나님의 이스라엘의 하나님이시며 이스라엘은 하나님의 백성, 즉 교회이다.

교회가 하나님께서 왕으로 친히 다스리시는 영적 왕국이라는 의미에서 교회는 하나님의 나라다. 구약에서 하나님과 이스라엘의 관계는 신약에서 그리스도와 교회의 관계와 다르지 않다. 구약에서는 왕과 백성의 관계로 묘사되었다면 신약에서는 신랑과 신부의 관계, 머리와 그리스도의 관계로 묘사된다. 물론 구약에서도 하나님과 이스라엘은 호세아와 고멜의 관계처럼 신랑과 신부로 묘사된다. 그래서 하나님의 백성 이스라엘의 우상숭배는 곧 간음과 같다.

구약 이스라엘은 하나님의 유일한 백성이요, 국가였다. 이스라엘 국가의 사명은 아브라함 언약에서 알 수 있듯이 하나님의 나라를 확장하는 것, 즉 교회의 보편성에 기여하는 것이었다. 하지만 이스라엘은 그와 같은 하나님의 거룩한 뜻과 사명을 저버리고 자신의 성공과 영달을 위해 우상 숭배와 윤리적 타락의 길로 내달았다. 한 마디로, 이스라엘의 죄악은 하나님 백성으로서의 유일성과 거룩성, 그리고 하나님 나라 확장이라는 보편성을 잃어버린 것이다.

구약의 이스라엘 백성처럼 신약의 교회도 하나님의 백성뿐만 아니라, 그리스도의 몸으로서 유일하고 거룩하며 보편적인 특성이 있다. 이런 특성을 잃어버리면 결국 가시적 교회인 지역교회들은 구약의 이스라엘처럼 소멸의 길을 갈 것이다. 교회의 머리이신 그리스도께서 촛대를 옮기시는 불행을 겪지 않도록 주의해야 한다. 교회는 '하나님의 백성'이

자 '그리스도의 몸'이면서 또한 '성령의 전'이라는 점에서 삼위일체적 공동체다.

교회의 유일성

교회는 하나님의 백성 즉 하나님의 자녀가 태어나고 자라는 곳이다. 이런 의미에서 교회는 신자의 어머니다. 초대교회 교부 키프리아누스(Cyprianus)에 따르면, "교회를 어머니로 모시지 않는 자는 하나님을 아버지로 모실 수 없다." 칼빈도 "하나님께서 아버지인 자들에게는 교회가 또한 어머니다"라고 주장했다. 어머니에게서 잉태된 아이처럼, 신자도 교회에서 태어나 양육을 받고 그리스도의 장성한 분량에 이르기까지 영적 성장을 이루어 간다.

어머니로서 교회는 구원의 유일한 방주다. 칼빈은 교회를 어머니에 비유한 키프리아누스의 교회 개념 정의를 받아들이는 것에서 그치지 않고 한 걸음 더 나아가 교회를 "학교"에 비유한다. 왜냐하면 우리 신자는 그곳에서 하나님의 말씀인 성경으로부터 하나님의 영광과 우리의 구원에 관하여 끊임없이 배워야 하고 배울 수 있기 때문이다. 한 마디로 교회는 이 세상에 존재하는 유일한 영적 학교, 복음의 학교, 구원의 학교다.

따라서 개인적인 성경 읽기만으로 구원과 신앙생활에 충분한 것처럼 알거나 가르치는 "가나안 현상"은 심각한 문제다. 이런 현상은 제도적 교회가 교회의 역할을 제대로 감당하지 못하기 때문에 발생한다. 에디오피아 내시는 이사야의 말씀을 읽었지만 무슨 뜻인지 몰랐으나 빌립을 만나고 그의 설명으로 말씀의 뜻을 깨닫고 세례까지 받았다(행 8:26-39). 성경을 "깨닫느냐?"는 질문에 내시는 대답한다. "지도해 주는 사람이 없으니 어찌 깨달을 수 있느냐?"

물론 말씀을 깨닫는 것은 성령의 역사로만 가능하다. 하지만 내시는 성령을 말하는 것이 아니라 "지도해 주는 사람"을 말한다. 여기서 "지도해 주는 사람"은 오늘날 목사와 같은 말씀의 종을 의미한다. 빌립은 헬라파 유대인들의 구제사역을 위해 선출된 "믿음과 성령이 충만한 사람" 일곱 명 가운데 한 명으로 교회의 공적 사역자였다. 내시에게 빌립을 인도하신 분은 성령 하나님이시지만 내시에게 이사야서의 의미를 깨닫도록 설명한 것은 빌립이다.

지상 교회는 하나님의 말씀인 성경을 듣는 곳이다. 하나님께서는 자신의 사역자를 통해 자신의 백성에게 약속의 말씀인 복음을 선포하신다. 구약 시대에는 말씀 선포의 사역을 주로 선지자들이 담당했듯이 신약 시대에는 주로 초대교회의 사도들과 이들을 계승한 목사들이 담당한다. 그래서 목사는 하나님 '말씀의 종'이라 불린다. 말씀의 종으로서 목사는 교회에 필요한 직분이다. 뿐만 아니라, 교회가 교회답기 위해서는 반드시 다양한 은사와 직분이 필요하다.

하나님의 백성은 하나님의 말씀 없이 살아갈 수 없다. 그 말씀은 생명의 말씀이기 때문이다. 그래서 루터는 주장하기를, "하나님의 백성이 없다면 하나님의 말씀도 없다. 또한 하나님의 백성은 하나님의 말씀과 별도로 존재할 수 없다." 한 마디로, 말씀 없이는 백성도 없고 백성 없이는 말씀도 없다는 것이다. 신자는 하나님의 말씀으로부터 태어난다. 하나님의 말씀을 듣지 않고는 새로운 생명의 탄생은 불가능하다. 따라서 말씀과 백성은 불가분의 관계다.

교회는 신자들이 태어나고 양육 받고 성장하는 곳이다. 그래서 교회를 성도들의 모임 즉 신자들의 공동체라 부른다. 지상 교회는 가시적인 하나님 나라다. 하나님의 백성은 한 사람이 아니라, 다수다. 교회는 그리스도의 몸으로 비유되는데, 그 몸의 머리는 그리스도시다. 머리도 몸도 하나다. 그리스도를 머리로 모신 신자들의 공동체가 교회다. 교회는 하나님의 백성으로 구성된 하나님의 나라다. 무인도가 아니라면 신자 개인으로 산다는 것은 기형적이다.

몸의 지체가 많지만 모두 한 몸에 붙은 지체들이므로 한 몸을 이룬다. 그리스도의 몸인 교회도 마찬가지다. 구성원인 지체는 다양하고 많지만 하나의 몸인 하나의 교회를 이룬다. 하나님의 나라도 하나이며, 하나님의 백성도 하나다. 결코 하나님의 나라도, 하나님의 백성도 서로 다른 둘이나 셋일 수 없다. 세계의 교회는 수많은 종파로 이루어져 있지만 그것이 그리스도의 몸에 접붙여져 있다면 하나다. 교회의 유일성은 교회의 통일성을 요구한다.

지상 교회의 모양과 수는 다양하고 많지만 그리스도의 몸이 하나이듯 하나님의 교회, 그리스도의 교회도 하나다. 그렇다면 지상의 수많은 종파 교회들은 이단이 아닌 이상 서로 그리스도 안에서 일치와 연합을 이루는 것이 마땅하다. 개인주의나 개교회주의는 성경이 가르치는 교회의 본질에서 벗어난 이질적 개념이다. 지역 교회 신자들 상호 간의 일치와 연합, 교회와 교회 사이의 일치와 연합, 그리고 교단과 교단 사이의 일치와 연합은 지상 교회의 사명이다.

교회가 하나라는 개념 즉 교회의 유일성과 통일성은 결코 교회의 획일성을 강요하지도, 교회의 다양성을 배제하지도 않는다. 천주교는 교회의 유일성과 통일성을 획일적 단일성으로 왜곡한다. 교황 중심의 제도적 단일성은 교회의 다양성을 인정하지 않는 인위적 획일성에 불과하다. 교회는 다양한 지체로 구성된다. 눈은 귀가 될 수 없고 발은 손이 될 수 없다. 교회 내의 직분도 다양하고, 각 지역 교회도 지역마다 특색이 있고 각각의 교단도 마찬가지다.

교회의 유일성은 교회의 통일성이나 다양성 둘 중 하나만을 선택하도록 강요하지 않고, 오히려 교회의 통일성 속의 다양성과 다양성을 통한 통일성을 추구한다. 그리스도의 한 몸이라는 교회의 유일성은 한 마디로, '서로 다른 지체들의 아름답고 조화로운 전체'를 의미한다. 통일성의 최고 가치는 지체 서로가 서로를 존중하는 것이다. 서로에 대한 존중이야말로 하나님께서 우리에게 요구하시는 형제 사랑이며 원수까지도 사랑하는 이웃 사랑의 출발점이다.

성령 하나님은 우리 각자에게 각기 다른 다양한 은사를 베푸시는데, 바로 그 은사를 베푸시는 장소가 교회다. 따라서 성령의 다양한 은사공동체로서 교회는, 마치 오케스트라처럼, 각기 다른 다양한 은사들이 서로 조화롭게 아름다운 구원의 복음을 연주한다.

교회의 거룩성

교회는 신자들, 즉 성도들의 모임이다. 성도는 '거룩한 자'를 의미하기 때문에 교회는 성도 공동체(congregatio sanctorum)다. 이런 점에서 "성도의 교제"(communicatio sanctorum)는 교회의 또 다른 이름이다. 성도들의 모임으로서 교회는 거룩한 집단(coetus sanctus), 즉 거룩한 몸(corpus sanctum)이다. 교회는 그리스도를 위한, 그리스도에 의한, 그리스도의 거룩한 몸이다. 몸인 교회는 철저하게 전적으로 머리이신 그리스도께 종속적이다.

몸인 교회의 거룩함도 머리이신 그리스도의 거룩하심에 근거한다. 그리스도만이 교회 거룩성의 시원이다. 교회의 거룩성은 결코 교회의 구성원인 성도로부터 기인하지 않는다. 죄인이 어떻게 성도가 되는가? 그것은 오직 그리스도 덕분이다. 그리스도를 믿는 자, 그리스도 안에 있는 자를 하나님께서는 죄 없는 의인, 성도로 간주하신다. 신자는 자신의 공로가 아니라, 오직 그리스도의 십자가 공로 덕분에 하나님의 거룩한 자녀로 인정된다.

구약에서도 하나님께서는 이스라엘 백성에게 끊임없이 요구하신 핵심 내용은 바로 "내가 거룩하니 너희도 거룩하라!"는 것이었다. "나는 너희의 하나님이 될 것이요, 너희는 내 백성이 되리라." 이것이 가장 중요한 하나님의 약속이자 언약이었는데, 지금도 교회를 향해, 신자들을 향해 명령하시고 약속하시는 유효한 말씀이다. 하지만 지상 교회는 분명 하나님의 거룩한 공동체, 즉 성도 공동체이지만 동시에 여전히 죄인들이 모인 죄인 공동체다.

죄악으로 가득한 이 세상에서 죄인들로 구성된 지상 교회는 결코 완전할 수 없다. 세상 어디에도 완전한 지상 교회는 없다. 지상 교회는 죄인들로 구성된 세상의 어느 집단처럼 불의하고 불미스러운 일들이 발생한다. 아니 발생할 수밖에 없다. 초대교회라고 다른가? 고린도교회는 바울의 책망을 고려하면 현대의 어떤 교회보다 도덕적으로 타락한 교회였다. 에베소교회는 다른가? 아니다. 에베소교회는 "처음 사랑"을 잃어버렸으나 그것을 깨닫지도 회개하지도 않았다.

죄인으로서 우리는 교회 구성원들인 신자들의 윤리적이고 도덕적인 타락상을 기준으로 교회의 거룩성을 판단하는 것은 어리석은 일이다. 교회는 죄인 공동체라는 사실을 잊지 말자. 하지만 죄인 공동체의 자리에 머물러 있길 원한다면, 그 교회는 더 이상 세상의 빛과 소금의 역할을 할 수 없다. 이런 교회가 바로 짠 맛을 잃어버린 소금과 같다. 빛과 소금의 역할을 감당하는 교회, 즉 "거룩한 교회는 온 세상의 분노에 맞서도록 하나님에 의해 보호된다."

교회의 보편성

유기체(organism)로서의 교회와 제도(institution)로서의 교회를 구분하여 정의할 필요는 없다. 물론 하나님 앞에 있는 교회와 사람 앞에 있는 교회, 즉 교회에 대한 우리 인간의 유한한 인식과 하나님의 무한한 인식은 차이가 날 수밖에 없다. 하나님께서 선택하신 친 백성들로만 구성된 순수한 참 교회 전체를 우리 인간은 누구도 하나님처럼 인식할 수 없고, 다만 우리는 그것을 우리 인식 범위 내의 지역 교회 또는 제도 교회와 개념적으로 구분할 수 있을 뿐이다.

하나님께서 이 세상의 악한 분노로부터 보호하시고 보존하시는 교회는 시공간적이다. 그 교회는 하나님의 세계 창조와 함께 출발한다. 네덜란드 신앙고백에 따르면 "이 교회는 세상의 시작부터 있었고 끝까지 있을 것이다." 이것을 우리는 "교회의 보편성"이라 부른다. 교회의 보편성은 교회의 유일성처럼 인간의 구원과 직결되는 개념이다. 노아의 방주처럼 하나님께서 인간을 구원하시는 수단은 오직 하나의 보편적 교회뿐이다.

이런 의미에서 구약 시대의 이스라엘도 일종의 교회다. 사도행전은 그것을 모세시대의 "광야교회"(행 7:38)로 통칭한다. 구원자이신 예수님의 족보가 아담을 넘어 하나님께로 올라가는 것은 의미심장하다.(눅 3:38) 이처럼 하나님 나라인 교회의 보편성은 그 뿌리가 하나님께 연결되어 있다. 하나님의 백성이자, 그리스도의 몸이요, 성령의 전인 교회는 결코 "어떤 장소나 어떤 사람들에게 고정되거나 국한되거나 한정되지 않고, 오히려 온 세상을 통해 확장되고 흩어져 있지만 동일한 한 분 성령 안에서 믿음의 능력으로 마음과 뜻이 결합되고 연합된다."

"성도의 교제"란 무슨 뜻인가?

Article XXVIII.

Nous croyons, que puis que ceste saincte Assemblée et congregation est l'assemblée des sauvez, et qu'il n'y a point de salut hors icelle, que nul de quelque estat et qualité qu'il soit ne se doit retirer à part, pour se contenter de sa personne; mais tous ensemble s'y doivent renger et unir entretenans l'unité de l'Eglise, en se submettans à l'instruction et discipline d'icelle, ployans le col soubs le joug de Iesus Christ, et servans à l'edification des freres selon les dons, que Dieu a mis en eux, comme membres communs d'un mesme corps. Et afin que cela se puisse mieux garder, c'est le devoir de tous fideles, selon la parole de Dieu, de se separer de ceux qui ne sont point de l'Eglise, pour se renger à ceste assemblée en quelque lieu que Dieu l'ait mise, encores que les Magistrats, et les edits des Princes fussent contraires, et que la mort et punition corporelle en despendist. Parainsi tous ceux, qui s'en retirent, ou ne s'y rengent contrarient à l'ordonnance de Dieu.

제28항. [하나님의 교회: 구원 받은 자들의 거룩한 모임]

우리는 이 거룩한 회집과 회중이 구원 받는 자들의 모임이므로 이 [모임] 밖에는 결코 구원이 없다는 것을 [믿고], [따라서] 어떤 지위와 성품을 가진 사람이든 아무도 자기 개인의 만족을 위해 [홀로] 떨어져 은둔하지 말아야 한다는 것을 믿습니다. [왜냐하면] 그들 모두가 함께 서로 연대하고 결합함으로써, 교회의 하나 됨을 유지하고, 그 [교회]의 교육과 권징에 순종하며, 예수 그리스도의 멍에에 복종하고, 하나님께서 그들에게 제공하신 은사에 따라 동일한 몸의 상호 지체들로서 형제들을 세우는 [일]에 봉사하기 [때문입니다.] 그리고 그것이 훨씬 더 잘 보존될 수 있도록 모든 신자가 하나님의 말씀에 따라 교회에 속하지 않은 자들에게서 반드시 자신을 분리해야 하는데, 이것은 하나님께서 세우신 곳이 어디든 이 모임에 그들이 연대하기 위함입니다. 심지어 통치자들이, 군주들의 칙령들이 반대할지라도, 죽음과 육체적인 처벌이 따를지라도 [그렇게 해야 합니다]! 따라서 [홀로] 떨어져 은둔하거나 연대하지 않는 자들은 모두 하나님의 질서를 반대하는 자들입니다.

관련성경

시 5:6, 22:23; 엡 4:12; 히 2:12; 마 24:28; 사 49:22, 52:11-12; 행 4:17, 19; 히 10:25; 계 17:2; 행 17:7, 18:13.

하나님께서는 자신의 백성인 신자들을 교회로 불러 모으실 뿐만 아니라, 그곳에서 성도들이 서로 함께 교제하길 원하신다. 그러므로 나 홀로 교회나 교제 없는 교회는 구성 자체가 불가능하다. 교회는 신자의 모임이자 성도의 교제이기 때문이다. 신자들이 함께 모이지도 않고 "성도의 교제"(communicatio sanctorum)도 없는 교회는 사실상 교회가 아니다. 신자의 모임과 성도의 교제는 우리 죄인을 향한 삼위일체 하나님의 지고지순한 사랑 없이는 불가능하다. 즉, 그 교제의 기초이자 출발점, 그리고 원동력은 하나님의 사랑이다.

교회는 성도의 교제가 활짝 꽃피는 하나님 사랑의 정원이다. 삼위일체 하나님의 사랑은 그 정원의 모든 것, 즉 알파와 오메가다. 왜냐하면 사랑의 정원을 만드신 분이 성부 하나님이시고 성자 하나님은 우리 죄인들을 심으시려고 친히 우리의 정원이 되셨으며 성령 하나님은 우리가 아름다운 꽃들로 활짝 피어나도록 역사하시기 때문이다. 하지만 지상의 교회 정원에는 사탄이 몰래 심은 잡초들도 무성하게 자란다는 사실을 알아야 한다. 따라서 그 정원이 항상 아름다운 꽃들로만 만발한 환상적인 곳은 아니다. 그럼에도 교회는 세상과 구별된 모임이다.

모이고 연합하는 교회

교회는 모이고 연합해야 한다. 왜냐하면 보편교회는 사실상 하나뿐이기 때문이다. 교회는 그리스도의 몸이다. 그리스도의 몸이 하나뿐이므로 교회도 하나뿐이다. 그러므로 각 지역에 세워진 다양한 교회들은 하나의 교회를 천명하기 위해서라도 서로 연합해야 한다. 연합을 위한 열심이 없는 개체 교회는 교회의 특성과 본질을 잃어버리기 십상이다. 따라서 개별교회주의는 그 교회가 지상에서 유일하거나 아니면 교회연합, 즉 교회의 통일성을 포기할 때만 가능하다. 교회연합 정신은 교회의 교회됨과 직결된다.

교회는 모이는 일에 열심을 내어야 한다. 하지만 모임 그 자체가 목적이 될 수 없다. 교회는 왜 모여야 하는가? 각각의 그리스도인은 자신이 그리스도께서 머리이신 몸에 붙은 지체라는 사실을 확인하기 위해 모여야 한다. 모이면 가장 먼저 그리스도께서 그 교회의 머리이신가를 확인해야 한다. 그 다음으로는 그리스도의 몸에 붙은 지체로서 자신뿐만 아니라 동일한 믿음의 다른 사람들이 있다는 것을 깨달아야 한다. 그래서 한 교회 공동체를 구성하는 지체들로서 우리 자신과 다른 신자들은 하나의 머리이신 그리스도 안에서 부모와 형제자매로 엮인 영적 가족이라는 사실을 인정해야 한다.

모이는 가장 큰 목적은 영적 가족의 예배와 교제다. 예배와 교제를 통해 그리스도 안에서 서로가 가족임을 확인하고 모두 함께 하나님의 은혜를 받아 하나님께는 감사와 찬양과 영광을 돌리고 서로에게 사랑과 위로와 권면을 나누는 것, 이것이 모이는 교회다. 세상으로부터 모으고 모이는 교회는 모임 자체보다 더 큰 목적이 있다. 성도들이 세상에서 교회로 모이는 이유는 사실상 세상으로 흩어지기 위해서다. 교회는 흩어지기 위해 모인다고 해도 과언이 아니다. 흩어지는 교회는 하나님 나라의 확장을 의미한다. 지상 교회가 모이고 연합하는 목적은 위로 천상에서는 하나님께 영광을 돌리는 것이지만, 아래로 지상에서는 세상에 평화를 선포하는 복음으로 하나님의 나라를 확장하는 것이다. 흩어지는 행동 없는 모임이 무의미한 것처럼 모임 없는 흩어짐은 무가치하다. 모이기 위해 흩어지고, 흩어지기 위해 모이는 것, 이것이 교회다. 그러므로 모이는 교회와 흩어지는 교회는 마치 동전의 양면과 같고 바다의 밀물과 썰물과도 같다. 다른 하나 없이는 반쪽짜리이고 무의미하며 무가치하다.

네덜란드 신앙고백이 교회를 "거룩한 회집과 회중"(saincte Assemblée et congregation)으로, "구원 받은 자들의 모임"(l'assemblée des sauvez)으로 정의하는 것은 교회 밖에는 구원이 없다는 키프리아누스(Cyprianus)의 교회론을 천명한 것이다. 교회는 죄악의 홍수로 뒤덮인 이 세상에서 단 하나뿐인 구원의 방주라는 의미다. 성경이 말하는 우리의 구원은 죽어서만 확인할 수 있는 것이 아니라 우리가 사는 이 세상에서도 확인할 수 있는데, 그곳이 바로 교회다. 교회는 하나님께서 친히 지상에 세우신 유일한 구원의 공식기구이자 제도다. 그러므로 교회 밖에서는 어디에도 구원이 없다는 사실을 결코 가볍게 여기지 말아야 한다. 교회를 부인하고 거부하는 자들은 하나님 자신의 구원 방식을 부인하고 거부하는 자들로서 하나님보다 자신이 더 똑똑하다고 착각하는 어리석은 자들이다. 이런 자들에 대해 바울은 경고하기를, "하나님의 어리석음이 사람보다 지혜롭고 하나님의 약하심이 사람보다 강하니라"(고전 1:25). 모이기를 거부하고 제도적 교회를 부정하는 '가나안교회'는 엄밀한 의미에서 교회가 아니다. 가나안교회는 결코 제도적 교회의 대체제가 될 수 없다. 왜냐하면 기독교의 구원은 결코 개인적이지 않고 교회적이지 때문이다. 그래서 네덜란드 신앙고백은 강력하게 경고한다. "아무도 자기 개인의 만족을 위해 홀로 떨어져 은둔하지 말아야 한다… 따라서 홀로 떨어져 은둔하거나 연대하지 않는 자들은 모두 하나님의 질서를 반대하는 자들이다."

가르치고 배우는 교회

영적인 구원의 원리를 가르치고 배우는 곳은 교회뿐이다. 가르치고 배우는 행위는 거의 전적으로 교회 내적인 일이다. 교제하는 교회만큼 중요한 개념이 가르치는 교회(ecclesia docens)다. 교회는 기독교의 구원을 바르게 가르치고 배울 수 있는 곳이다. 기독교의 구원은 하나님의 말씀을 들음으로부터 발생한다. 말씀을 듣지 않고는 구원도 없다. 교회는 바로 그 구원의 말씀을 가르치는 곳이다. 구원을 선포하고 설명하고 나누는 곳이 교회다. 따라서 하나님의 구원을 하나님의 말씀에 따라 바르게 가르치지 않는 곳은 교회가 아니라, 이단이다. 이단은 구원을 자신들의 입맛에 맞게 쉽게 왜곡하기 때문이다.

바르게 가르치고 바르게 배우는 것만이 교회가 이단으로 변질되지 길을 막을 수 있는 유일한 방법이다. 교회는 하나님의 구원을 하나님의 말씀에 따라 바르게 가르쳐야 한다. 교회는 하나님의 말씀인 성경을 가르치고 배우는 학교다. 학교가 가르치는 교사와 배우는 학생으로 구분되는 것처럼 교회도 교사와 학생으로 구성된다. 교회에서도 교역자는 가르치고 교인은 배운다. 하지만 교회의 가르침과 배움은 학교의 구조와 다르다.

교회에서는 가르치는 교역자라 해도 먼저 끊임없이 성령과 성경으로부터 배우는 학생이 되지 않고는 결코 좋은 선생이 될 수 없다. 즉, 교회 교사로서 정당한 역할을 수행할 수 없다. 하나님 앞에서, 그리고 성경 앞에서는 교회의 모든 구성원들이 예외 없이 배우는 학생이다. 그렇다고 가르치는 교역자와 배우는 교인의 구분이 없는 것은 아니다. 하나님께서는 교회에 하나님의 말씀을 가르치는 선지자들을 세우도록 하셨는데 오늘날 목사가 그들의 직분을 계승한 교회 직분자다. 교회에는 물론 목사 외에도 장로와 집사 등 다른 직분도 있다.

교회에서는 먼저 배운 학생과 많이 배운 학생이 다른 학생을 가르칠 수 있는 구조다. 이런 구조는 교역자와 교인의 관계에서뿐만 아니라, 신앙생활의 선배와 후배의 관계에서도 성립한다. 교회는 하나님의 말씀을 가르치고 배우는 일을 통해 성장한다. 우리 모두는 다같이 "하나님의 아들을 믿는 것과 아는 일에 하나가 되어 온전한 사람을 이루어 그리스도의 장성한 분량이 충만한 데까지"(엡 4:13) 자라가야 한다. 여기서 "믿는 것과 아는 일"은 두 명사 "믿음과 지식"에 대한 번역이다. 말씀을 들음으로부터 나오는 믿음은 말씀을 계속해서 배워야만 성장할 수 있다.

그리스도를 믿는 믿음과 그분을 아는 지식은 결코 분리될 수 없다. 신자들의 모임인 교회는 영적인 가르침과 배움을 통해서만 성장 가능하다. 구원자이신 우리 주님을 믿는 믿음이 성장하는 것 역시 배워야만 가능하다. 바르게 가르치는 교사로서의 교역자와 배우기를 열망하는 학생으로서의 교인으로 구성된 교회가 건강하고 성장한다. 하나님의 말씀인 성경을 바르게 가르치고 배우려는 열심과 열정이 교회를 건강하게 성장하도록 만드는 원동력이다. 바른 가르침과 배움이 없는 교회는 구원의 불씨가 꺼져가고, 하나님의 말씀을 자기 입맛대로 가르치고 배우는 교회는 이단의 길을 마다하지 않는다. 저런 교회들이 아무리 전도에 열심을 내고 사람들을 불러 모으는 재주를 부릴지라도 정작 우리 주님께서는 그 교회의 촛대를 옮기시려고 준비하신다.

순종하고 섬기는 교회

가르치고 배우는 행위가 거의 전적으로 교회 내적인 일인 반면에 순종하고 섬기는 행위는 결코 교회 안에 갇히지 말아야 할 일이다. 순종과 섬김은 교회 내적이기 보다는 오히려 교회 외적은 성향이 강하다. 순종과 섬김을 교회 내적 요소로만 제한한 것이 중세 로마교회다. 불행하게도 로마교회의 잘못된 전통이 종종 개신교회들에서도 나타나곤 한다. 오늘날 담임목사, 부목사, 강도사, 전도사라는 교역자들 사이의 위계적 관계는 상당히 복잡하고 위태롭다. 장로와 집사의 관계 또한 별다르지 않다. 이것이 교회 다툼과 분열의 원인이다.

순종과 섬김에 대한 잘못된 가르침이 오늘날 교회를 혼란스럽게 만드는 주요 원인이다. 교회는 세상의 어떤 봉사 단체보다 자발적이기 때문에 자발적이어야 한다. 순종과 섬김이 바로 그 자발적 실체다. 성경이 가르치는 교회의 순종이란 외부 요인에 의한 복종을 의미하지 않는다.

교회의 섬김 역시 주종관계의 세상적인 개념과 질적으로 다르다. 교회의 순종과 섬김은 자발적이다. 누구도 강요하거나 강제하지 않는다. 강요와 강제에 의한 순종과 섬김은 그리스도의 십자가 위에 세워진 교회와 어울리지 않는 요소다. 그리스도의 십자가는 우리 죄인의 구원을 위한 자발적 희생의 유일무이하고 대체 불가능한 상징이다.

교회가 순종하고 섬기는 첫 번째 대상은 삼위일체 하나님이시다. 왜 교회는 삼위일체 하나님께 순종하고 그분을 섬기는가? 하나님에 대한 교회의 순종과 섬김은 그분께서 먼저 우리 죄인에게 찾아와 베푸신 은혜와 사랑에 대한 감격과 감동의 반응이자 열매다. 따라서 교회의 순종과 섬김은 자발적일 수밖에 없다. 우리 그리스도인 모두는 자발적으로 하나님을 섬기고 하나님의 말씀에 순종하길 원한다. 이러한 섬김과 순종은 강요나 강제의 결과가 아니다. 하나님의 무조건적인 은혜와 사랑을 받은 모든 신자는 하나님뿐만 아니라 서로를 자발적으로 섬기고 순종해야 한다.

신자는 누구보다도 먼저 하나님의 말씀을 가르치고 그 말씀으로 다스리는 교회 직분자들에게 순종해야 한다. 왜냐하면 그들의 직분의 기원이 하나님이기 때문이다. 교회직분은 하나님께서 친히 세우신 것이라 성경은 가르친다. 오늘날 교회 안에서 직분자들의 근거 없는 갑질도 문제지만, 직분 자체를 무시하는 경향은 더욱 심각한 문제다. 이런 현상은 아마도 교회의 자발적인 순종과 섬김이 사라졌기 때문일 것이다. 자발적인 순종과 섬김! 이것보다 아름다운 교회의 특징은 없을 것이다.

교회의 자발적인 순종과 섬김은 교회 안에서뿐만 아니라 교회 밖에서도 발휘되고 드러나야 한다. 이 자발적 순종과 섬김이 곧 하나님께서 요구하시는 이웃사랑이다. 하나님은 사랑이시다. 이 사랑은 형제사랑과 이웃사랑으로 실현되어야 한다. 형제와 이웃을 사랑하지 않는 자는 하나님도 사랑하지 않는다. 교회는 사랑 공동체이자 질서 공동체다. 사랑만이 질서를 바로 세운다.

제29항

참 교회의 표지란 무엇인가?

Article XXIX.

Nous croyons, qu'il faut bien diligemment discerner, et avec bonne prudence par la parole de Dieu, quelle est la vraye Eglise, à cause que toutes les sectes qui sont aujourd'huy au monde se couvrent de ce nom d'Eglise. Nous ne parlons pas icy de la compagnie des Hypocrites, qui sont meslez parmi les bons en l'Eglise, et cependant n'en sont point, jaçoit qu'ils y soyent presens quant au corps; mais nous parlons de distinguer le corps et la communion de la vraye Eglise, d'avec toutes autres sectes, qui se disent estre l'Eglise. Les marques pour cognoistre la vraye Eglise sont telles: si l'Eglise use de la pure predication de l'Evangile: si elle use de la pure administration des Sacramens comme Christ les a ordonnez: si la discipline Ecclesiastique est en usage pour corriger les vices: bref, si on se regle selon la pure parole de Dieu, rejettant toutes choses contraires à icelle, tenant Iesus Christ pour le seul chef. Par cela peut on estre asseuré de cognoistre la vraye Eglise, et n'est le debvoir d'aucun d'en estre separé. Et quant à ceux que sont de l'Eglise, on les peut cognoistre par les marques de Chrestiens, c'est asavoir, par la foy, et quand ayans receu un seul Sauveur Iesus Christ, ils fuyent le peché, et suivent justice aymans le vray Dieu, et leurs prochains, sans se destourner à dextre ou à senestre, crucifians leur chair avec ses faits: non pas toutefois qu'il n'y ait une grande infirmité en eux; mais ils batallent alencontre par l'Esprit tous les jours de leur vie, ayans continuellement revours au sang, à la mort, passion, et obeïssance du Seigneur Iesus, par lequel ils ont remission de leurs pechez en la foy d'iceluy. Quant à la fausse Eglise elle s'attribuë à elle et à ses ordonnances plus d'authorité, qu'à la parole de Dieu, elle ne veult s'assujectir au joug de Christ, elle n'administre point les Sacremens selon que Christ a ordonné par sa parole, mais elle y adjouste et diminuë comme il luy plaist, elle se fonde sur les hommes plus que sur Iesus Christ, elle persecute ceux qui vivent sainctement selon la parole de Dieu, et la reprennent de ses vices, de ses avarices, de ses Idolatries. Ces deux Eglises sont aisées à

cognoistre, pour les distinguer l'une d'avec l'autre.

제29항. [참 교회의 표지: 복음 설교, 성례 집행, 권징 시행]

우리는 참 교회란 무엇인지 하나님의 말씀으로 열심히, 그리고 아주 현명하게 식별해야 한다고 믿습니다. 왜냐하면 오늘날 세계에 존재하는 모든 분파가 교회라는 이름으로 자신을 포장하고 있기 때문입니다. 우리는 여기서 위선자들의 무리, 즉 교회 안에서 선한 사람들과 섞여 있음에도 불구하고 결코 [교회에 속하지] 않은 자들, 심지어 그들이 [교회의] 몸을 구성하고 있을지라도 그들에 관하여 말하는 것이 아닙니다. 우리는 말하는 것은 참 교회의 몸과 교제를, 스스로 교회라 부르는 다른 모든 분파들과 식별하는 것입니다. 참 교회를 인식하기 위한 표지들은 다음과 같습니다. 만일 교회가 복음의 순수한 설교를 사용한다면, 만일 그 [교회]가 그리스도께서 제정하신 것과 같이 성례의 순수한 집행을 사용한다면, 악행을 교정하기 위한 교회 권징이 있다면! [그곳에 참 교회가 있습니다.] 요약하면, 사람들이 하나님의 순수한 말씀에 따라 자신을 규제한다면! [그곳에 참 교회가 있습니다.] [그래야 그들은] 그 [말씀]과 대립적인 모든 것들을 거절하고 예수 그리스도를 유일한 머리로 유지할 수 있습니다. 이것들을 통해 참 교회를 확실하게 인식할 수 있고, 또한 아무도 그 [교회]로부터 갈라놓지 못합니다. 교회에 속한 자들에 관하여는 그리스도인들의 표지들에 의해 인식할 수 있습니다. 즉 믿음의 의해 [알 수 있습니다.] 유일한 구원자 예수 그리스도를 받아들였을 때, 그들은 죄를 날려버렸고, 의를 추구하며, 참 하나님과 그들의 이웃을 사랑하고, 좌로도 우로도 일탈하지 않으며, 그들의 육신을 공로와 함께 십자가에 못 박습니다. 비록 엄청난 연약함이 그들 속에 남아 있지는 않을지라도 그들은 [연약함을] 대항하여 평생 성령으로 싸우고 주 그리스도의 피와 고난과 죽음과 순종을 끊임없이 의지합니다. 그분 덕분에 그들은 그분을 믿음으로 자신들의 죄 용서를 받습니다. 거짓 교회에 관하여 [말하자면, 거짓 교회는] 하나님의 말씀 보다 자신과 자신의 규정들에 더 큰 권위를 돌리고, 그리스도의 멍에에 복종하기를 원하지 않고, 성례를 그리스도께서 자신의 말씀으로 명령하신 것에 따라 집행하지 않으며, 좋

아 보이는 것에 따라 첨삭합니다. 또한 그리스도 보다는 오히려 인간들 위에 자신을 세우고서는 하나님의 말씀에 따라 거룩하게 살고 [거짓 교회의] 악행들과 탐욕들과 우상숭배들로부터 교회를 복구하는 자들을 핍박합니다. 이 두 교회는 쉽게 인식할 수 있는데, [그것은] 하나를 다른 하나와 구별하기 위함입니다.

관련성경

마 13장; 딤후 2:18-20; 롬 9:6; 엡 2:20; 요 10:14, 4; 마 28:20; 갈 1:8; 고전 11:20; 골 1:23; 행 17:11; 요 18:37; 엡 1장; 요 8:47, 17:20; 요일 4:2 (3:9); 롬 6:2; 갈 5:24, 5:17; 롬 7:5; 골 1:12, 2:18-19; 시 2:3; 계 2:9, 17:3; 요 16:2.

거짓 교회로부터 참 교회를 식별하는 "교회의 표지들"(signa ecclesiae)은 16세기 종교개혁에서부터 상용화되기 시작한 용어다. 종교개혁자들은 이구동성으로 당시 로마교회, 즉 오늘날 천주교를 거짓 교회로 규정했는데, 그것은 로마교회가 참 교회의 표지들을 잃어버렸다고 판단했기 때문이다. 16세기 당시 유럽의 종교는 기독교 하나뿐이었다. 당시 로마교회는 하나님의 말씀에서 벗어난 수많은 교리와 관습들로 참 교회의 생명력을 상실한 식물교회였다.

종교개혁자들은 전능하신 하나님과 그분의 말씀만이 절대적이라 믿었기 때문에 로마교회와 교황의 권세와 위세에 굴하지 않고 교회 개혁을 위해 용감하게 목숨을 걸 수 있었다. 거짓 교회인 로마교회가 하나님의 성경 말씀에 따라 다시 참 교회로 회복되어야 한다는 그들의 주장과 행동을 역사가들은 "종교개혁"이라 통칭한다. 종교개혁자들이 사용한 거짓 교회라는 용어는 오늘날 우리가 이해하는 '구원 받지 못할 이단'과 다른 의미라는 사실을 알아야 한다.

종교개혁자들이 보기에는 로마교회가 너무 많은 비성경적 교리와 관습을 만들어 구원의 길을 너무 좁혀 놓았기 때문에 거의 아무도 천국에 들어갈 수 없을 정도였다. 로마교회는 자신의 공로로 구원 받는다는 공로주의 구원론을 가르쳤다. 이와 반대로 종교개혁자들은 오직 하나님의 은혜로만, 즉 믿음으로만 구원 받는다고 주장했는데, 이것이 바로 이신칭의 교리다. 종교개혁은 참 교회를 거짓 교회로 변질시킨 로마교회를 다시 참 교회로 개혁하자는 운동이다.

종교개혁은 로마교회의 모든 것을 거부하는 손절운동 혹은 로마교회로부터의 이탈운동이나 분리운동이 아니다. 16세기 로마교회와 종교개혁자들의 교회인 개신교회를 분리시킨 자들 즉 분리주의자들은 두 종류다. 하나는 자신들만이 참 신자라고 간주하여 로마교회로부터 스스로 분리해나간 재세례파이고, 다른 하나는 자신들에게 순종하지 않는다는 이유로 종교개혁자들을 추방한 교황과 교황추종자들이다. 종교개혁자들은 로마교회로부터 추방당한 자들일 뿐이다.

추방당한, 분리당한 종교개혁자들은 갈 곳이 없었기 때문에 있던 자리에 자신들을 추종하는 사람들과 함께 남게 되었는데, 그것이 오늘날 개신교회의 출발점이다. 그들은 로마교회가 얼마나 부패하고 타락했는지 지적하지 않을 수 없었고 자신들이 추구하는 성경적 교회가 로마교회와 어떻게 다른지 설명해야 했다. 그래서 그들은 "교회의 표지"라는 용어를 사용했다. 성경이 요구하는 교회, 즉 참 교회는 반드시 로마교회, 즉 거짓 교회와 구분되어야 했기 때문이다.

루터는 자신의 글에서 교회의 표지를 너무 다양하게 정의하기 때문에 일관성이 없어 보인다. 루터처럼 1세대 종교개혁자들 대부분은 교회의 표지를 다양하게 정의한다. 칼빈도 크게 다르지 않다. 그는 자신의 『기독교 강요』에서 2가지의 교회 표지를 주장하는 반면에, 자신의 사도행전 주석에서는 4가지를 제시한다. 이후 신학자들이 다양한 신앙고백을 근거로 교회의 표지가 정확히 무엇이며 또한 몇 가지인지 논쟁을 벌이지만 승자는 없다.

복음의 순수한 설교

네덜란드 신앙고백은 참 교회와 거짓 교회를 구분하는 표지(marque)를 세 가지로 제시하는데, 복음의 순수한 설교(la pure predication de l'Evangile)와 성례의 순수한 집행(la pure administration des Sacramens), 그리고 교회 권징(la discipline Ecclesiastique)이 그것이다. 이것은 앞의 두 가지만 제시하는 프랑스 신앙고백과 다른 차이점이다. 프랑스 신앙고백은 '표지'라는 용어를 사용하지 않는 반면에, 네덜란드 신앙고백은 사용한다.

하지만 프랑스 신앙고백과 같이 네덜란드 신앙고백도 참 교회와 거짓 교회를 구분하는 첫 번째 규칙을 '설교'로 꼽는다. 복음을 순수하게 설교하는 것! 이것이 으뜸가는 교회의 표지다. 16세기의 거짓 교회인 로마교회는 예배에서 설교 자체가 거의 사라졌다고 해도 과언이 아닐 정도였다. 사제들 사이에 통용되던 라틴어 설교문(post ille)을 운율에 따라 읽어주는 수준이었다. 설교를 읽는 자나 듣는 자 모두 설교에서 어떤 생명력도 기대하지 않았다. 라틴어 설교는 마치 외국어 노래처럼 사제의 신비하고 거룩한 발성에 불과했다. 살아 있는 말씀이 없었다.

오늘날 강단의 설교는 다른가? 설교는 과연 복음을 순수하게 선포하는 내용으로 구성되어 있는가? 종교개혁의 수용 여부는 설교로 구분 가능했다. 복음을 순수하게 설교하도록 요구하는 곳은 종교개혁을 수용하는 지역이었다. 그렇게 하지 않고 관습적인 예전에 따라 설교문 읽기만 허용하는 곳은 교황과 로마교회의 통제 아래 있는 지역이었다. 물론 종교개혁을 수용하는 곳에서도 정치인들을 비난하는 설교나 비성경적 교리를 옹호하는 설교는 금지되곤 했다.

종교개혁자들에게 복음의 순수한 설교는 복음을 인간의 말이 아닌 하나님의 말씀으로 선포하고 설교한다는 것을 의미한다. 그것은 인간 중심이 아니라 하나님 중심의 설교를 의미한다. 반면에 거짓 교회는 복음을 인위적이고 자의적으로 해석하고 적용하는 곳이다. 즉, 인간 중심적인 설교가 횡횡하는 곳이다. 이곳에서는 하나님의 말씀이라는 권위를 찾아보기 힘들다. 하나님께서 설교자를 통해 자신의 말씀과 뜻을 전달하는 것이 곧 복음의 순수한 설교다.

로마교회는 하나님의 말씀이라는 설교의 권위가 사라졌기 때문에 거짓 교회다. 말씀의 권위 대신에 교황과 로마교회의 온갖 전통들이 지배하는 곳이다. 설교의 권위와 내용보다는 사제의 운율적 발성이 예배 분위기와 청중을 좌우한다면 그것이 정상적인 예배일까? 오늘날 청중들은 과연 설교자의 설교를 하나님께서 자신에게 하시는 말씀으로 알고 귀담아 듣는가? 무엇보다 설교자 자신이 설교를 하나님의 말씀으로 알고 청종하는 자세로 거룩하게 준비하는가?

복음의 순수한 설교가 재미없는 설교, 딱딱한 설교, 논리적인 설교, 고함치는 설교, 구속사 설교를 의미한다거나, 반대로 재미있는 설교, 시적인 설교, 감성적인 설교, 부드러운 설교, 주제 대지 설교를 의미한다고 착각하지 말아야 한다. 설교의 권위는 전달 방식에 달려 있지 않고 성경 본문의 충실도에 달려 있다. 하지만 설교자와 청중 모두 설교가 하나님의 말씀이라는 것을 마음 깊이 새겨야 한다. 설교를 하나님의 말씀으로 듣지 않는 곳은 교회일 수 없다.

설교자가 설교의 권위와 자신의 권위를 혼동할 때 말씀의 권위를 자신의 권위로 악용하는 유혹에 빠진다. 설교자는 복음의 순수한 설교만을 고려해야 한다. 그것은 감동을 고려하거나 예화의 유무를 따지거나 이상적인 형식을 찾는 것과 무관하다. 설교 형식은 얼마든지 다양할 수 있다. 기록된 말씀인 성경도 형식은 매우 다양하다. 네 복음서의 양식이 각양각색이고 베드로의 서신은 바울의 서신과 다르다. 순수한 설교의 요점은 구성요소나 전달방식이 아니라 설교의 권위와 내용이다. 성경이 볼 수 있는 말씀이라면 설교는 들을 수 있는 말씀이어야 한다.

성례의 순수한 집행

종교개혁자들은 성경에 근거한 성례는 오직 두 가지 즉 세례와 성찬뿐이라고 주장하는데, 이것이 오늘날 모든 개신교회의 성례 전통이다. 성경시대부터 초대와 중세와 종교개혁을 거쳐 오늘에 이르기까지 성례는 하나님께서 친히 제정하셔서 모든 지상교회에 주신 가장 고귀한 선물이자 의무다. 천주교회가 7성례를 가장 값진 교회 업무로 여기고 지켜온 반면에 오늘날 개신 교회에서는 두 가지 성례인 세례와 성찬의 비중이 다른 교회 행사에 비해 점점 약화되어 가고 있다. 개신 교회가 최고최선의 교회 사업으로 여기는 것은 전도와 선교이기 때문이다.

예수 그리스도께서, 그리고 그의 제자들인 사도들이 지상 교회를 위해 남긴 가장 가치 있는 교회다운 일은 다름 아닌 세례와 성찬이다. 이 두 가지의 성례가 다른 무엇으로 위협 받는다면 교회는 고유한 교회의 모습, 성경이 요구하는 지상 교회의 모습을 유지하기 힘들 수밖에 없다. 교회는 다른 어떤 교회 사업보다 세례와 성찬이 거의 절대적으로 중요하다는 사실을 인식하고 세례와 성찬을 교회 사업의 최고 자리에 올려 놓아야 한다.

세례와 성찬의 중요성은 아무리 강조해도 지나치지 않다. 물론 성례를 바르게 집행하기 위해서는 먼저 들을 수 있는 말씀인 설교가 바르고 권위 있게 선포되어야 한다. 세례는 온 교회가 누군가를 교회의 일원으로, 즉 그리스도의 몸에 접붙여진 지체로 인정하는 수용하는 성례다. 성찬은 세례를 통해 그리스도와 연합하여 그리스도의 지체가 된 자들이 하늘의 삼위일체 하나님과, 또한 그리스도 안에 있는 모든 성도들과 영으로 교제하는 성례다. 이 두 가지 성례가 없다면 그곳은 교회가 아니다. 그것을 소홀히 한다면 그곳은 교회다운 교회가 아니다.

권징의 시행

세 번째 교회의 표지는 권징을 시행하는 것이다. 권징(勸懲)은 '착한 일을 권장하고 악한 일을 징벌한다'는 권선징악(勸善懲惡)의 줄임말이라 할 수 있다. 라틴어, 불어, 영어 등이 말하는 원의미의 권징은 제자를 양육하고 훈육하는 제자도(discipleship)에 가깝다. 사실상 권징과 제자도는 의미 차이가 별로 없다. 제자도의 훈육에서 가장 중요한 요소가 권징이기 때문이다. 물론 권징이 징벌의 어감이 강한 반면 제자도는 훈련의 의미가 강한 것은 사실이다.

한국교회는 권징이라는 용어 대신에 '감시감독을 통한 다스림'을 의미하는 치리(治理)라는 용어를 더 자주 사용하지만 두 용어를 혼용하는 편이다. 세 번째 표지로서의 교회 권징은 권선징악에서의 사회적 처벌과 달리 교정과 개선을 위한 기회 제공이 주요 목적이다. 교회 권징은 영적 질병에 걸린 형제자매를 치료하기 위한 장치이다. 칼빈은 성경의 가르침에 따라 권징(disciplina)을 두 종류인 열쇠 권능(마 16:19)과 영적 재판(마 18:15-18)으로 구분한다.

여기서 열쇠 권능은 설교이고, 영적 재판은 권징이다. 칼빈에 따르면, 사회의 최소 단위인 가정을 포함하여 모든 사회가 질서를 유지하기 위해서는 권징이 필요한 것처럼 "가장 질서정연해야 할 교회"에는 권징이 필요불가결하다. "그리스도의 구원 교리가 교회의 영혼인 것처럼 권징은 신경(nervus)에 해당한다. 왜냐하면 그것은 몸의 지체들이 각자 자신의 자리에서 상호 연합하는 것과 같기 때문이다." 칼빈은 권징을 "아버지의 회초리"에 비유한다.

죄를 영적으로 처벌하는 교회의 영적 판결인 교회 권징의 최종 목적은 교정과 치료다. 그러므로 영적 범죄자를 향한 부성적 사랑이 없이는 교회 권징이 바르게 시행될 수 없다. 칼빈에 따르면 "하나님이 항상 바라시는 것은 최악의 사람들이 최선의 사람들로 변하는 것과 외인들을 교회에 접붙이고 타인들을 교회에 수용하는 일이다." 따라서 판결하는 위치에 있는 자들은 자신들을 위해 재판권을 과도하게 남용하지 않도록 주의해야 한다.

권징은 병든 영혼을 치료하는 약이다. 약을 처방하지 않거나 엉뚱하게 처방하는 것뿐만 아니라, 과다하게 처방하는 것도 역시 환자를 치료하기 보다는 더욱 심각한 상태에 빠뜨릴 수 있기 때문에 재판관들은 늘

환자를 사랑하는 마음으로 신중하고 겸손하게 관찰하고 판결해야 한다. 권징을 받는 자들 역시 끝까지 고집을 부리지 않고 하나님과 교회 앞에서 믿음으로 겸손할 줄 알아야 한다. 교만은 패망의 선봉일 뿐이다. 권징 없는 교회는 결코 교회다울 수 없다.

예나 지금이나 거짓 교회는 교만하여 하나님을 두려워하지 않는 인간 중심적 집단이다. 참 교회의 탈을 쓴 거짓 교회는 "하나님의 말씀 보다 자신과 자신이 만든 규정들"을 더 중시하기 때문에 "그리스도의 멍에에 복종"할 마음이 없다. 또한 "성례를 그리스도께서 명령하신 대로 집행하지 않고" 자기 마음대로 한다. 뿐만 아니라, "하나님의 말씀에 따라 거룩하게 사는 자들을," 그리고 "악행들과 탐욕들과 우상숭배들로부터 교회를 복구하려는 자들을 핍박한다."

교회의 영적 질서란 무엇인가?

Article XXX.

Nous croyons, que ceste vraye Eglise doit estre gouvernée selon la police spirituelle que nostre Seigneur nous a enseignée par sa parole: c'est, qu'il y ait des Ministres ou Pasteurs pour prescher la parole de Dieu, et administrer les Sacremens, qu'il y ait aussi des Surveillans et des Diacres, pour avec les Pasteurs estre comme le Senat de l'Eglise et par ce moyen conserver la vraye religion, et faire que la vraye doctrine ait son cours, et aussi que les hommes vicieux soyent corrigez spirituellement, et tenus soubs bride, afin aussi que les povres et tous affligez soyent secourus et consolez, selong qu'ils en ont de besoin. Par ce moyen toutes choses iront bien et par bon ordre en l'Eglise, quand tels personnages seront esleuz, fideles, et selon la reigle qu'en donne S. Paul à Timothée.

제30항. [영적인 질서공동체로서의 교회]

우리가 믿는 것은 참된 교회는 우리 주님께서 자신의 말씀으로 우리에게 가르치신 영적 [정치]질서에 따라 다스려져야 한다는 것입니다. 왜냐하면 교회에는 하나님의 말씀을 설교하고 성례를 집행하는 봉사자들 또는 목사들이 있고, 또한 목사와 함께 교회의회를 구성하는 장로와 집사들이 있기 때문입니다. 이런 방법으로 참된 믿음을 보존하고 참된 교리가 순조롭게 전파되도록 하며 또한 악한 사람들이 영적으로 교정되도록 하는 것이요, 뿐만 아니라 가난한 사람들과 모든 고통 받는 사람들이 그들의 필요에 따라 도움을 받고 위로를 받도록 하는 것입니다. 이런 방법으로 모든 일이 교회 안에서 품위 있고 질서 있게 행해질 것입니다. 바울 사도가 디모데 서신에서 제시한 규칙에 따라 그런 신실한 사람들이 선출 될 때 [그럴 것입니다.]

관련성경

고전 4:1-2; 고후 5:19; 요 20:23; 행 26:18; 고전 15:10; 마 5:14; 눅 10:16; 갈 2:8; 딛 1:5; 딤전 3장.

교회는 일종의 사회적 집단이다. 따라서 반드시 질서가 요구된다. 하지만 교회는 영적인 특성 때문에 일반적인 사회 집단과 구분되어야 한다. 이런 점에서 네덜란드 신앙고백은 다음과 같이 주장한다. "참된 교회는 우리 주님께서 자신의 말씀으로 우리에게 가르치신 영적 정치질서에 따라 다스려져야 한다." 교회는 영적 집단이므로 반드시 "영적 [정치]질서에 따라"(selon la police spirituelle) 통치되어야 한다. 말씀으로 다스리는 교회의 통치 체제를 "영적 정치질서"라 부르는 것은 칼로 다스리는 정부의 통치 체제와 구분하기 위해서다.

국가와 도시 정부에 의회가 있듯이 교회도 일종의 교회적인 의회가 있다. 네덜란드 신앙고백은 그것을 "교회의 원로원"(le Senat de l'Eglise)으로 부르는데, 이것은 교회 의회 혹은 교회 당회로 번역 가능하다. 다만 그것은 오늘날 개교회의 당회보다는 오히려 시찰회 단위의 교회치리회에 가깝다. 왜냐하면 당회를 구성하는 목사가 한 명의 단수가 아닌, 여러 명의 복수를 지칭하기 때문이다. 이것은 당시 당회가 개교회 단위가 아닌 당시 정해진 구역 혹은 지역 단위였다는 점을 감안해야 오해하지 않을 수 있다. 물론 이것은 후대에 개교회 당회로 발전한다.

교회의 영적 질서란 무엇보다도 먼저 그것이 하나님의 질서를 의미한다. 질서는 흔히 자연적 질서와 사회적 질서로 구분되는데, 모든 질서는 엄밀하게 하나님의 질서를 반영한다. 왜냐하면 질서의 하나님께서 세상을 질서 있게 만드셨고 질서를 통해 운영하시기 때문이다. 물론 두 질서 모두 죄로 인해 왜곡 현상이 나타난다. 그래서 기적은 자연 질서에서 벗어날지는 몰라도 하나님의 질서에 속한다. 사회 질서는 자연 질서를 반영하지만 자연 질서와 달리 죄로 인한 왜곡 현상이 자연 질서보다 훨씬 심각하여 인위적인 질서로 변질되는 경우가 대부분이다.

교회의 영적 질서는 사회 질서의 하나로 보이지만 엄밀한 의미에서 타락 이후의 자연 질서에도, 사회 질서도 속하지 않고 오히려 기적처럼 하나님의 직접적인 통치 아래 있는 하나님의 질서에 속한다. 지금 대한민국은 민주주의 사회이기 때문에 다수의 생각이 올바름과 정의의 기준이다. 왕정 시대에는 절대 권력이 왕이라는 한 사람의 손에 있었다면 오늘날 민주주의 사회에서는 다수의 손에 있다는 것만 다를 뿐 절대 권력 자체가 달라지거나 사라진 것은 아니다. 영적 질서의 근거는 다수의 지지에서가 아니라, 한 분 하나님의 말씀인 성경에서 찾을 수 있고 찾아야 한다. 이것이 영적 질서의 독특성이다.

교회의 영적 질서는 하나님께서 친히 세우신 질서이기 때문에 다수에 의한, 다수를 위한, 다수의 민주주의 질서와 결이 다르다. 이런 점에서 정부의 칼에 의한 징벌과 교회의 말씀에 의한 징벌은 반드시 구분되어야 한다. 전자는 민형사상의 징벌인 반면에, 후자는 영적 치리에 속한다. 이것 때문에 칼빈은 교회의 영적 치리가 정부의 육적 처벌과 구분되어야 한다고 강조했던 것이다. 교회는 질서 공동체, 즉 정확하게는 영적 질서 공동체다. 이 질서는 교회의 공식 기구인 치리회, 즉 장로교회의 경우에는 당회와 노회와 총회를 통해 구현된다. 영적 질서의 권위는 개인이나 다수의 사람이 아닌, 교회의 머리이신 그리스도께 속한 것이다.

직분과 질서 공동체

그리스도는 영적 질서의 주권자시요 정점이시다. 교회의 모든 직분은 머리이신 그리스도와 깊이 연결되어 있다. 모든 그리스도인은 머리이신 그리스도처럼 그분의 지체들로서 왕직과 제사장직과 선지자직을 공유한다. 그리스도의 세 직분과 성도의 세 직분은 교회 직분들을 통해 더욱 밝고 분명하게 드러난다. 교회 직분은 성도들에게 그리스도의 세 직분을 비추는 거울이다. 교회 직분자들은 그리스도의 왕직과 제사장직과 선지자직을 누구보다 먼저 누리고 보이기 위해 솔선수범해야 할 사람들이다.

영적 질서에 따르면 교회 내에서 직분자는 누구보다 철저하게 그리스도께 순종하는 본을 보이고, 비직분자 역시 그리스도께 철저하게 순종하되 직분자에게 순종함으로써 그리스도께 순종하는 법을 배운다. 모든 직분자의 유일한 머리는 그리스도 한 분뿐이다. 모든 직분은 각각의 고유한 직무를 수행해야 할 의미와 책임이 있다. 고유한 직무를 맡기신 분이 그리스도이시며 동시에 교회이기 때문에 그리스도께 순종해야 하고 교회의 유익을 위해 일해야 한다. 머리이신 그리스도께서 모든 지체들에게 각자의 고유한 업무를 맡기셨지만, 교회의 공적인 유익을 위해 섬기도록 직분자들을 별도로 세우신다. 따라서 교인은 그리스도께서 자신의 몸된 교회를 위해 세우신 직분자들에게 순종해야 한다. 이런 교회가 영적 질서를 따르는 공동체이다.

목사의 고유한 업무는 말씀을 설교하고 성례를 집행하는 것이다. 교회는 목사 직분뿐만 아니라, 장로 직분과 집사 직분 통하여 "참된 믿음을 보존하고 참된 교리가 순조롭게 전파되도록 하며 또한 악한 사람들이 영적으로 교정되도록 하는 것이요, 뿐만 아니라 가난한 사람들과 모든 고통 받는 사람들이 그들의 필요에 따라 도움을 받고 위로를 받도록 한다." 네덜란드 신앙고백은 바로 그와 같이 운영되는 교회를 "품위 있고 질서 있는" 교회로 소개한다. 그것은 하나님의 품위와 질서로부터 연유한다. 따라서 교회의 영적 질서는 교회 직분을 통해 실행되고 보존된다. 직분 없는 교회의 영적 질서는 지어지지 않은 건물과도 같다.

영적 질서 공동체로서의 교회는 교회 직분을 소중하게 여기고 직분자들을 존중하고 그들에게 순종하는 것이 마땅하다. 직분자들의 모임이 곧 교회 의회에 해당한다. 장로교회에서는 목사와 장로의 직분만 개체 교회의 당회를 구성한다. 개혁 교회는 확대 당회라는 개념이 있는데, 여기에는 목사와 장로뿐만 아니라 집사도 구성원으로 포함된다. 중요한 것은 누가 당회의 구성원인가의 문제가 아니라, 누구든 어떤 직분자든 당회 구성원들 모두는 하나라는 통일체 개념이다. 그들 모두의 공통 업무는 오직 교회를 말씀의 반석 위에 세우는 것이다. 그 일을 위해 그들 모두는 협력하고 한 목소리를 낼 수 있어야 한다.

그들 모두의 한 마음과 한 뜻과 한 목소리를 통하여 교회는 참된 믿음을 보존하고 참된 교리가 순조롭게 전파되며 또한 악한 사람들이 영적으로 교정될 뿐만 아니라 가난한 사람들과 모든 고통 받는 사람들이 그들의 필요에 따라 도움을 받고 위로를 받게 된다. 이것이 "품위 있고 질서 있는" 지상 교회에서 경험할 수 있는 가장 놀랍고도 은혜로운 모습이다. 직분자들은 하나님께서 자신에게 주신 모든 영적 육적 은사로 성도들을 헌신적으로 섬기고, 비직분자들은 자신들을 자발적으로 섬기는 직분자들을 진심으로 존경하고 그들에게 순종할 때 교회의 영적 질서는 아름답게 세워지고 유지될 것이다.

교리와 질서 공동체

영적 질서가 필요한 이유는 교회가 성경의 교리를 보존해야 하기 때문이다. 성경의 교리는 하나님의 가르침, 즉 하나님의 진리이자 복음이다. 하나님의 진리와 복음 없이는 교회의 영적 질서도 없다. 교리로서 진리와 복음이 무너지면 교회의 영적 질서도 무너진다. 따라서 목사든 장로든 집사든 교회 직분자는 예외 없이 성경의 교리인 하나님의 진리와 복음을 지키기 위해 최선을 다해야 한다. 왜냐하면 우리를 구원하는 참된 믿음은 성경의 가르침, 즉 하나님의 진리와 복음으로부터 나오기 때문이다.

따라서 "참된 믿음을 보존하고 참된 교리가 순조롭게 전파되는" 곳이 바로 참된 교회다. 목사는 설교를 통해 인간적인 경험이나 감동적인 예화가 아니라 성경의 "참된 교리"를 선포해야 한다. 장로는 설교단에서 선포된 참된 교리를 마음에 새기고 순종하는 삶의 본을 성도들에게 보일뿐만 아니라, 성도들이 그 참된 교리에 순종하며 살아가는지 그들의 영적인 삶을 부지런히 살펴서 죄악에 빠지지 않도록 철저하게 단속해야 한다. 그리고 집사는 성도들 가운데 "가난한 사람들과 모든 고통 받는 사람들이" 없는지 부지런히 살펴서 그들에게 부족함이 발견될 경우 교회로부터 도움을 받을 수 있도록 최선을 다해야 한다.

목사의 올바른 설교와 성례 집행, 장로의 올바른 영적 치리, 집사의 올바른 재정 관리와 집행은 모두 교리에 근거해야 하고 교리를 지키기 위해 수행되어야 한다. 진리와 복음인 성경 교리의 보존과 전파는 모든 교회 직분의 공동 목표다. 신앙고백과 신앙교육의 내용은 성경 교리의 요약이다. 따라서 신앙 고백과 신앙 교육을 위한 장로교회의 웨스트민스터 신앙고백과 대소교리문답은 우리 교회가 부지런히 가르치고 배워야 할 내용이다. 교회의 서고 넘어지는 일은 성경의 가르침인 교리의 고백과 교육에 달려 있다고 해도 과언이 아닐 것이다.

영적 질서가 잘 세워지고 유지되는지 판단할 수 있는 시금석도 바른 교리의 교육이다. 하나님의 진리가 제대로 선포되지 않고 가르쳐지지 않는 교회는 영적 질서가 이미 무너지고 있거나 이미 무너진 곳이다. 하나님의 교회는 성경이 가르치는 진리의 교리 위에 든든히 서가야 한다. 성경 말씀 없이는 진리의 교리도 없고 진리의 교리가 없는 곳에는 교회도 없다. 교리는 곧 가르침이다. 성경 진리에 대한 올바른 교리 즉 가르침 여부는 그 교회가 이단인지, 이름뿐인지, 아니면 영적 질서 공동체인지 분별하는 최상의 기준이다.

규정과 질서공동체

참된 교회는 영적 질서공동체이므로 성경 말씀에 근거한 규정과 규칙을 세울 수 있는데, 이것은 흔히 교회 헌법이라 불린다. 하지만 총회 헌법은 민법과 형법상 개체교회를 위한 어떤 법적 효력도 업다. 따라서 개체 교회마다 총회 헌법에 준한 법을 마련해야 하는데 이 일을 개체교회에 맡기면 중구난방이 될 가능성이 높기 때문에 통일성을 위하여 각 지역 노회가 헌법의 범위 안에 있는 내용으로 법안을 작성하여 소속 개체교회들에게 배포하는 방법이 좋다. 모든 종류의 교회법은 성경과 달리 절대적 권위가 없다.

개혁교회와 장로교회의 전통에 따르면 교회법 즉 교회 규정과 규칙은 총회 헌법을 의미한다. 총회 헌법은 최대한 원리만 간단하게 제시하고 세부 사항 즉 일종의 세칙은 중요한 요소들만 구체적으로 명시하여 누더기처럼 복잡하지 않도록 해야 한다. 교회 헌법은 성문법도 불문법도 아니다. 교회 헌법은 항상 하나님의 말씀을 근거로 원리를 제시하고 적용 역시 양심과 신앙에 벗어나지 않아야 한다. 조항보다 더 중요한 것은 정신이다. 명문화된 교회법을 적용할 때, 헌법 조항을 고무줄처럼 늘였다 줄였다 하지 말아야 하지만 사안마다 구체적인 정황을 고려할 필요가 있다.

교회법 즉 규정과 규칙을 제정하는 기본 정신은 지키겠다는 전제와 의지다. 신앙이나 이치에 맞지 않는 내용은 속히 제거하거나 수정해야 한다. 사안마다 시행 세칙을 만들지 않도록 주의해야 한다. 신앙 양심만 살아 있다면 얼마든지 사리에 맞게 분별하고 판단할 수 있다. 때로 교회법의 내용이 사회법과 충돌하는 경우도 있는데, 대표적인 것이 '명예훼손'이다. 교회는 명예를 훼손할 목적이 아니라, 징계 받는 신앙인의 영혼을 죄로부터 보호하려는 목적으로 치리를 시행한다는 점을 명문화하는 것이 필요하다.

교회는 영적 질서 공동체로서 직분자를 세워야 한다. 직분자의 자격 조건과 임명 절차 등을 위해서도 교회법은 필요하다. 규정의 내용은 지나치게 복잡하지 않아야 하고 세워진 규정은 모두가 지키도록 힘써야 한다. 신앙 양심을 땅 속에 파묻어버리는 편법 정신을 주의해야 한다.

제31항

교회 직분의 특징은 무엇인가?

Article XXXI.

Nous croyons, que les Ministres de la parole de Dieu, Anciens et Diacres doivent estre esleux en leurs offices par election legitime de l'Eglise, avec l'invocation du Nom de Dieu, par bon ordre, comme la parole de Dieu enseigne. Un chacun donc se doit bien donner garde de s'ingerer par moyens illicites, mais doit attendre le temps qu'il soit appelé de Dieu, afin qu'il ait le tesmoignage de sa vocation, pour estre certain et asseuré qu'elle est du Seigneur. Et quant aux Ministres de la parole, en quelques lieux qu'ils soyent, ils ont une mesme puissance et autorité, estans tous ministres de Iesus Christ, seul Evesque universel, et seul Chef de l'Eglise. Outreplus afin que la saincte ordonnance de Dieu ne puisse estre violée, ou venir à mespris, nous disons, qu'un chacun doit avoir les Ministres de la parole, et les Anciens de l'Eglise en singuliere estime pour l'oeuvre qu'ils font, et estre en paix avec eux sans murmure, debat, ou contention autant que faire se peut.

제31항. [교회 직분자의 선출과 권위]

우리는 하나님의 말씀이 가르치는 것처럼 하나님의 말씀 사역자들과 장로들과 집사들이 기도로 선한 질서에 따라 교회의 합법적인 선택에 의해 그들의 직분에 선출되어야 한다고 믿습니다. 따라서 각자는 자신이 부당한 방법으로 밀고 들어가는지 잘 주의해야 하고, 하나님께서 부르시는 때를 기다려야 합니다. 그것은 자신의 부르심에 대한 증거를 갖기 위한 것인데, 그래야 그 [부르심]이 주님께 속한 것임을 확증하고 확신[할 수 있기 때문입]니다. 말씀 사역자들에 관하여는 그들이 어떤 자리에 있든지 동등한 권력과 권한을 가집니다. 왜냐하면 그들 모두는 유일한 보편적 감독이시며 교회의 유일한 머리이신 예수 그리스도의 사역자들이기 때문입니다. 하나님의 거룩한 규정이 침해되거나 경멸되지 않도록, 각자 말씀 사역자들과 교회 장로들을 그들이 행하는 사역 때문에 특별히 존경해야 한다는 것을, [또한] 가능한 한 불평이나 다툼 혹은 언쟁 없이 그들과 평화롭게 지내야 한다는 것을 우리는 주장합니다.

관련성경

행 6:3-4; 딤전 4:13; 행 1:23, 13:2; 딤전 5:22; 고전 12:28; 롬 12:8; 딤전 4:14; 마 18:26; 고전 3:8; 롬 12:7-8; 고후 5:19; 행 26:18; 사 61:1; 엡 1:22; 골 1:28; 살전 5:12-13; 히 13:17.

교회 직분의 가장 중요한 특징은 그 직분이 하나님께 속한다는 것이다. 이런 점에서 교회 직분은 지상의 모든 다른 직분이나 직책과 근본적으로 다르다. 교회 직분은 지상의 어떤 인위적이고 작위적인 직분과 비교 불가능하다. 하나님께서는 친히 자기 백성의 구원을 그리스도의 몸으로 불러 모으시기 위해 친히 지상의 보편 교회를 세우신 것처럼 친히 보편 교회의 항존 직분도 세우셨는데, 우리는 목사와 장로와 집사를 교회의 항존 직분이라 부른다.

항존 직분이란 어느 시대, 어느 장소에 있든지 교회라면 반드시 갖추어야 할 직분을 의미한다. 즉, 시대와 장소를 초월하여 항상 교회에 있어야 할 직분을 항존직이라 부른다. 이 세 직분의 역할은 신앙고백서 제29항에서 이미 다루었다. 네덜란드 신앙고백에서뿐만 아니라, 교회 역사적으로 목사와 장로와 집사의 세 직분은 결코 서로 동등하지 않다. 한국에 개혁신학을 고수하는 교회 가운데 간혹 직분의 동등성을 오해하여 잘못 가르치는 경우가 있는데, 주의해야 한다.

교회의 표지로 간주되는 설교와 성례(두 가지 표지인 경우), 혹은 설교와 성례와 치리(세 가지 표지인 경우)에도 그 표지가 동등하지 않는 것처럼 교회의 세 가지 직분도 결코 동등한 관계가 아니다. 개혁신학에서는 치리의 표지보다 성례의 표지가 더 중요하고 성례의 표지보다 설교의 표지가 훨씬 더 중요하다. 이처럼 개혁신학에서 목사와 장로와 집사의 직분 가운데 가장 중요한 직분은 단연 말씀의 종, 즉 말씀 사역자인 목사다.

물론 그렇다고 목사와 장로와 집사의 세 직분이 상명하복의 관계인 것은 더더욱 아니다. 세 종류의 항존 직분은 각각 자신의 고유한 업무와 역할이 있다. 그 직분에 재능을 가진 사람, 혹은 그 직분을 잘 감당하도록 훈련 받은 사람이 합당한 직분자이겠지만 재능이나 능력보다 더 중요한 요구 사항은 바로 신자다움, 즉 선을 사모하는 마음자세와 모범적인 신앙생활이다. 교회 직분자의 자격에 대한 가르침은 디모데전서 3:1-13이 표준이다.

직분자는 어떻게 선출되어야 하는가?

비록 사람이 교회 직분자를 뽑을지라도 실제로는 하나님께서 그를 세우신다는 사실을 우리는 결코 잊지 말아야 한다. 이 사실을 선출하는 교인이나 선출되는 직분자 모두 반드시 기억해야 한다. 교회 직분은 천상의 직분이다. 교회는 하나님께서 친히 세우신 구원의 기관이요, 교회 직분자는 그 구원을 위한 도구들, 즉 하나님의 동역자들이다. 목사는 하나님 말씀의 사역자, 즉 말씀의 종이다. 장로는 교회를 다스리는 사역자요, 집사는 성도를 돌보는 사역자다.

네덜란드 신앙고백은 직분 선출을 위해 필수적인 세 가지 방법을 제시하는데, 기도와 선한 질서, 그리고 합당한 선택이 그것이다. 직분자 선출을 위한 첫 번째 요소는 기도이다. 교회 직분자 선출은 기도가 필수이다. 교회 직분자 선출은 기도로 준비하고 기도로 시작하고 기도로 마무리해야 한다. 기도는 그리스도인의 일상적 의식이어야 한다. 또한 모든 교회 일의 시작과 끝이어야 한다. 기도의 중요성은 아무리 강조해도 지나치지 않다. 기도하는 사람의 가장 중요한 자세는 전적으로 하나님께 의탁하는 것이다. 하나님의 뜻이 이루어지길 바라는 기도, 이런 기도를 통해 하나님의 뜻을 분별하는 지혜를 깨닫고 겸손을 배운다. 우리 각자의 뜻이 모두 하나님의 뜻에 일치할 때까지 기도하기를 멈추지 말아야 한다. 모든 성도들이 함께 한 마음으로 직분자 선택을 위해 하나님의 뜻을 간절히 찾고 구할 때 직분자를 선출하는 일은 교회의 어떤 다른 행사보다 즐겁고 은혜롭고 아름다울 것이다.

두 번째로 교회 직분자는 선한 질서에 의해 선출되어야 한다. 즉, 직분자 선출은 선한 질서를 따라야 한다. 질서는 선이다. 반면에 무질서는 악이다. 선하신 하나님은 질서의 하나님이시기 때문이다. 하나님께서는 창조를 통해 혼돈의 세계를 질서의 세계로 만드셨다. 하나님의 질서 공동체로서 교회는 세상의 어떤 단체나 사회보다 질서정연할 필요가 있다. 혼란과 무질서가 난무하는 교회는 결코 조화롭고 아름다운 질서 공동체일 수 없다.

바울 사도는 기도하는 일조차도 질서 있게 해야 한다고 가르친다. 하물며 가장 중요한 교회의 일 가운데 하나인 직분자 선출이 무질서하고 혼란스러워서는 안 된다. 화합과 질서에 의한 직분자 선출은 하나님의 선한 열매이지만 다툼과 무질서에 의한 직분자 선출은 마귀의 악한 열매이다. 시기와 질투, 그리고 욕심과 자랑은 다툼과 분쟁의 화근이다. 직분자 선출의 주체이든 선출의 대상이든 다툼과 분쟁의 화근을 발본색원하기 위한 기도는 필수이다.

마지막 세 번째로, 교회 직분자는 교회의 합법적 선택에 의해 선출되어야 한다. 교회의 합법적인 선택이란 무엇보다도 직분자 선출의 원리가 성경의 가르침과 기독교 신앙에 부합해야 한다는 의미이다. 또한 직분자 선출을 위한 구체적인 절차와 규정도 성경과 신앙에 부합해야 한다는 의미한다. 그 절차와 규정은 사전에 모든 성도들이 이해하도록 잘 설명되어야 한다. 그리고 확정된 절차와 규정에 따라 선출이 이루어질 때 그것을 합법적인 선택이라 할 수 있다.

하지만 하나님의 말씀과 신앙고백의 원리가 절차와 규정에 우선하기 때문에 정해진 절차와 규정 자체가 절대적인 기준은 아니다. 절차와 규정은 제일 좋은 선출 방법인 만장일치가 어렵기 때문에 필요하다. 비록 절차와 규정은 인위적인 결과물이라 해도 합의된 내용이라면 무질서와 혼란을 막기 위해서라도 반드시 지켜져야 한다. 직분자 선출 과정에서 가장 주의해야 할 부분은 우리의 개인적인 욕심과 욕망이다.

개인적인 욕심과 욕망은 결국 반칙과 변칙이라는 양심적이지도 정의롭지도 못한 방법으로 귀결될 수밖에 없다. 네덜란드 신앙고백이 교회 직분자 선출에서 "부당한 방법"의 개입을 강력하게 금지하는 이유가 바로 그것이다. 그러므로 우리는 각자 자신이 "부당한 방법"에 연루되지 않도록 자신을 살피고 또 살펴야 하며 하나님께서 부르시는 때를 기다려야만 한다. 왜냐하면 그 "부르심이 주님께 속한 것임"을 확증하고 확신할 수 있는 "증거"가 필요하기 때문이다.

직분의 동등한 권력과 권한이란 어떤 의미인가?

교회 직분은 결코 독재를 허용하지 않는다. 교회 직분의 질서는 어떤 인위적인 강요나 강제가 없어야 한다. 하나님의 질서는 헌신적인 사랑의 질서이기 때문이다. 그러므로 교회 직분의 질서는 무엇보다도 자발적이고 모범적이어야 한다. 그것은 헌신적인 사랑의 힘으로 먼저 지키는 자에 의해 유지되기 때문이다. 우리 주님께서 십자가 위에서 이미 최고의 모범을 보이셨다. 교회의 질서는 그리스도의 십자가 사랑의 질서다.
그리스도의 십자가 사랑 안에서 자발적으로 지키는 선행적 모범 없이는 교회 직분의 질서는 무의미하다. 따라서 '누가 먼저인가?'라는 논쟁과 다툼을 불필요하다. 교회의 머리는 오직 한 분 그리스도뿐이시다. 그리스도를 머리로 모신 교회는 누가 머리인지 고민하지 않는다. 오히려 누가 더 나은 종인지 고민한다. 그리스도 한 분만을 머리로 모신 교회는 이미 질서가 세워져 있다. 머리가 되겠다고 서로 아귀다툼을 하지 않을 것이기 때문이다. 목사와 장로와 집사가 모두 교회의 항존 직분자로서 지도자들이지만 그 중에서도 목사는 교회 직분을 대표하는데 이것은 초대교회부터 중세를 지나 종교개혁 시대에도 부정되지 않고 유지되어온 지상 교회의 질서다. 안타깝게도 오늘날 개신교회에서는 그 질서가 너무나도 처참하게 무너져 그 흔적조차 찾기 어려울 지경이다. 그 질서를 독재로 오해하는 경우가 많은데 이것 역시 교회 직분과 질서에 대한 심각한 왜곡 현상이다.
민주주의 제도권에서는 다수결에 의한 왜곡 현상, 즉 다수의 힘이 악용되는 현상도 심각하다. 교회 직분과 질서는 다수의 결정에 의해 세워지지도 않을뿐더러 좌우되어서도 안 된다. 이것은 다수의 결정을 쉽게 무시할 수 있다는 의미가 아니다. 다수의 결정이 결코 절대적이지 않다는 의미다. 가능하면 만장일치를 추구해야 한다. 그렇지 않다면 다른 방법을 찾아야 하겠지만 성경은 다수결의 투표보다는 오히려 제비뽑기를 선호하고 권장하는 경향이 있다.

네덜란드 신앙고백에 따르면 말씀 사역자들, 즉 목사들은 큰 교회의 담임이든 작은 교회의 담임이든 모두 "동등한 권력과 권한"을 가진다. 이것은 개혁교회의 가장 중요한 가르침이자 특징 가운데 하나다. 이런 점에서 지금의 '부목사' 제도는 하루 빨리 사라져야 한다. 부목사 제도는 목사에 대한 성경의 가르침을 벗어났을 뿐만 아니라 개혁 신학에도 부합하지 않는다. 임시적이고 일시적으로 허용되었던 부목사를 편의상 상시 허용하게 된 일반화의 오류다.

개혁 신학에서는 교회들 사이의 동등한 권리와 직분자들 사이의 동등한 권리가 매우 중요하다. 교회 직분자의 권력과 권한은 하나님과 그리스도의 권위로부터 나오는 신적인 것이지만 위탁 받은 것이다. 따라서 교회 직분을 받은 당사자가 마음대로 휘두르거나 누릴 수 있는 권력과 권한이 아니다. 위임된 권위이기 때문에 의무와 책임이 권력과 권한보다 훨씬 크다. 뿐만 아니라 그 권력과 권한을 개인이 아닌 말씀 사역자인 목사들 전체가 공유한다.

그러므로 교회 직분에 의한 독단과 독재는 불가능하다. 말씀 사역자들은 서로를 말씀으로 견책하고 권면해야 한다. 하나님의 말씀을 가진 교회들도 역시 규모의 크고 작음에 따라 권력과 권한이 크거나 작아지는 것이 아니다. 따라서 교회 위에 교회 없고 교회 밑에 교회 없다. 모든 지상교회는 상호 동등하다. 뿐만 아니라 말씀 사역자들 역시 상호 동등하다. 즉, 목사 위에 목사 없고 목사 밑에 목사 없다.

그렇다면 장로 위에도 장로가 없고 장로 밑에도 장로가 없어야 한다. 이런 점에서 오늘날 교회 직분에 대한 계급적 인식은 재앙이 아닐 수 없다. 모든 직분의 "동등한 권위"라는 개혁 신학의 가르침에서 동시에 주의해야 할 다른 요소는 목사와 장로와 집사 직분 자체를 상호 동등한 것으로 간주하는 단세포적인 인식이다. 네덜란드 신앙고백은 직분 상호 간의 동등한 권리를 가르치는 것이 아니라, 동등한 직분들 사이의 차별을 엄격하게 금지한다.

'집사 위에 장로, 장로 위에 목사'라는 계급적 인식은 교회 질서에 부합하지 않을 뿐만 아니라, 십자가의 사랑 위에 세워진 교회 질서를 철저하게 부인하는 것이다. 이런 점에서 목사와 장로 혹은 목사와 장로와 집사로 구성된 당회라는 의회 제도는 개혁 신학과 일치한다. 당회는 아귀다툼이 아닌 상호 존중의 자세 위에서만 빛나는 제도다. 상호 존중의 자세만이 상호 동등한 권리를 인정하고 보전할 수 있다.

교인이 목사와 장로를 특별히 존경해야 하는 이유는 무엇인가?

교회가 분쟁과 분란에 휩싸이지 않으려면 모든 성도가 자발적으로 성경의 가르침에 순종할 뿐만 아니라, 또한 서로를 존중할 줄 알아야 한다. 직분자들은 성도들을 섬기고 성도들은 직분자들을 존경할 때 교회는 평안하고 은혜가 충만할 것이다. 누구든 자신의 잘남을 뽐내거나 자랑하지 않아야 하고 다른 사람이 몰라준다고 서운해 하지 말아야 한다. 다른 사람들은 그의 잘남을 시기하지도 질투하지도 말아야 한다. 상호 존중은 교회 질서의 표본이다.

성도라면 마땅히 서로를 존중해야 한다. 바울 사도는 다음과 같이 권면한다. "아무 일에든지 다툼이나 허영으로 하지 말고 오직 겸손한 마음으로 각각 자기보다 남을 낫게 여기라!"(빌 2:3) 그리스도인의 삶은 상호 존중의 삶이다. 교인들은 특별히 목사와 장로들을 존경해야 한다(딤전 5:17). 그 이유는 그들이 교회를 섬기는 하나님의 종이기 때문이다. 그들의 섬김을 통해 교회가 세워진다. 따라서 "불평이나 다툼이나 언쟁 없이 그들과 평화롭게 지내야 한다."

교회법은 무엇이며 왜 필요한가?

Article XXXII.

Nous croyons cependant, que combien qu'il soit utile et bon aux Gouverneurs des Eglises d'establir et disposer certain ordre entre eux pour l'entretenement du corps de l'Eglise, qu'ils se doivent toutesfois bien garder de decliner de ce que Christ nostre seul Maistre nous a ordonné. Et pour tant nous rejettons toutes inventions humaines, et toutes loix qu'on voudroit introduire pour servir Dieu, et par icelles lier et estreindre les consciences en quelque sorte que ce soit. Nous recevons donc seulement ce qui est propre pour garder et nourrir concorde et union, et entretenir tout en l'obeissance de Dieu, à quoy est requise l'Excommunication faite selon la parole de Dieu avec ce qui en depend.

제32항. [교회법의 제정과 시행: 권징과 출교]

그러나 비록 교회의 통치자들이 교회라는 몸의 유지를 위해 어떤 질서를 세우고 확정하는 것이 유익하고 선할지라도, 그럼에도 불구하고 그들이 우리의 유일한 주 그리스도께서 우리에게 명령하신 것을 회피하지 않도록 올바르게 주의해야 한다고 우리는 믿습니다. 따라서 우리는 모든 인간적인 발명품을 거부할 뿐만 아니라, 사람들이 하나님을 섬기기 위하여 어떤 방법으로든 도입하길 원했던 모든 법들도 [거부하고], 또한 이것들로 양심을 속박하고 제한하길 [원했던 법들도 거부합니다]. 그러므로 우리는 단지 일치와 연합을 제공하고 보호하기에 적절한 것만 받아들이며, 모든 것을 하나님의 순종 안에서 보존하기에 [적절한 것만 받아들입니다]. 그것을 위해 [하나님의 말씀에 달려 있는 출교가 하나님의 말씀에 따라 시행되는 것은 [반드시] 필요합니다.

관련성경

고전 7:57; 골 2:6-7; 마 15:9; 사 29:13; 갈 5:1; 롬 16:17-18; 마 18:17; 고전 5:5; 딤전 1:20.

교회법, 즉 교회 규정은 교회를 질서 있게 다스리기 위한 수단으로 어느 시대에나 교회에 반드시 필요하다. 따라서 교회의 통치자들, 즉 직분자들은 교회라는 단체를 보존하기 위하여 일종의 규칙을 제정할 수 있다. 이렇게 제정된 교회법은 권위에서 하나님의 말씀인 성경과 동일할 수 없다. 성경은 구원을 위한 발사체로서 절대적 진리이지만 교회법은 성경에 근거한 반사체로서 시대에 따라 환경에 따라 변할 수 있는 상대적 진리다.

로마교회가 교회법을 성경과 동일한 절대적 권위로 수용한 것은 로마교회의 타락과 무관하지 않다. 교황이 그리스도의 지상 대리자로서 최고의 신적 권위였기 때문에 교황의 권위는 성경의 권위보다 높았고 수많은 인위적인 규칙과 규정들은 교령과 교회법이라는 이름으로 도입되었다. 하지만 종교개혁자들은 그리스도께서 직접 지상 교회를 다스린다고 믿었기 때문에 교황을 그리스도의 지상 대리자로 인정하지 않았고 오직 성경만이 신적 권위임을 강조했다.

종교개혁자들에게 교황은 하나님께서 교회에 세우신 말씀의 종들 가운데 하나에 불과했다. 따라서 교황의 권위로 선포된 모든 교령과 교회법은 어떤 신적 권위도 없는, 사실상 쓸모없는 인간적인 규정일 뿐이었다. 1520년 12월 비텐베르크 시장에서는 단지 루터를 정죄하는 교황의 칙령뿐만 아니라, 그의 모든 교령들과 법률들도 불태워졌는데, 교회법을 신적 권위(ius divinum)로 인정한 중세 전통은 정확히 그 사건을 기점으로 무너졌다.

그렇다면 종교개혁 전통은 교회법 자체를 불법적인 것으로 간주하고 무시하는가? 결코 아니다! 로마교회의 매우 두꺼운 교회 법전은 종교개혁을 통해 거부되고 간명한 교회법으로 재탄생했다. 종교 개혁 전통의 교회법은 신앙 양심의 자유를 제한하지 않는 범위에서 신앙 생활과 교회 질서의 원리를 규정하는 내용들로 구성되었다. 따라서 내용이 복잡하지도 않고 세부 규정이 주렁주렁 달리지도 않는 것이 종교 개혁 교회법의 주요 특징이다.

장로교회는 당회와 노회와 총회를 치리회로 인정한다. 여기서 중요한 사실 하나는 장로교회의 모든 치리회는 장로교회의 기본 원리이자 목적에 부합해야 한다. 즉, 성도들 사이뿐만 아니라, 교회들 사이에서도 연합과 일치를 도모해야 한다. 따라서 성도와 교회의 연합을 저해하거나 깨뜨리는 치리회는 스스로 장로교회의 원리를 저버린 반-장로회주의(Anti-Presbyterianism)로 치부되어야 한다. 장로교회의 기본은 한 마음과 한 뜻을 추구하는 연합 정신이다.

모든 교회규정은 그리스도의 명령에 부합해야 한다.

교회법 즉 교회 규정은 교회를 순수하게 보전할 뿐만 아니라, 교회의 연합과 일치를 도모하기 위해 필요하다. 따라서 교회를 허물거나 연합과 일치를 깨뜨릴 목적으로 규정을 세우거나 해석하는 모든 것은 교회법 정신에 어긋난다. 물론 교회의 보전뿐만 아니라 연합과 일치까지도 오직 그리스도 안에서만 가능한 일이다. 그렇다면 교회법 역시 그리스도의 뜻과 명령에 부합하는 것이어야 한다.

그리스도는 신앙 생활의 모범일 뿐만 아니라, 교회법의 근거와 원천이다. "그러므로 너희가 그리스도 예수를 주로 받았으니 그 안에서 행하되 그 안에 뿌리를 박으며 세움을 받아 교훈을 받은 대로 믿음에 굳게 서서 감사함을 넘치게 하라. 누가 철학과 헛된 속임수로 너희를 사로잡을까 주의하라. 이것은 사람의 전통과 세상의 초등학문을 따름이요, 그리스도를 따름이 아니니라"(골 2:6-8). 교회법이 "사람의 전통"이 되지 않도록 주의해야 한다.

교회 안의 모든 법과 규정은 그리스도를 믿는 믿음 위에 세워진 것이어야 할뿐만 아니라, 또한 참된 믿음을 세우는 것이어야 한다. 한 마디로, 예배 생활과 신앙생활에 도움이 되는 규정이어야 한다. 인간 중심적인 전통은 하나님의 명령을 벗어나는 경우가 허다하다. 가령 예수님은 유대인들이 떡 먹을 때 손을 씻는 전통으로 "하나님의 계명을 범"할뿐만 아니라, 드라빔에 대한 그들의 잘못된 해석을 두고 "너희의 전통으로 하나님의 말씀을 폐"한다고 책망하신다.

이런 일들은 지나치게 세부적인 규정이나 규칙에서 발생하는 경우가 많다. 교회법 조항이 개인의 신앙생활과 공동체의 예배 생활에 방해거리가 되지 않도록 주의해야 한다. 교회를 하나님의 말씀 위에 든든하고 질서 있게 세워가기 위하여 필요한 것이 교회법이기 때문이다. 따라서 교회법은 성경 중심적이고 그리스도 중심적이며 교회 중심적이어야 한다. 그래야 "입술"뿐만 아니라 "마음"으로도 하나님을 공경하고 하나님을 헛되이 경배하지 않을 수 있다.

양심을 속박하는 규정은 거부되어야 한다.

어떤 법도 신자의 자유와 양심을 억제하거나 강제할 수는 없다. 이것은 종교 개혁의 대원리 가운데 하나다. 그리스도인의 신앙적인 자유와 양심은 어떤 교회법에도 얽매이지 않는다. 종교 개혁이란 신앙 양심의 자유를 위한, 그 자유에 의한, 그 자유의 외침이다. 따라서 종교 개혁은 양심을 속박하는 모든 중세교회의 법령과 규정으로부터의 해방을 의미한다. 이 해방구는 성경으로 직행하는 길과 이신칭의 교리로 가는 지름길을 활짝 열어젖혔다.

칼빈에 따르면 "행위가 사람들과 관련되듯이 양심은 하나님과 관련된 것이다." 양심은 "하나님과 사람 사이에 있는 일종의 매개물"이므로 하나님의 심판을 의식한다. 선한 양심은 "마음의 내적인 결백"이다. 따라서 하나님의 법과 진리, 즉 하나님의 말씀인 성경 외에는 어떤 것도 양심을 속박하거나 제한할 수 없다. 성경에 기초한 교회법이라 해도 양심을 속박할 권리는 없다. 양심을 속박할 권리는 오직 하나님께만 속한 것이므로 신적 권리이다.

하지만 교회법이 성경의 가르침을 벗어나지 않는다면 그것은 "예배와 올바른 삶에 대한 영적 규범"으로 인정받아야 하고, 또한 그것이 올바르고 정당한 이상 누구든지 준수해야 한다. 교회법뿐만 아니라, 심지어 사회법조차도 그것이 정당하다면 우리는 그것을 지킬 의무가 있다. 법과 규정을 지켜야 교회와 사회가 질서 있게 유지될 수 있기 때문이다. 하지만 양심은 영혼의 내적 통치와 관련된 것이므로 인간이 만든 어떤 법에도 얽매이지 않는다.

칼빈은 양심이란 하나님 외에 어떤 것과도 관련이 없다고 주장한다. "예컨대 하나님은 우리가 우리 마음을 순수하게 지키고 모든 육욕을 멀리하여 더럽혀지지 않도록 하실 뿐만 아니라 음란한 말이나 외적인 방탕함을 모두 금하신다. 지상에 사람이 전혀 없어도 나의 양심은 이 법을 준수해야 한다." 이것이 '코람데오'(Coram Deo) 정신이다. 양심과 신앙은 불가분의 관계다. 신앙 없는 양심도 없고, 양심 없는 신앙도 없다. 양심의 소리는 곧 신앙의 소리다.

우리 신자는 남을 걸려 넘어지게 하는 행동을 삼가야 한다. "누가 너희에게 이것이 제물이라 말하거든 알게 한 자와 그 양심을 위하여 먹지 말라. 내가 말한 양심은 너희의 것이 아니요, 남의 것이니 어찌하여 내 자유가 남의 양심으로 말미암아 판단을 받으리요, 만일 내가 감사함으로 참여하면 어찌하여 내가 감사하는 것에 대하여 비방을 받으리요, 그런즉 너희가 먹든지 마시든지 무엇을 하든지 다 하나님의 영광을 위하여 하라"(고전 10:28-31).

신자는 어떤 음식이든 양심의 거리낌 없이 먹을 수 있고 먹어도 좋다.

그것은 양심의 자유로운 선택이기 때문에 비난 받을 일이 아니다. 하지만 양심의 고차원적인 법칙은 믿음이 연약한 다른 신자의 양심까지 고려할 줄 알아야 한다는 것이다. 칼빈에 따르면 다른 형제의 약한 양심을 위하여 자기 양심의 자유를 스스로 제한하는 것은 "약한 형제를 위하여 우리 자신을 적응시켜야 하는" 신자의 바른 자세, 즉 "선한 양심에서 나온 사랑"의 자세다.

출교는 교회의 일치와 연합을 위한 수단이다.

교회 규정은 말씀 위에 세워져야 하고 말씀을 통해 집행되어야 한다. 그러기 위해서는 "단지 일치와 연합을 제공하고 보호하기에 적절한" 규정만 받아들여야 하고, 또한 "모든 것을 하나님의 순종 안에서 보존하기에 적절한 것만 받아들여야 한다." 수용 가능한 교회 규정은 교회를 일치와 연합으로 인도할 뿐만 아니라, 교회 연합과 일치를 보호하기 위한 목적에 부합하는 내용이고 신자가 하나님께 순종하도록 계속해서 권면하고 독려하는 내용이어야 한다.

교회는 교회법이 필요하고 교회법에는 징계와 처벌이 따르게 마련이다. 교회법에 근거한 징계와 처벌은 교회의 일치와 연합을 위한 수단이다. 즉 교회를 보존하기 위한 수단이다. 교회에서도 잘잘못은 발생하기 때문에 잘잘못을 판단해야 근거가 필요한데, 그 근거가 바로 교회법이다. 교회는 교회법으로 재판권을 행사한다. 예수님은 두 종류의 천국 열쇠에 대해 말씀하시는데, 그 중의 하나가 바로 출교에 관한 말씀이다 (마 16:19; 18:15-18).

예수님의 가르침에 따르면 교회 안에서 누군가 잘못을 저지르고 죄를 범할 경우 가장 먼저 당사자에게 개인적으로 조용히 권면해야 한다. 그런데 권면을 듣지 않을 경우에는 증인을 대동하여 엄중하게 경고해야 하고, 이 경고를 무시할 경우에는 교회가 공적으로 처벌해야 한다. 만일 범죄자가 교회의 공적인 처벌에도 회개하지 않을 경우에는 "이방인과 세리"처럼 취급하라는 것이 예수님의 명령이다. 교회 재판권 행사는 치리회인 당회와 노회와 총회가 맡는다.

세상 법정에서는 범죄자에 대한 처벌뿐이지만 교회 법정의 징계에는 처벌에 해당하는 시벌뿐만 아니라, 특이하게도 해벌도 있다. 진심으로 회개하는 자에게는 처벌을 해제하는 해벌이 선언된다. 기독교의 구원 교리에서 가장 중요한 원리는 회개하는 자에게 용서를 베푼다는 것이다. 참된 회개에는 반드시 용서가 따른다는 것이 믿음과 구원의 법칙이다. 물론 구원은 하나님의 은혜로 받는 것인데, 이 구원의 원리가 치리에도 적용된다. 회개가 없다면 용서도 없다.

시벌은 죄인에게 돌아오도록 회개를 촉구하는 수단이지 범죄자라는 낙인을 찍기 위한 수단이 아니다. 시벌은 해벌이라는 출구를 향한 입구일 뿐이다. 교회의 권징은 칼빈이 교회의 영혼이라 부르는 기독교 교리만큼 중요하다. 시벌과 해벌로 구성된 교회 치리는 교회의 신경 조직에 해당하기 때문이다. 따라서 치리 없는 교회는 신경이 마비된 몸처럼 활동 자체가 불가능하다. 처벌의 경중은 범죄의 경중에 비례하겠지만 진심으로 회개하는 자는 누구든 용서 받는다.

칼빈에 따르면 "교정과 출교"를 시행하는 세 가지 목적이 있다. 첫째로는 "추악하고 파렴치한 삶을 살아가는 자들이 그리스도인이라는 이름을 갖지 못하도록" 하려는 것이고, 둘째로는 "선한 사람들이 악한 사람들과의 지속적인 교제로 인하여 부패하지 않도록" 하려는 것이며, 마지막 셋째로는 "자신들의 추악함으로 인해 수치에 빠져 마음을 가눌 수 없는 자들이 회개를 시작하도록" 하려는 것이다. 이와 같이 출교는 교회의 일치와 연합을 위한 수단이다.

출교(excommunicatio)는 수찬 정지와 파문(추방)으로 구분될 수 있다.

수찬 정지는 성찬 예식에 참여하지 못하도록 금지하는 작은 출교이고 파문은 교회에 출입하지 못하도록 금지하는 최종적인 출교이다. 사도신경의 고백에서 "성도가 서로 교통하는 것" 즉 "성도들의 교제"는 성찬 참여를 의미하고 "거룩한 공회"는 교회를 의미하는 것으로 구분할 수 있다. 아무튼 출교는 그리스도와의 교제 밖으로 쫓겨나 생명의 양식을 전혀 공급받지 못하는 상태를 의미한다.

출교는 가장 심각한 처벌이다. 수찬 정지도 출교의 범주에 들어가기 때문에 굉장히 중대한 처벌이다. 교회 안에서 마지막 회개의 기회로 볼 수 있다. 수찬 정지를 받고도 회개하지 않으면 그 다음 단계는 교회에서 쫓겨나기 때문에 그리스도인의 신분을 잃게 된다. 수찬 정지가 주민등록증 압수에 해당한다면 파문 즉 출교는 주민등록번호가 사라지는 주민등록증 말소에 해당한다. 머리이신 그리스도와 몸인 교회를 떠난 영혼에겐 죽음뿐이다. 칼빈은 말한다. "교회 밖에 마귀가 있듯이 교회 안에는 그리스도께서 계신다." 영생의 원천은 그리스도 한 분뿐이다!

성례란 무엇인가?

Article XXXIII.

Nous croyons, que nostre bon Dieu ayant esgard à nostre rudesse et infirmité nous à ordonné des Sacremens, pour seeller en nous ses promesses et nous estre gages de la bonne volonté et grace de Dieu, envers nous, et aussi pour nourrir et soustenir nostre foy, lesquels il a adjoustéz à la parole de l'Evangile, pour mieux representer à nos sens exterieurs tant ce qu'il nous donne à entendre par sa parole, que ce qu'il fait interieurement en nos coeurs, en ratifiant en nous le salut qu'il nous communique. Car ce sont signes et seaux visibles de la chose interieure et invisible, moyennant lesquels Dieu besoygne en nous par la vertu du Sainct Esprit. Les signes donc ne sont pas vains et vuides pour nous tromper et decevoir, car ils ont Iesus Christ pour leur verité, sans lequel ils ne seroyent rien. D'avantage nous nous contentons du nombre des Sacremens que Christ nostre Maistre nous a ordonné, lesquels ne sont que deux seulement, asavoir, Le Sacrement du Baptesme et de la S. Cene de Iesus Christ.

제33항. [주님께서 친히 제정하신 두 종류의 성례 : 세례와 성찬]

우리는 우리의 선하신 하나님께서 우리의 우둔함과 연약함을 고려하셔서 우리에게 성례들을 제정해주셨다고 믿는데, [이것은] 우리 안에 자신의 약속들을 인증하시고 우리를 향한 하나님의 선한 뜻과 은혜를 우리에게 보증하시기 위한 것이요, 또한 우리의 믿음을 먹이시고 유지하시기 위한 것입니다. 그분께서 그것들을[=성례들을] 복음의 말씀에 덧붙이신 것은 우리의 외적인 감각들에 더 잘 나타내기 위한 것입니다. 즉 우리에게 나누어주시는 구원을 우리 안에 확증하심으로 우리의 마음을 내적으로 감동시키시는 것만큼이나 자신의 [외적인] 말씀을 통해 우리를 이해시키시려는 것입니다. 왜냐하면 그것은 내적이고 불가시적인 것들의 가시적인 표지들과 인장들이며, 하나님께서 성령의 능력으로 우리 안에 역사하시는 수단들이기 때문입니다. 그러므로 그 표지들은 결코

우리를 속이고 실망시키기 위한 헛된 것도 공허한 것도 아닙니다. 왜냐하면 그것들의 진리를 위해 예수 그리스도께서 계시기 때문인데, 그리스도 없이는 그것들은 아무 것도 아닙니다. 더욱이 우리는 우리 주 그리스도께서 우리에게 제정하신 성례의 수가 두 가지뿐이라는 것에 만족합니다. 즉 [그것은] 세례의 성례와 예수 그리스도의 성찬의 성례입니다.

관련성경

고전 7:57; 골 2:6-7; 마 15:9; 사 29:13; 갈 5:1; 롬 16:17-18; 마 18:17; 고전 5:5; 딤전 1:20.

초대교회 교부 히에로니무스(Hieronimus), 즉 제롬(Jerome)은 성경을 라틴어로 번역했는데, 이것이 '불가타'(Vulgata) 성경이다. 그는 "그 뜻의 비밀"(엡 1:9), 5장 32절의 "이 비밀이 크도다"(엡 5:32), "경건의 비밀"(딤전 3:16) 등에서 '비밀' 즉 '신비'에 해당하는 헬라어 단어 '뮈스테리온'(μυστήριον)을 라틴어 '사크라멘툼'(sacramentum)으로 즉 '성례'로 번역했는데, 이것이 성례라는 용어의 기원이다. 하지만 "그리스도의 비밀"(골: 4:3)에서 '비밀' 역시 원어가 동일한 '뮈스테리온'이지만, 이 경우에는 제롬이 그 단어를 '뮈스테리움'(mysterium)으로 사실상 음역했다. 본문에 대한 그의 신학적 해석 때문에 동일한 단어를 다르게 번역한 것이다.

성례(Sacrament)는 '비밀스러운 것'보다는 오히려 '거룩한 것'을 의미하는 단어다. 이 단어에 대한 서구의 교회사적 전통은 하나님께 속한 것들을 다양하게 제시하는 표징으로 이해하는데, 아우구스티누스의 견해를 따르는 것으로 중세교회에서 확립된 전통이다. 이것이 저 유명한 천주교의 일곱 성사로 부르는 7성례, 즉 성세성사(세례), 견진성사(입교), 성체성사(성찬), 고해성사(회개), 종부성사 또는 종유성사 또는 병자성사(임종), 혼배성사 혹은 혼례성사(결혼), 신품성사(임직)이다. 그런데 오늘날 개신교회가 인정하는 성례는 두 가지, 즉 세례와 성찬뿐이다. 나머지 다섯 가지는 종교개혁 전통에 따라 거부되었기 때문이다.

종교개혁자들의 가르침을 따르는 개신교회 전통은 그리스도께서 친히 제정하신 것이 그 두 가지 뿐이라는 믿고 고백한다. 한 마디로, 두 종류의 성례는 종교개혁자들이 정립한 개념이다. 성례는 칼빈이 교회론을 다루는 『기독교 강요』 제4권에서 거의 절반 가까운 분량을 할애하여 설명할 정도로 16세기 종교개혁의 가장 논쟁적이고 중요한 신학 주제다. 성례에 대하여 초대교회 교부 아우구스티누스(Augustinus)는 "불가시적 은혜에 대한 가시적 형상"이라 정의하고, 칼빈은 "우리의 연약한 믿음을 지탱하도록 주님께서 우리를 향해 선의를 베푸시기로 약속하신 것들을 우리의 양심에 새겨 넣으시는 외적 표징"이라 정의한다.

네덜란드 신앙고백은 개혁교회 전통의 선구자들로 인정받는 종교개혁자들의 가르침에 근거하여 성례를 "내적이고 불가시적인 것들의 가시적인 표지들과 인장들"로 정의한다. 물론 이것은 아우구스티누스의 이해를 반영한 정의로도 보이지만 종교개혁 시대의 복잡한 성례 신학을 정확하게 이해한다면 엄밀한 의미에서 개혁파 종교개혁자들의 성례 개념, 그것도 칼빈의 성례 개념에 매우 충실한 정의로 간주되어야 한다. 칼빈과 네덜란드 신앙고백의 성례 개념은 한 편으로 로마교회의 입장뿐만 아니라, 다른 한 편으로 츠빙글리파와 재세례파, 영성주의자들의 입장과도 매우 확실하게 구분되는 반면에 오히려 루터교회의 개념과 가까운 편이다.

한 편의 극단인 로마교회의 입장은 마치 성례 자체가 하나님의 은혜를 베푸는 능력을 스스로 가지고 있는 것처럼 성례를 은혜의 자동화 시스템으로 만들었기 때문에 거부되어야 하고, 다른 한 편의 극단적인 입장은 성례를 단순히 자기 믿음에 대한 개인의 가시적 표현으로만 인정하고 성례를 통해 성령의 능력이 나타나거나 믿음이 성장한다는 생각 자체를 부인하기 때문에 거부되어야 한다. 칼빈과 네덜란드 신앙고백에 따르면 성례는 결코 은혜의 자동장치가 아니고, 또한 단순한 기념이나 개인적인 신앙의 공적 표현 정도가 아니라, 성령께서 역사하시어 은혜를 베푸시고 이 은혜로 믿음이 놀랍게 성장하는 확실한 내적 은혜의 외적 수단이다.

칼빈의 주장처럼 하나님께서는 "자신의 약속들을 언약들"이라 가르치시고 "성례들을 언약의 상징"이라 가르치신다. 언약은 하나님의 말씀을 의미한다. 그렇다면 하나님의 말씀인 언약 없이는 성례가 성립되지 않기 때문에 성례는 반드시 언약의 동반자다. 언약이 없다면 성례는 무용지물이다. 이런 점에서 성례는 "복음의 말씀에 덧붙여진 것"이 확실한데, 눈으로 볼 수 있는 것이므로 귀로 듣는 복음의 말씀보다 "외적인 감각"에 더 잘 어울린다.

성례는 누가 제정한 것인가?

종교개혁자들은 성례를 그리스도께서 친히 제정하신 것으로 주장한다. 이처럼 네덜란드 신앙고백도 "우리의 선하신 하나님께서 우리의 우둔함과 연약함을 고려해서서 우리에게 성례들을 제정해주셨다"고 주장한다. 종교개혁자들에 따르면 하나님께서 친히 제정해주신 구약 시대의 성례로는 노아에게 보여주신 무지개, 아브라함에게 명령하신 할례, 모세에게 명령하신 유월절 등이 대표적인데 모두 하나님의 약속이 선행한다. 이와 같은 구약의 성례들은 은혜의 수단이자, 실체이신 그리스도를 가리키는 예표다. 구약의 성례는 실체이신 예수 그리스도를 통해 모두 성취되었기 때문에 더 이상 외적인 성례로 작용하지 않는다.

실체이신 그리스도의 오심으로 구약의 성례들은 폐기되었지만 그 성례에 주어진 약속은 여전히 유효하다. 하나님의 약속은 구약이나 신약이나 내용상 동일하기 때문이다. 하지만 구약시대와 마찬가지로 신약시대에도 하나님의 지상 백성은 여전히 우둔하고 연약한 죄인이기 때문에 하나님의 약속을 견고하게 붙잡기 위해서는 외적인 성례 역시 어느 시대나 필요하다. 죄로 인한 우둔함과 연약함을 스스로 벗어날 수 있는 능력을 가진 인간은 아무도 없다. 이런 이유 때문에 하나님께서는 자신의 신약 백성을 위해서도 천상의 불가시적 은혜를 받는 지상의 가시적인 수단으로 성례를 세워주셨는데, 그것이 세례와 성찬이다.

세례와 성찬은 예수 그리스도께서 친히 제자들에게 명령하신 거룩한 제도 즉 성례다. "너희는 가서 모든 민족을 제자로 삼아 아버지와 아들과 성령의 이름으로 세례를 베풀고 내가 너희에게 분부한 모든 것을 가르쳐 지키게 하라. 볼지어다. 내가 세상 끝 날까지 너희와 항상 함께 있으리라"(마 28:19-20). 이 명령은 부활하신 예수님께서 제자들을 불러 모으셔서 하나님의 나라를 가르치신 후 승천하시기 직전에 제자들에게 명령하신 말씀, 흔히 그리스도의 지상명령으로 알려진 말씀이다. 명령에 약속이 첨부되어 있다. 그 약속은 최고의 선물이다. 즉 구약의 예루살렘 성전과 신약의 예수 그리스도시다. 우리에게 임마누엘보다 더 큰 선물은 없다.

세례는 예수님께서 부활하신 이후 승천하시기 직전에 명령하신 것인데 반해 성찬은 십자가의 죽음 전날 저녁에 제자들과 마지막 식사 자리에서 명령하신 유언과 같은 제도다. 제자들과 함께 식사하실 때 "예수께서 떡을 가지사 축복하시고 떼어 제자들에게 주시며 이르시되, '받아서 먹으라. 이것은 내 몸이니라' 하시고, 또 잔을 가지사 감사기도 하시고 그들에게 주시며 이르시되 '너희가 다 이것을 마시라. 이것은 죄 사람을 얻게 하려고 많은 사람을 위하여 흘리는 바 나의 피 곧 언약의 피니라.' 하시니라"(마 26:26-28. 참고, 막 14:22-24; 눅 22:19-20). 이 성찬을 올바른 방법으로 시행하라고 바울은 고린도교회에 명령한다(고전 11:23-26).

구약의 성례가 하나님의 말씀인 언약의 약속과 불가분의 관계인 것처럼 신약의 성례도 역시 하나님의 말씀인 복음의 약속과 불가분의 관계다. 약속의 말씀이 항상 성례를 앞서는데, 이것은 주님께서 친히 제정하신 세례와 성찬에도 동일하게 적용되는 법칙이다. 그분은 자신의 말씀인 복음을 통해 죄인을 부르시고 성령을 통해 그를 의인으로 거듭나게 하신다. 이런 구원의 방법으로 그분 자신과 영원한 생명의 교제를 나누도록 하신다. 주님께서는 친히 제정하신 세례와 성찬을 통해 자신의 구원을 우리에게 확인시키실 뿐만 아니라, 우리의 믿음을 강화하신다. 이와 같은 은혜의 수단인 세례와 성찬은 지상 교회에 남겨주신 가장 소중한 유산이다.

성례가 제정된 목적은 무엇인가?

네덜란드 신앙고백은 성례 제정의 목적을 두 가지로 설명한다. "우리 안에 자신의 약속들을 인증하시고 우리를 향한 하나님의 선한 뜻과 은혜를 우리에게 보증하시기 위한 것"이 하나이고, "우리의 믿음을 먹이시고 유지하시기 위한 것"이 다른 하나다. 복음인 설교가 귀로 들을 수 있는 '청각적인 말씀'이라면 성례는 눈으로 볼 수 있는 '시각적인 말씀'이다. 이것은 종교개혁자들, 특히 루터와 칼빈이 설교와 성례를 성령의 내적 역사만큼이나 중요한 요소라고 강조하는 이유다. 하나님의 말씀은 하나님께서 우리의 귀로도 듣고 눈으로도 볼 수 있도록 친히 우리 인간에게 적응하시는 최상의 은혜 그 자체다.

한 마디로 설교와 성례는 하나님께서 지상 교회에 주신 최고의 선물이다. 이것은 지상 교회가 가진 것 가운데 설교와 성례보다 더 중요한 것은 없다는 의미다. 이런 의미에서 성례로서의 세례식과 성찬식은 주님께서 지상 교회에 물려주신 최고의 유산이 아닐 수 없다. 그렇다면 세례식과 성찬식보다 더 크고 소중하게 여겨야 할 교회 행사는 없지 않을까? 그런데도 오늘날 세례식과 성찬식은 어쩔 수 없이 치러야 하는 의례에 불과할 뿐이고 전도 행사 등 중요하게 여기는 다른 교회 행사들 때문에 뒷전으로 밀려나고 있는 것이 현실이다. 심지어는 성례가 무엇인지, 얼마나 중요한 교회 전통인지 전혀 모르는 경우가 허다한 것은 참으로 안타까운 현실이다.

하나님께서 "우리에게 나누어주시는 구원을 우리 안에 확증"하시는 수단으로 두 가지 제공하셨는데, 하나는 "우리의 마음을 내적으로 감동시키시는" 성령의 내적 음성이고 다른 하나는 하나님의 외적인 말씀이다. 하나님의 외적인 말씀은 귀로 들을 수 있는 말씀인 설교와 눈으로 볼 수 있는 말씀인 성례로 구분되는데, 이것이 곧 하나님의 이중적 은혜다. 내적인 음성이신 성령과 외적인 음성인 설교 역시 우리에게 구원을 베푸시는 하나님의 이중적인 은혜다. 보혜사이신 성자와 다른 보혜사이신 성령을 보내어주신 것도 역시 하나님의 이중적인 은혜다. 교회가 불가시적이면서 동시에 가시적인 것도 역시 하나님의 이중적인 은혜다.

설교는 믿음의 어머니다. 왜냐하면 믿음이 하나님의 말씀을 들음으로부터 나오기 때문이다. 설교는 믿음을 낳을 뿐만 아니라, 믿음을 기르고 성장시킨다. 성례는 믿음을 낳지는 못하지만 "믿음을 유지하고 강화하는" 매우 효과적인 수단이다. 왜냐하면 듣는 설교보다 보는 성례가 더 강력한 영향을 줄 수 있기 때문이다. 하지만 성례의 가시적인 요소에 그런 효력이 내재되어 있는 것은 아니다. 성례는 하나님께서 은혜를 베푸시는 통로, 즉 가시적 수단에 불과하다. 사람의 설교가 성령의 내적 역사 없이는 어떤 효력도 발휘하지 못하는 것처럼 성례 역시 성령의 역사 없이는 전혀 믿음을 유지할 수도 강화할 수도 없다.

성례와 성령의 관계는 무엇인가?

네덜란드 신앙고백은 성례, 즉 세례와 성찬을 "내적이고 불가시적인" 은혜에 대한 "가시적인 표지들과 인장들"로 정의한다. 구원의 은혜는 영적인 동시에 육적이고 불가시적인 동시에 가시적이다. 성례는 영적이고 은밀한 구원의 은혜가 우리 죄인에게 얼마나 필요하고 좋은 것인지 확인할 수 있도록 느끼게 해준다. 따라서 구원의 은혜는 성례를 통해 반드시 나타나고 체험되어야 한다. 그래서 성례는 "하나님께서 성령의 능력으로 우리 안에 역사하시는 수단들"로 불리는 것이다. 성례는 성령의 능력이 드러나는 수단이다. 따라서 성령의 능력이 나타나지 않는 성례는 올바른 성례가 아니다.

성례는 성령의 능력과 불가분의 관계다. 성례는 성령의 능력이 나타나는 가장 확실하고 가장 정상적인 수단이다. 성령의 능력을 방언이나 병 고침과 같은 일시적이고 예외적인 수단을 통해서가 아니라, 우리 주님께서 친히 제정하신 성례를 통해 확인하려고 하는 것이 신앙적이고 교회답다. 오늘날 교인이 이단에 쉽게 빠지고 교회가 이단에 대해 무기력한 근본적인 이유 가운데 하나는 확실히 성례의 약화와 형식화에 있다. 세례와 성찬을 통해 성령의 능력이 강하게 나타나길 전심으로 바라고 기도하고 준비한다면 성령의 능력이 충만한 교회로 거듭날 것이다.

제34항

세례의 성례란 무엇인가?

Article XXXIV.

Nous croyons et confessons que Iesus Christ, qui est la fin de la Loy, par son sang respandu a mis fin à tout autre effusion de sang qu'on pourroit ou voudroit faire pour propitiation ou satisfaction des pechez, et ayant aboli la Circoncision qui se faisoit par sang, a ordonné au lieu d'icelle le Sacrement du Baptesme, par lequel nous sommes receus en l'Eglise de Dieu et separez de tout autres peuples, et de toutes religions estranges, pour estre intierement dediez à luy, portans sa marque et son enseigne; et nous sert de tesmoignage, qu'il nouss sera Dieu à jamais, nous estant Pere propice. Il a donc commandé de baptizer tous ceux qui sont siens au nom du Pere et du Fils et du S. Esprit avec eau pure, nous signifiant par cela, que comme l'eau lave les ordures du corps, quand elle est espanduë sur nous, laquelle aussi est veuë sur le corps du baptizé, et l'arrouse: ainsi le sang de Christ par le S. Esprit fait le mesme interieurement en l'ame, l'arrousant et nettoyant de ses pechez, et nous regernerant d'enfans d'ire en enfans de Dieu. Non pas que l'eau materielle face cela; mais c'est l'arrousement du precieux sang du fils de Dieu, lequel est nostre mer rouge par laquelle il nous faut passer pour sortir hors de la tyrannie de Pharao, qui est le Diable, et entrer en la terre spirituelle de Canaan. Parainsi les Ministres nous baillent de leur part le Sacrement, et ce qui est visible; mais nostre Seigneur donne ce qui est signifié par le Sacrement, asavoir les dons et graces invisibles, lavant purgeant, et nettoyant nos ames de toutes ordures et iniquitez, renouvelant nos coeurs et les remplissant de toute consolation, nous donnant vraye asseurance de sa bonté paternelle, nous vestant le nouvel homme, et despouillant le vieil avec tous ses faits. Pour ceste cause nous croyons que quiconque pretend parvenir à la vie eternelle doit estre une fois baptizé, sans jamais le reiterer, car aussi nous ne pouvons naistre deux fois. Et toutesfois ce Baptesme ne profite pas seulement quand l'eau est sur nous, et que nous la recevons; mais profite tout le temps de noste vie. Sur cecy nous detestons l'erreur des Anabaptistes qui ne se contentent pas d'un seul Baptesme une fois reçeu, et outreplus

condamnent le Baptesme des petits enfans des fideles; lesquels nous croyons devoir estre baptizés et seellés du signe de l'alliance comme les petits enfans estoyent corconcis en Israël sur les mesmes promesses qui sont faites à nos enfans. Et aussi à la verité, Christ n'a pas moins espandu son sang pour laver les petits enfans des fideles, qu'il a fait pour les grands. Et pourtant doivent ils recevoir le signe et le Sacrement de ce que Christ a fait pour eux: comme en la Loy le Seigneur commandoit, qu'on leur communiquast le Sacrement de la mort et passion de Christ quand ils estoyent nouveau-nez en offrant pour eux un Agneau, qui estoit le Sacrement de Iesus Christ. Et d'avantage ce que faisoit la Circoncision au peuple Iudaique, le Baptesme fait le mesme envers nos enfans. C'est la cause pourquoy S. Paul appele le Baptesme la Circoncision de Christ.

제34항. [세례의 성례: 교회 회원으로 가입하는 표식]

우리는 율법의 마침이신 예수 그리스도께서 흘리신 자기 피로 다른 모든 피 부음을 끝내셨다는 것을 믿고 고백합니다. [다른 모든 피 부음이란] 죄들을 속하거나 만족시키기 위해 행할 수 있거나 행하길 원하는 것[을 의미합니다]. [그리스도께서는] 피로 집행된 할례를 폐지하시고 그 자리에 세례의 성례를 제정하셨는데, 그 [세례]에 의해 우리는 하나님의 교회에 영접되고 다른 모든 민족과 거짓 종교들로부터 분리되어 온전히 그분께 헌신되기 위해 그분의 표지와 깃발을 가집니다. 또한 [세례는] 그분이 우리에게 인자하신 아버지가 되심으로 영원히 우리에게 하나님이 되시리라는 증거를 우리에게 제시합니다. 그러므로 그분은[=예수 그리스도께서는] 그분께 속한 모든 사람에게 성부와 성자와 성령의 이름으로 세례를 순수한 물로써 베풀라고 명령하셨습니다. 이로써 물이 우리 위로 부어질 때 몸의 더러움을 씻어내는 것처럼, 그리고 또한 참으로 물이 세례 받고 적셔진 자의 몸 위에 보이고 것처럼, 그리스도의 피가 성령을 통해 [영혼을] 적시고 죄악들로부터 깨끗하게 하며 하나님의 자녀를 진노의 자녀로부터 중생시킴으로써 영혼에게 내적으로 동일한 일을 합니다. 이것을 행하는 것은 물질적인 물이 아니라 하나님의 아들의 보배로운 피의 적심인데, 이 [적심]은 우리가 마귀인 바로의 폭정으로부

터 벗어나 영적인 가나안 땅에 들어가기 위해 반드시 통과해야만 하는 우리의 홍해입니다. 따라서 목사들은 자기들 편에서 우리에게 그 성례와 가시적인 것을 주지만 우리 주님께서는 그 성례가 의미하는 것을, 즉 불가시적인 은사들과 은혜들을 주십니다. [우리 주님께서는] 모든 더러움과 불의로부터 우리의 영혼을 씻으시고 청결하게 하시며 깨끗하게 하십니다. 우리의 마음을 갱신하시고 모든 위로로 채우시며 자신의 부성적인 선하심에 대한 참된 확신을 우리에게 주시고 우리에게 새 사람을 입히시며 자신의 모든 행위로 옛 [사람]을 벗겨버리십니다. 그렇기 때문에 우리는 영원한 생명에 이르기를 바라는 자마다 결코 반복하는 것 없이 한 번만 세례를 받아야만 한다고 믿습니다. 왜냐하면 우리 역시 두 번 태어날 수 없기 때문입니다. 그럼에도 불구하고 세례는 물이 우리 위에 있을 때 우리가 그것을 받는 것도 유익할 뿐만 아니라, 또한 우리 평생에 유익합니다. 그러므로 우리는 재세례파의 오류를 거절합니다. 그들은 한 번 받은 세례만으로 만족하지 않고 더욱이 신자들의 갓난아이들의 세례를 정죄합니다. 하지만 우리는 이스라엘에서 갓난아이들이 할례를 받았던 것처럼, 우리의 어린아이들에게 행해진 동일한 약속 때문에 [신자들의 아이들이] 세례를 받아야 하고 언약의 표지로 봉인되어야 한다고 믿습니다. 그리고 또한 참으로 그리스도께서는 신자들의 갓난아이들을 씻기시기 위해 자신의 피를 흘리셨을 뿐만 아니라, 성인을 위해서도 그렇게 하셨습니다. 그러므로 주님께서 그들이 갓 태어났을 때 그들을 위해 예수 그리스도의 성례였던 어린양을 바침으로 그리스도의 죽음과 고난의 성례를 그들에게 나누어주도록 율법으로 명령하신 것처럼 그들은 그리스도께서 그들을 위해 행하신 그것의 표지와 성례를 받아야만 합니다. 게다가 할례가 이스라엘 백성에게 했던 것과 동일하게 세례는 우리의 어린아이들에게 행합니다. 이것은 성 바울이 세례를 그리스도의 할례라 부른 바로 그 이유입니다.

관련성경

마 28:19; 고전 6:11; 딛 3:5; 히 9:14; 요일 1:7 (계 1:5)' 벧전 1:2, 2:24; 딛 3:5; 요일 5:16; 요 19:34; 마 3:11; 고전 3:7; 롬 6:3; 엡 5:26; 행 22:16; 벧전 3:21; 갈 3:27; 고전 12:13; 마 28:19; 엡 4:5; 히 6:1-2; 행 8:16, 2:38, 41; 마 19:14; 고전 7:14; 창 17:11; 골 2:11; 레 12:6.

세례의 성례는 하나님의 백성이 되었음을 외적으로 증거하는 구약의 할례처럼 세례도 그리스도의 몸인 교회에 접붙여진 지체가 되었음을 증거하는 신약적 표식이다. 세례를 제정하신 분은 우리 주 예수 그리스도이시다. 그분은 친히 세례를 받으셨을 뿐만 아니라(마 3:13), 또한 누군가를 그리스도의 제자를 삼기 위해서는 반드시 그에게 "아버지와 아들과 성령의 이름으로 세례를 베풀"어야 한다고 말씀하셨다(마 28:19). 이 말씀에 근거하여 삼위일체 하나님의 이름으로 받지 않은 세례는 원천 무효다. 또한 성부와 성자와 성령을 성경이 가르치는 것과 달리 정의하는 이단의 세례 역시 기독교 세례가 아니다.

세례의 성례는 죄사함을 의미하는 예식이다. 이런 점에서 기독교 세례는 "죄사함을 받게 하는 회개의 세례"(막 1:4; 눅 3:3)를 전파한 세례 요한의 세례와 일맥상통한다. 여기서 칼빈은 '회개'를 '중생'으로, '죄사함'을 '씻음'으로 이해하는데, 칼빈에게 중생과 죄 사함, 즉 죄 용서는 동전의 양면이다. 즉 중생 없이는 죄 사함도 없는 것처럼 죄 사함 없이는 중생도 없다는 것이다. 세례 요한이 자신은 물로 세례를 베풀지만 자기 뒤에 오실 그리스도께서는 '성령과 불로 세례를 베푸실 것이라 가르쳤다. 이처럼 물뿐만 아니라, 성령과 불로 베푸는 것이 기독교 세례의 독특성이다(행 1:5; 행 2:38). 두 요소 중 하나가 빠지만 온전한 기독교 세례가 아니다.

할례와 세례: 그리스도는 할례 언약의 성취자이시다.

할례는 하나님의 언약 백성이라는 표식이다. 하나님께서는 아브라함뿐만 아니라 그의 집 식솔들 가운데 "난 자든지 … 돈으로 산 자든지" 남자는 모두 할례를 받아야 한다고 명령하셨는데, 이것이 할례 언약이다(창 17:1-14). 여자는 할례 언약에서 제외되었다. 하지만 기독교 세례는 처음부터 여자를 포함했다. 빌립보 감옥의 간수는 바울과 실라로부터 "자기와 그 온 가족이 다 세례를" 받았기 때문이다(행 16:33). 또한 바울은 회당장 그리스보와 "온 집안" 사람들에게 세례를 베풀었고(행 18:8; 고전 1:14) 스데바나 집안 식구들에게도 세례를 베풀었다(고전 1:16). 기독교 세례는 인종도 신분도 성도 차별 없이 물과 성령으로 베풀어졌다. "물은 예수 그리스도께서 부활하심으로 말미암아 이제 너희를 구원하는 표니 곧 세례라"(벧전 3:21). 마치 구약의 피 할례가 아브라함에게 약속하신 믿음의 백성인 이스라엘을 다른 민족들과 외적으로 구분하는 표식이었던 것처럼 물 세례도 구원의 표다. 이 표는 그리스도와 함께 죽고 함께 부활한 그리스도인들을 세상 사람들과 구분한다. 구약 백성 이스라엘에게 피 할례가 했던 바로 그 일을 이제 신약에서는 물 세례가 대신한다. 세례의 물은 십자가에서 우리를 위해 흘리신 피를 상징한다. 그리스도께서 우리를 위해 흘리신 십자가의 피로 충분하기 때문에 하나님께서는 더 이상 우리에게 피 흘림을 요구하지 않으신다.

죄인은 그리스도의 피로 깨끗하게 씻겨져야 구원 받을 수 있다. 그리스도의 피 없이는 아무도 구원 받을 수 없다. 우리의 중생과 구원이 물에 의해 성취된다. 왜냐하면 할례의 언약은 십자가에서 흘리신 그리스도의 피로 성취되었기 때문이다. 그러므로 그리스도 안에 있는 그리스도인은 피 할례 대신 물 세례를 받는 것으로 충분하다. 더 이상 피 흘림의 할례나 제사가 필요 없기 때문이다. 신약시대의 "세례 받은 자는 그리스도로 옷"(갈 3:27) 입었으며 모든 그리스도인은 "유대인이나 헬라인이나 종이나 자유인이나 다 한 성령으로 세례를 받아 한 몸이 되었고 또 다 한 성령을 마시게"(고전 12:13) 되었다.

구약의 성례인 할례가 남자에게만 가능했던 반면에 신약의 성례인 세례는 남녀노소 차별 없이 베풀 수 있다. 또한 세례는 인종과 신분도 차별하지 않는다. 그리스도께서 십자가에서 피를 흘리심으로 우리의 죄를 용서하시는 화목제물이 되셨기 때문에 죄와 사망이 세례를 받은 그리스도인을 더 이상 지배할 수 없다. 세례는 회개의 성례다. 죄인이 자신의 죄를 인정하고 고백함으로써 죄와 사망의 지배로부터 영원히 벗어나 구원 받은 하나님의 백성이 되는 성례, 이것이 바로 세례식이다. 그러므로 세례는 우리가 영원한 저주에서 영원한 생명으로 거듭났음을 선언하고 증거하는 성례다.

할례가 한 번으로 충분한 것처럼 죄 씻음의 세례도 한 번으로 충분하다. 죄를 지을 때마다 세례를 받아야 하는 것은 아니다. 오히려 세례 받은 자가 죄를 지었을 때 자신이 이전에 받은 죄 씻음의 세례를 반드시 기억해야 하고, 또한 언제나 용서하실 준비가 되어 있는 하나님께 진심으로 회개해야 한다. 회개는 우리가 평생 동안 해야 할 일이지만 세례의 힘 역시 우리가 죄를 지을 때마다 진심으로 회개하도록 평생 우리를 돕는다. 따라서 한 번 받은 세례는 평생 효력을 발휘한다. 세례를 상기할 때 세례는 죄로 절망하는 우리에게 다시 그리스도를 바라보게 하여 진심어린 회개를 통해 의의 삶을 회복하도록 자극한다.

물 세례와 성령 세례: 세례는 하나다!

기독교 세례식은 죄인이 그리스도와 함께 죽고 장사되었으며 그리스도와 함께 부활한 새 생명이 되었음을 선포하고 증거하는 성례다. "그러므로 우리가 그의 죽으심과 합하여 세례를 받음으로 그와 함께 장사되었나니 이는 아버지의 영광으로 말미암아 그리스도를 죽은 자 가운데서 살리심과 같이 우리로 또한 새 생명 가운데서 행하게 하려 함이라"(롬 6:4). 우리는 세례를 통해 새 생명으로 거듭나고 그리스도 안에서 새로운 인생을 살아가게 되는 것이다. 한 영혼이 세례를 받는 일보다 더 크고 놀라운 순간은 없다. 그러므로 교회의 세례식은 감격과 감동과 환영과 축하의 자리여야 한다.

그런데 왜 오늘날 세례식이 밋밋하고 일종의 과정의례에 불과하게 되었는가? 그것은 물 세례와 성령 세례를 구분하는 인식에서 비롯된 것으로 보인다. 중요한 것은 성령 세례이지 물 세례가 아니라는 잘못된 인식이다. 이러한 인식은 사실상 신학 논쟁의 결과물이다. 이성적인 인간은 누구에게 구원이 언제 어떻게 일어나는지 거의 습관적으로 묻는다. 예컨대 세례는 구원과 어떤 연관성이 있는가? 이 질문에 대한 합리적인 대답을 위해 등장한 용어가 물 세례와 성령 세례. 이것은 하나의 세례를 외적인 세례와 내적인 세례로 구분함으로써 세례와 구원의 관계를 이성이 이해하고 받아들이도록 해결책을 제시한다.

내적 세례인 성령 세례는 실제로 구원을 베풀고 보장하는 세례지만 외적 세례인 물 세례는 구원과 직접적인 관계가 전혀 없는 일종의 예식에 불과하다는 결론이 구분 공식의 최대 장점이다. 하지만 물 세례는 성령 세례와 불가분의 관계다. 왜냐하면 죄인을 죄로부터 씻어 깨끗하게 하는 참 세례는 오직 하나뿐이기 때문이다. 성령 세례를 참 세례로, 물 세례를 형식 세례로 간주하는 것은 이성적 신학이 초래한 심각한 문제다. 세례는 하나다. 세례의 효력은 형식이 아닌, 성령의 역사로만 발생한다. 세례에서 성령의 역사를 아무리 강조해도 결코 지나치지 않다. 하지만 마치 물 세례는 성령 세례와 무관한 것처럼 생각하는 것은 인식의 오류다.

물로 세례를 베푸는 교회 세례식은 세례를 베푸는 자에게도, 세례를 받는 자에게도, 세례식에 참여한 모든 성도에게도 모두 성령께서 부어주시는 풍성한 은혜를 차고 넘치도록 받고 경험할 수 있는 절호의 기회다. 성령 세례, 즉 성령으로의 세례는 물로 세례 받는 당사자의 영혼에만 쏟아부어지는 것일지 몰라도 성령의 은혜는 세례식에 참여하는 모든 성도들을 놀라운 감격과 감동의 도가니로 몰아넣기에 충분하기 때문이다. 성령의 감격과 감동이 없는 물 세례식은 단맛이나 기포 없는 사이다를 마시는 것과 같다. 일생에 단 한 번뿐인 물 세례를 받기 위해 당사자뿐만 아니라 교회 전체가 성령의 은혜를 풍성히 누리도록 최선을 다해 준비해야 한다.

세례는 하나다. 물 세례와 성령 세례는 동전의 양면처럼 하나이고 하나여야 한다. 그 둘을 구분하는 것은 가능하겠지만 결코 분리하지 말아야 한다. 기독교의 물 세례는 단순히 형식에 불과한 세례가 아니다. 그러므로 세례식은 반드시 성령 세례 즉 불 세례를 동반하고 지향하는 성례여야 한다. "한 성령으로 세례를 받아 한 몸이 되었고 또 다 한 성령으로 마시게" 하는 것, 이것이 바로 참 세례다. 물 세례는 결코 가짜 세례일 수 없고 참 세례여야 한다. 참 세례를 통해 우리는 그리스도의 몸인 교회의 지체가 되고 또한 모든 지체가 동일한 성령을 호흡하는 새로운 삶을 사는 것이다. 세례는 우리의 믿음을 세우고 성장시키는 힘이다.

유아세례와 성인세례: 재세례를 거부한다!

그리스도의 세례와 요한의 세례는 일맥상통한다. 세례 요한처럼 그리스도께서도 물 세례를 받으신 후 "회개하라! 천국이 가까웠느니라!"고 외치셨다. 세례식 자체는 장례식과 같다. 하지만 세례식은 죄를 장례하지만 새 생명을 잉태하기 때문에 영적 생일이기도 하다. 세례식은 죄에 대한 죽음을 선고하는 것과 동시에 의에 대한 생명을 선고하는 것이므로 영적으로 기쁘고 즐거운 잔치 자리이다. 세례 받는 당사자와 그의 가족과 친인척, 그리고 온 교회 성도들이 함께 새로운 생명의 영적 탄생을 축하하고 축하 받는 자리다. 세례의 대상은 남녀노소를 불문한다. 그렇다면 갓 태어난 유아에게도 세례를 베풀 수 있는 것이 아닐까? 신약성경에는 집 주인 한 명이 그리스도를 믿고 회개했을 때 그뿐만 아니라 그의 집안 모든 식솔들이 세례를 받았다고 기록되어 있다. 이런 습관을 따라 초대교회에서도 유아들에게 세례를 베풀었다는 기록이 남아 있고 이것이 중세를 거쳐 오늘까지 살아남은 유아 세례의 전통이다. 하지만 재세례파는 갓난아이의 세례를 거부한다. 즉, 갓난아이를 세례의 대상에서 제외한다. 그들은 왜 유아를 세례의 대상에서 완전히 제외하는 것이 성경의 가르침이라고 확신할까? 먼저 그들은 유아에게 세례를 베풀라는 직접적인 말씀이 없기 때문이라고 대답한다. 그렇다면 우리도 반문할 수 있다. 여자에게 세례를 베풀라는 말씀은 성경에 있는가?

재세례파가 유아 세례를 반대하는 또 다른 이유는 다음과 같은 말씀에서 찾는다. "네가 만일 네 입으로 예수를 주로 시인하며 또 하나님께서 그를 죽은 자 가운데서 살리신 것을 네 마음에 믿으면 구원을 얻으리니, 사람이 마음으로 믿어 의에 이르고 입으로 시인하여 구원에 이르느니라"(롬 10:9-10). 이 말씀을 근거로 유아에게 중생의 세례를 베푸는 것이 부당하다고 재세례파는 주장한다. 유아는 예수 그리스도를 마음으로 믿을 수도 없고 입으로 시인하지도 못하기 때문이라는 것이다. 그래서 마음으로 믿고 입으로 그 믿음을 고백한 자에게만 세례를 베풀어야 한다고 주장한다. 이 주장은 세례를 구원의 확실한 보증 수표로 전제한다.

재세례파의 주장은 성경에 근거한, 상당히 설득력 있는 것처럼 들린다. 유아세례를 받고 성인이 되어 기독교를 떠나는 일이 심심찮게 발생하는 것을 고려하면 더더욱 재세례파의 주장이 타당해 보인다. 하지만 재세례파의 논리에도 허점은 있다. 마음으로 믿고 입으로 시인한 자들만 구원받을 수 있다면 천국에는 어린아이들이 없어야 할 것이다. 하지만 이런 입장은 그리스도의 가르침과 완전히 다르다. 왜냐하면, 그리스도께서는 천국이 어린아이들의 것이라고 말씀하시기 때문이다. 오히려 어른들이 어린아이처럼 되지 않으면 천국에 들어갈 수 없다고 경고하신다. 유아도 구원의 대상인 것은 분명하지만 구원의 신비를 이성으로 파악할 수는 없다.

세례가 구원의 확실한 보증인가? 믿음을 고백하고 세례를 받은 성인은 교회를 떠나지 않는다고 보장할 수 있는가? 할례처럼 세례 역시 언약백성의 확실한 표지다. 따라서 언약 백성의 자녀라면 누구나 세례를 받을 수 있고 받아야 한다. 구원의 유무는 오직 하나님께만 달려 있다.

성만찬의 성례란 무엇인가?

Article XXXV.

Nous croyons et confessons que nostre Sauveur Iesus Christ a ordonné et institué le Sacrement de la S. Cene pour nourrir et substanter ceux qu'il a desja regenerez et entez en sa famille, qui est son Eglise. Or ceux qui sont regenerez ont en eux deux vies: l'une corporelle et temporelle, laquelle ils ont apportée dés leur premiere nativité, et est commune à tous l'autre est spirituelle et celeste laquelle leur est donnée en la seconde nativité, qui se fait par la parole de l'Evangile en la communion du corps de Christ, et ceste vie n'est commune sinon aux esleus de Dieu. Ainsi Dieu nous a ordonné pour l'entretenement de la vie corporelle et terrestre, un pain terrestre et materiel qui est propre à cela, lequel pain est commun à tous, comme aussi est la vie; mais pour entretenir la vie spirituelle et celeste laquelle est aux fideles, il leur a envoyé un pain vif, qui est descendu du ciel, asavoir Iesus Christ, lequel nourrit et entretient la vie spirituelle des fideles, estant mangé, c'est à dire, appliqué et receu par foy en l'esprit. Pour nous figurer ce pain spirituel et celeste Christ a ordonné un pain terrestre et visible, qui est sacrement de son corps, et le vin pour le Sacrement de son sang, pour nous testifier, qu'aussi veritablement que nous prenons et tenons le Sacrement en nos mains, et le mangeons et beuvons en nos bouches, dont puis apres nostre vie est substantée: aussi vrayement par foy (qui est la main, et la bouche de nostrew ame) nous recevons le vray corps, et le vray sang de Christ nostre seul Sauveur en nos ames pour nostre vie spirituelle. Or c'est une chose asseurée que Iesus Christ ne nous a pas recommandé ses Sacremens pour neant. Partant il fait en nous tout ce qu'il nous represente par ces signes sacrez, combien que la maniere outrepasse nos entendemens, et nous soit incomprehensible, comme l'operation de l'Esprit de Dieu est secrette et incomprehensible. Cependant nous ne faillons pas, en disant, que ce qui est mangé est le propre et naturel corps de Christ et son propre sang, ce qui est beu: mais la maniere par laquelle nous le mangeons n'est pas la bouche; ains l'Esprit par la Foy. Parainsi Iesus Christ demeure tousjours assis à la dextre de Dieu son Pere és cieux,

et ne laisse pas pour cela de se communiquer à nous par la foy. Ce banquet est une table spirituelle en laquelle Christ se communique à nous avec tous se biens, et nous fait joüir en icelle tant de luy-mesme que du merite de sa mort et passion, nourrissant, fortifiant, et consolant nostre pauvre ame desoée par le manger de sa chair, et la soulageant et recreant par le breuvage de son sang. Outreplus jaçoit que les Sacremens soyent conjoincts à la chose signifiée, ils ne sont pas toutesfois receus, de tous avec ces deux choses. Le meschant prend bien le Sacrement à sa condamnation; mais il ne recoit pas la Verité du Sacrement: comme Iudas et Simon le Magicien recevoyent bien tous deux le Sacrement; mais non pas Christ qui est signifié par iceluy: ce qui est seulement communiqué aux fideles. Finalement nous recevons le S. Sacrement en l'assemblée du peuple de Dieu avec humilité et reverence en faisant entre nous une saincte memoire de la mort de Christ nostre Sauveur avec actions de graces et faisons confession de nostre foy et religion Chrestienne. Parquoy nul ne se doit presenter qu'il ne se soit bien esprouvé soy mesme, de peur qu'en mangeant de ce pain et beuvant de ceste couppe, il ne mange et boive son jugement. Bref nous sommes par l'usage de ce S. Sacrement esmeus à une ardente amour envers Dieu, et nos prochains. En quoy nous rejettons toutes les brouilleries et inventions damnablles, que les hommes ont adjoustées et meslées aux Sacremens, comme prophanations d'iceux, et disons, qu'on se doit contenter de l'ordre que Christ et les Apostres nous en ont enseigné, et parler comme ils en ont parlé.

제35항. [성찬의 성례
: 지상에서 누리는 영적이고 천상적인 삶]

우리는 우리 주 예수 그리스도께서 성만찬의 성례를 정하시고 세우셨다는 것을 믿고 고백합니다. 이는 그분이 이미 거듭나게 하셔서 자신의 가정 즉 자신의 교회에 접붙이신 자들을 먹이시고 지키시기 위함입니

다. 거듭난 자들은 지금 두 종류의 삶(=생명)을 삽니다. 즉 하나는 그들이 자신들의 첫 출생에 수반하는 육체적이고 한시적인 [삶]인데, 모든 사람에게 공통적입니다. 다른 하나는 복음의 말씀을 통해 그리스도의 몸의 교제 안에서 발생하는 두 번째 출생으로 그들에게 주어진 영적이고 천상적인 [삶]인데, 이 삶은 하나님께서 택하신 자들에게만 공통적입니다. 또 하나님께서는 우리에게 육체적이고 지상적인 삶의 유지를 위해 지상적이고 물질적인 빵을 유용한 것으로 정하셨는데, 삶 역시 그런 것처럼 빵도 모든 사람에게 공통적입니다. 그러나 신자들이 영적이고 천상적인 삶을 유지하도록 [하나님]께서는 그들에게 살아 있는 빵을 보내셨는데, 그것은 하늘로부터 내려온 [빵] 즉 예수 그리스도이십니다. 이분은 [신자들에게] 먹히심으로 즉 믿음을 통해 영으로 접촉되시고 수용되심으로 신자들의 영적 삶을 먹이시고 유지하십니다. 우리에게 영적이고 천상적인 빵을 보여주시기 위해 그리스도께서는 지상적이고 가시적인 빵을 자기 몸의 성례로, 또한 포도주를 자기 피의 성례로 정하셨습니다. 이것은 [다음과 같은 사실을] 우리에게 증거하기 위함인데, 즉 진실로 우리가 그 성례를 우리 손으로 받아서 취하고 그것을 우리 입으로 먹고 마실 때 그것으로 우리의 삶이 계속 유지된다는 것과, 또한 참으로 우리가 우리 영혼의 손과 입인 믿음을 통해, 우리의 유일한 구세주이신 그리스도의 참된 몸과 참된 피를, 우리의 영적 삶을 위하여 우리 영혼으로 받을 때도 역시 [그렇다는] 것입니다. 예수 그리스도께서 자신의 성례들을 우리에게 헛되이 명령하지 않으셨다는 것은 이제 확실합니다. 그러므로 그분은 이 거룩한 표지들을 통해 우리에게 나타내 보이시는 모든 것들을 우리 안에서 행하시는데, 그 방법이 얼마나 우리의 이해를 초월하고 우리에게 불가해한지 하나님의 영이 비밀스럽고 불가해한 것과 같습니다. 그럼에도 불구하고 먹히는 그것이 그리스도 자신의 타고난 몸이요, 마셔지는 그것이 그분 자신의 피라고 우리가 말하는 것은 잘못이 아닙니다. 그러나 우리가 그것을 먹는 방법은 입이 아니라 믿음을 통한 영입니다. 그러므로 예수 그리스도께서는 하늘에 계신 자신의 아버지 하나님 우편에 항상 머물러 계시지만, 믿음을 통해 자기 자신을 우리에게 나누어주시기를 포기하지 않으십니다. 이 만찬은 영적 식탁인데 이 [식탁에서] 그리스도께서는 자신의 모든 선한 것들과 더불어 자기 자신을 우리에게 나누어주시고 또한 우리가 그분의 고난과 죽음의 공로뿐만 아니라 그분 자신까지도 즐기도록 하십니다. [우리가] 그분의 몸을 먹음

으로 그분은 우리의 황폐하고 가난한 영혼을 양육하시고 강화하시고 위로하시며, [우리가] 그분의 피를 마심으로 그분은 [우리의 황폐하고 가난한 영혼을] 살아나게 하시고 새롭게 하십니다. 더욱이 성례들이 의미하는 것들과 결합되어 있음에도 불구하고 그것들이 모두에 의해 두 가지로 받아들여지는 것은 아닙니다. 악한 자는 자신의 판단대로 성례를 좋게 붙잡지만 성례의 진리를 받지는 못합니다. [그것은] 마치 유다와 마술사 시몬 둘 다 성례를 받았지만 성례가 의미하는 그리스도를 못 [받았던] 것과 같습니다. [왜냐하면] 그것은 신자들에게만 나누어지는 것이기 [때문입니다]. 마지막으로 우리는 하나님의 백성의 모임에서 거룩한 성례를 겸손과 공경으로 받는데, 우리가 감사(=은혜의 행위)로 우리 주 그리스도의 죽으심을 거룩하게 기억함으로써, 우리의 믿음과 기독교를 고백함으로써 [받습니다]. 그러므로 아무도 먼저 자신을 살피지 않고 나타나는 일은 없어야 하는데, [이것은] 그가 이 빵을 먹고 이 잔을 마실 때 자신의 심판을 먹고 마시지 않도록 하기 위함입니다. 요컨대, 우리는 이 거룩한 성례의 사용을 통해 하나님과 우리의 이웃을 향한 불타는 사랑으로 감동됩니다. 따라서 우리는 인간들이 거룩한 성례들에 첨가하고 뒤섞은 모든 혼합물들과 저주받을 발명품들을 동일한 신성모독처럼 거부합니다. 그리고 [우리는] 그리스도와 사도들이 우리에게 가르쳐주신 규정으로 만족해야 하고 그분들이 그것에 대해 말씀하셨던 것과 같이 말해야 한다고 주장합니다.

관련성경

마 26:26; 막 14:17; 눅 22:19; 고전 11:24; 요 3:6, 10:10, 5:25, 6:48, 51, 63; 고전 10:27; 엡 3:17; 요 6:35; 고전 10:16; 행 3:21; 요 6:35; 고전 10:16; 행 3:21; 막 16:14; 마 26:11; 고전 10:3-4, 11:29; 롬 8:22; 고후 6:15; 고전 2:14; 행 2:42; 행 20:7; 고전 11:28.

성찬 교리는 16세기 종교개혁자들 사이에 가장 뜨거운 논쟁거리였다. 잘 알려진 것처럼 이 논쟁 때문에 후대에서는 중세 로마 가톨릭교회의 성찬론이 화체설(transsubstantiation)로, 루터교회의 성찬론이 공재설(consubstantiation)로, 츠빙글리의 성찬론이 상징설(symbolism) 혹은 기념설(memorialism)로, 칼빈의 성찬론이 영적 임재설(spiritual presence)로 분류되고 알려지게 된 것이다. 오늘날 루터교회 이외의 개신교회는 대부분, 심지어 재세례파까지도, 츠빙글리의 상징설 또는 기념설로 불리는 성찬론의 입장을 수용한다.

화체설은 빵과 포도주가 성찬식을 통해 실체적이고 본질적으로 그리스도의 몸과 피로 변한다는 교리인데, 공재설은 실체적 본질의 변화 없이 그리스도의 육신이 불가시적으로 성찬의 빵과 포도주에 함께 하신다는 것이다. 반면에 상징설 또는 기념설은 성찬의 빵과 포도주가 그리스도의 몸과 피를 상징하기 때문에 신자가 그것을 믿음으로 받고 그리스도를 기억하고 기념한다는 교리다. 영적 임재설이란 성찬의 빵과 포도주를 받는 신자들의 마음을 그리스도께서 친히 자신의 성령을 통해 천상으로 들어 올리셔서 그들과 천상적 교제를 나누신다는 것이다.

오늘날 대다수의 한국 교회는 성찬의 논쟁 역사도 무시하고 성찬의 중요성도 간과한 채 성찬식을 단순히 오래되고 진부한(?) 교회 예식 정도로 간주하는 경향이 있다. 사실 교회 역사에서 가장 오래된 것이지만 또한 가장 중요한 교회 행사는 바로 세례와 성찬이다. 이 두 가지가 오늘날 다른 휘황찬란한 행사들에 밀려 찬밥 신세로 전락한 것은 부당한 일이요, 교회의 심각한 불행이다. 세례와 성찬이 다시 교회의 가장 중요한 행사로 자리 잡을 수 있길 바란다. 이것이야 말로 교회가 본질을 회복하고 본질로 돌아가는 길이다.

성찬의 빵과 포도주는 두 번째 출생자들을 위한 영적이고 천상적인 양식이다.

초대교회는 세례 받은 자들만 성찬식에 참여할 수 있도록 했다. 그것은 믿는 자들만의 잔치 즉 예배라는 의미다. 초대교회는 예배를 1부와 2부로 나누었는데, 1부 예배는 말씀 중심의 잔치였고 2부 예배는 성찬 중심의 잔치였다. 말씀 예배에는 누구나 참여할 수 있었던 반면에 성찬 예배에는 세례를 받은 신자들만 참여할 수 있었다. 초대교회에서는 성인이 세례를 받으려면 최소 3년 이상의 세례 준비기간이 필요했는데, 이것은 그의 믿음이 삶에서 열매를 맺는지 확인하는데 걸리는 최단 기간이었다.

이처럼 믿지 않는 자들, 또는 믿기는 하지만 그의 믿음이 아직 교회에 의해 확실한 인정을 받지 못한 자들은 성찬에 참여할 수 없었다. 콘스탄티누스 황제가 기독교를 공적으로 인정한 AD 313년경부터 테오도시우스 황제가 기독교를 로마제국의 국교로 삼은 AD 380년경까지 기독교인이 되는 것과 로마 시민이 되는 것 사이의 경계는 모호해지기 시작했다. 카를 대제가 공식적으로 서로마제국의 황제로 등극한 800년경부터 중세교회는 확실히 한 아이가 그리스도인으로 태어나는 순간 동시에 로마 시민으로 태어났다.

초대교회에서는 유아 세례와 더불어 성인 세례도 많았지만 중세교회에서는 유아세례가 절대적이었고 성인 세례를 경험하기란 하늘의 별따기처럼 어려웠다. 비기독교지역을 정복하거나 이방인이 로마제국으로 유입되는 예외적인 경우를 제외하면, 중세교회는 유아 세례를 받은 아이가 성찬에 참여하도록 입교(confirmation) 절차를 마련했다. 입교를 통과한 유아 세례자는 성찬에 참여할 수 있었다. 중세교회는 세례를 구원의 표지로 간주했기 때문에 유아 세례를 받지 못하고 죽은 아이를 유아

세례를 받고 죽은 아이와 구별하기 위해 유아림보 교리를 만들었다.

초대교회는 사실상 매주 말씀 예배 후에 곧장 성찬 예배를 했지만 중세 교회는 성찬을 지나치게 신성시 하여 횟수를 줄였고 16세기에는 1년에 1회만 시행하는 곳이 많았다. 초대교회부터 중세교회까지의 전통이자 종교개혁자들도 전혀 문제 삼지 않았던 성찬의 참여 자격, 즉 세례 받은 교인에게만 성찬에 참여할 자격을 준 이유는 그리스도의 참된 몸과 피로서 성찬의 빵과 포도주를 영적인 양식으로 간주했기 때문이다. 사람은 누구나 육체를 가지고 태어나는데 그것이 첫 번째 출생이다. 하지만 그리스도인은 두 번째 출생을 경험하는데 그것이 곧 중생이다.

중생, 즉 그리스도 안에서 그리스도와 함께 거듭난 사람을 성경은 '새 사람'이라 부른다. 새 사람은 영혼이 죽어 있던 '옛 사람'의 반대말이다. 새 사람은 살리는 영이신 성령을 통해 영혼이 다시 살아난 사람을 의미한다. 옛 사람이 그리스도와 함께 십자가에 못 박혀 죽어야 새 사람이 된다. 새 사람은 그리스도 안에서 그리스도와 함께 부활한 영혼의 사람이다. 그 영혼이 그리스도 안에 사는 한 더 이상 죽지 않는다. 그리스도로부터 생명의 양식을 끊임없이 공급받기 때문이다. 그리스도께서는 그것을 성찬을 통해 증명하신다. 왜냐하면 성찬의 자리는 그리스도께서 자신의 살과 피를 새 사람의 영적 양식으로 제공하시는 시공간이기 때문이다.

영혼의 양식인 그리스도의 살과 피를 먹고 마시지 않고는 새 사람의 영적 성장이나 건강 유지는 불가능하다. 따라서 영혼의 양식을 공급받는 성찬의 자리는 어떤 것보다 중요하다. 일용한 양식인 빵과 포도주 없이는 육신이 살아갈 수 없는 것처럼 새 사람이 살기 위해서는 영혼의 양식인 그리스도의 살과 피를 먹고 마시는 것이 필수적이다. 하나님의 말씀도 성찬도 새 생명의 양식이다. 하나님의 말씀은 들을 수 있는 생명의 양식이지만 성찬은 볼 수 있는 생명의 양식이다. 보는 것이 듣는 것보다 더욱 효과적이라는 것은 굳이 설명할 필요가 없다.

듣는 말씀인 설교와 함께 보는 말씀인 성찬이 동반되는 것보다 이상적인 예배는 없다. 지상에서 예배는 천국 잔치다. 천국에 가야만 누릴 수 있는 잔치를 이 땅에서도 누릴 수 있는 기회가 곧 예배다. 따라서 지상 교회의 예배는 반드시 천국 잔치가 되어야 한다. 이 잔치에서 가장 중요한 요소가 바로 성찬이라는 것은 아무리 강조해도 지나치지 않다. 천국 잔치로서 성찬 예배가 회복되기를!

성찬의 빵과 포도주는 "그리스도의 참된 몸과 참된 피"이다.

네덜란드 신앙고백에 따르면 성찬에 참여한 신자는 성찬의 빵과 포도주를 그리스도의 참된 몸과 참된 피로 먹고 마신다. 그런데 그것을 먹고 마시는 것은 우리의 입이 아니라 각자의 믿음이라고 주장한다. 빵과 포도주를 먹고 마시는 것은 입이다. 하지만 우리의 육체가 입으로 그것을 먹고 마실 때, 동시에 우리의 영혼은 믿음으로 그리스도의 몸과 피를 먹고 마신다는 것이다. 이런 방법으로 우리가 성찬에서 먹고 마시는 빵과 포도주는 우리 영혼에 그리스도의 몸과 피를 공급한다.

성찬에서 그리스도의 참된 몸과 참된 피를 먹고 마시는 것이 과연 가능한가? 네덜란드 신앙고백은 그것을 "하나님의 영이 비밀스럽고 불가해한" 방법이라 설명하면서 덧붙이기를, "그럼에도 불구하고 먹히는 그것이 그리스도 자신의 타고난 몸이요, 마셔지는 그것이 그분 자신의 피라고 우리가 말하는 것은 잘못이 아니다." 여기서 핵심적인 관심은 '빵과 포도주가 어떻게 그리스도의 참된 살과 피가 될 수 있는가?'라는 이성적 질문이 아니라, 우리가 '어떻게 빵과 포도주를 그리스도의 참된 살과 피로 먹고 마실 수 있는가?'라는 신앙적 질문이다.

성찬의 빵과 포도주를 그리스도의 참된 살과 피로 먹고 마실 수 있는 유일한 방법은 빵과 포도주로 우리에게 주어지는 그리스도의 살과 피가 우리를 위한 그리스도의 지극한 사랑의 선물, 즉 그리스도 자신을 주시는 것이라는 믿음으로 먹고 마시는 것이다. 그 때 성찬의 빵과 포도주는 그리스도의 참된 몸과 피로써 우리의 영혼에 참된 양식과 음료가 된다. 성찬에 대한 이러한 가르침은 칼빈의 성찬론과도 일치할 뿐만 아니라, 하이델베르크 신앙교육, 즉 교리문답의 교리와도 일치한다. 성찬의 빵과 포도주는 우리에게 실제로 그리스도의 참된 몸과 피다.

"그리스도는 하늘에 계신 아버지 하나님 우편에 항상 머물러 계시지만 믿음을 통해 자신을 우리에게 나누어주시기를 포기하지 않으신다. 영적 식탁인 성찬에서 그리스도는 자신의 모든 선한 것들과 더불어 자기 자신을 우리에게 나누어주시고 또한 우리가 그분의 고난과 죽음의 공로뿐만 아니라 그분 자신까지도 즐기도록 하신다. 우리가 그분의 몸을 먹을 때 그분은 황폐하고 가난한 우리 영혼을 양육하시고 강화하시고 위로하시며, 우리가 그분의 피를 마실 때 그분은 우리 영혼을 살아나게 하시고 새롭게 하신다."

성찬의 빵과 포도주는 "영혼의 손과 입인 믿음"으로만 받을 수 있다.

성찬에 참여하는 자는 세례를 받고 믿음을 고백한 신자여야 한다. 이것이 성찬 참여의 자격 조건이다. 하나님께서 믿는 자 즉 신자를 기뻐하신다는 사실은 명확하다. 성경 말씀에 따르면 믿음이 없이는 누구도 하나님을 기쁘시게 하지 못하기 때문이다. 하나님을 하나님으로 모시지 않는 불신자에게 하나님의 최고 선물인 독생자 그리스도 자신이 막 제공될 리가 없다. 성찬의 그리스도의 살과 피는 그리스도 자신을 의미한다. 그분의 살과 피가 성 삼위일체 하나님을 알고 믿고 고백하는 자에게만 제공되는 것은 당연하다.

네덜란드 신앙고백은 불신자를 "악한 자"로 묘사한다. 악한 자가 자신의 정체를 숨기고 성찬의 빵과 포도주를 받을 수는 있겠지만 결코 "성례의 진리를 받지는 못한다. 그것은 마치 유다와 마술사 시몬 둘 다 성례를 받았지만 성례가 의미하는 그리스도를 받지 못했던 것과 같다. 왜냐하면 그것은 신자들에게만 나누어지는 것이기 때문이다." 우리의 믿음은 우리 "영혼의 손과 입"이다. 따라서 성찬에서 우리는 오직 믿음으로만 그리스도의 살과 피를 바르게 받을 수 있다. 성찬의 빵과 포도주는 믿음으로 그리스도의 살과 피로 우리의 영적 음식과 음료가 된다.

그렇다면 믿는 자, 즉 신자는 어떤 자세로 성찬의 빵과 포도주를 받아야 하는가? 그것을 우리는 "겸손과 공경"의 마음으로 받아야 한다. 뿐만 아니라 "감사"하는 마음으로 받아야 한다. 이것은 우리가 주님께서 지신 십자가의 죽으심을 거룩하게 기억하는 정당한 방법이기 때문이다. 성찬의 자리에서 믿음 없이도 빵과 포도주를 육신의 입으로 먹고 마실 수는 있지만 믿음 없이 그리스도의 살과 피를 먹고 마시는 일은 절대 불가능하다. 참된 믿음으로 빵과 포도주를 받는 자는 영혼의 입으로 그리스도의 살과 피를 먹고 마시는 자다.

이런 점에서 성경은 우리에게 경고한다. "그러므로 누구든지 주의 떡이나 잔을 합당하지 않게 먹고 마시는 자는 주의 몸과 피에 대하여 죄를 짓는 것이니라. 사람이 자기를 살피고 그 후에야 이 떡을 먹고 이 잔을 마실지니 주의 몸을 분별하지 못하고 먹고 마시는 자는 자기의 죄를 먹고 마시는 것이니라"(고전 11:27-29). 성찬의 빵과 포도주가 무엇을 의미하는지도 모른 채 먹고 마시는 것이 합당하지 않게 성찬에 참여하는 것이요, 그리스도와 자신의 관계를 살피지 않고 먹고 마시는 것이 분별없이 성찬에 참여하는 것이다.

그러므로 합당하지 않게 혹은 분별없이 성찬의 빵과 포도주를 받아서 먹고 마시는 것은 그리스도의 몸과 피에 대하여 죄를 짓는 행위다. 이것은 신성모독의 불경죄다. 불신앙의 죄로 취급될 정도로 심각한 죄다. "그러므로 아무도 먼저 자신을 살피지 않고 나타나는 일은 없어야 한다." 신자는 성찬의 빵과 포도주가 그리스도의 참된 몸과 피라는 확고한 믿음으로 성찬의 자리에 나아가야 한다. 그렇지 않을 경우 우리는 그 빵을 먹고 그 잔을 마실 때 우리 자신의 심판을 먹고 마시는 최악의 사태가 벌어지기 때문이다.

바른 성찬 참여의 결과는 "하나님과 이웃을 향한 불타는 사랑으로 감동"하는 경험이다.

제36항

그리스도인에게 국가와 정부의 권력은 무엇인가?

Article XXXVI.

Nous croyons que nostre bon Dieu à cause de la depravation du genre humain a ordonné des Roys, Princes, et Magistrats, voulant que le monde soit gouverné par loix et plices, afin que le desbordement des hommes soit reprimé et que tout se conduise par bon ordre entre les hommes. Pour ceste fin il a mis le glaive és mains du Magistrat pour punir les meschans, et maintenir les gens de bien. Et non seulement leur office est, de prendre garde et veiller sur la police; ains aussi de maintenir le sacr"e ministere, pour oster et ruiner toute Idolatrieet faux service de l'antechrist, et advancer le royaume de Iesus Christ, faire prescher la parole de l'Evangile par tout, afin que Dieu soit honnoré et servi d'un chacun, comme il le requiert par sa parole. D'avantage un chacun de quelque qualité, condition, ou estat qu'il soit, doit estre subject aux Magistrats, et payer les tributs, les avoir en honneur et reverence, et leur obeïr en toutes choses, qui ne sont point contrevenantes à la parole de Dieu, priant pour eux en leurs oraisons, afin que le Seigneur les vueille diriger en toutes leurs voyes, et que nous menions vie paisible et tranquille en toute pieté et honnesteté. Et sur cecy nous detestons les Anabaptistes et autres mutins, et en general tous ceux ui veulent rejetter les superioritez en Magistrats, et renverser la justice, establissans communautez que Dieu a mis entre les hommes.

제36항. [국가와 정부의 통치권에 대한 그리스도인의 순종]

우리는 우리의 선하신 하나님께서 인류의 타락 때문에 왕들과 군주들과 통치자들을 세우셨다고 믿습니다. [하나님께서는] 인간의 무질서가 통제되고 모든 일이 사람들 사이에서 선한 질서를 통해 수행되도록 세상이 법과 정치체제로 다스려지기를 바라십니다. 이런 목적으로 악인을 처벌하고 선인을 보호하도록 통치자들의 손에 칼을 쥐어주셨습니다. 그들의 직무는 정치 체제를 지키고 감시하는 것뿐만 아니라, 또한 거룩한 사역을 유지하는 것인데, 이것은 모든 우상숭배 및 하나님에 대한 거짓

섬김을 제거하고 소멸하기 위함이요, 적그리스도의 왕국을 파괴하고 예수 그리스도의 왕국을 전진시키기 위함이요, 하나님께서 자신의 말씀을 통해 요구하시는 것처럼 각 사람으로부터 경외를 받으시고 섬김을 받으시도록 모두에게 복음의 말씀을 전하기 위함입니다. 나아가 모든 사람은 어떤 자질이나 지위나 신분에 관계없이 통치자들에게 복종해야 하고, 세금을 지불해야 하며, 그들을 경외심과 존경심으로 대해야 하고 하나님의 말씀에 위배되지 않는 모든 일에 그들에게 순종해야 하며, 자신들의 기도 속에 그들을 위해 기도하되 주님께서 모든 길에서 그들을 인도하시도록, 우리도 모든 경건함과 정직함으로 평화롭고 조용한 삶을 살 수 있도록 [기도하는 것입니다. 그리고 이것으로 우리는 재세례파들과 다른 반역자들, 그리고 재산의 공유 [공동체]를 세우고 하나님께서 사람들 사이에 두신 정직함을 교란함으로써 높은 권세들과 통치자들을 거부하고 정의를 뒤집어엎으려고 하는 모든 일반 사람들을 배격합니다.

관련성경

출 18:20; 롬 13:1; 잠 8:15; 렘 22:3; 시 82편; 신 1:16, 17:16, 16:19; 고후 10:6; 시 101편; 렘 21:12; 삿 21:25; 렘 22:3; 단 2:21-22 (5:8); 사 49:23; 왕하 23:2-4; 왕상 15:12; 롬 13:1; 눅 22장; 벧전 2:17; 딛 3장; 마 17:27; 행 4:17-19, 5장, 2장; 호 5:11; 렘 27:5; 벧후 2:10; 유 1:10; 딤전 2:2.

국가와 교회, 국가와 기독교인의 관계는 2000년 역사에서 매우 다양한 모습이었는데, 크게 네 가지 정도로 요약 가능하다. 초대교회에서는 갈등 관계였다. 로마제국에서 기독교는 제국이 종교로 인정하기까지, 즉 콘스탄티누스 황제가 기독교를 공인할 때까지 멸시와 핍박의 대상이었기 때문이다. 제국의 공인 종교가 된 이후 로마제국과 교회는 혼합 관계로 발전한다. 혼합 관계란 교황이 그리스도의 지상 대리자를 자처하면서 황제보다 높은 서로마제국의 교황황제주의(Papo-caesarism) 형태와 황제가 교황을 포함한 모든 총대주교 위에 있다는 동로마제국의 황제교황주의(Caesaropapism) 형태로 구분되지만 정부와 교회가 혼합된 종교 일치라는 점에서는 동일하다. 이런 형태가 중세시대를 지배했다.

세 번째와 네 번째 모습은 종교개혁시대에 나타난 협력 관계와 분리 관계이다. 이 두 관계의 기원은 아마도 아우구스티누스의 두 도성 이론일 것이다. 협력 관계란 정부와 교회 모두 하나님께서 각각 독립적으로 세우신 것이지만 상호 협력해야 하는 관계를 의미한다. 루터와 칼빈을 포함한 거의 모든 종교개혁자들이 이런 관계를 인정한다. 국가와 교회를 상호 독립적 통치기관으로 구분하는 칼빈의 두 정부 이론은 루터의 두 왕국 이론과 유사하지만 사실상 다르다. 분리 관계란 정부와 교회의 기원이 각각 전혀 다르기 때문에 서로 무관할 뿐만 아니라, 사실상 상호 대립과 적대 관계를 의미다. 16세기의 재세례파가 이런 정부이론을 지지하는 대표적 집단이었고 이후 독립 회중파와 메노나이트파, 퀘이크파 등이 그 입장에 속한다.

장로교회와 개혁교회가 취한 국가와 교회의 관계는 취리히 종교개혁자 츠빙글리의 주장에 근거한 에라스투스주의(Erastianism), 즉 정부 권력 지상주의의 국가 교회 형태와 다르다. 루터와 츠빙글리는 육적이든 영적이든 범죄자를 처벌할 처벌권이 정부에만 있다고 주장하는 점에서 일치한다. 이와 달리 바젤의 종교개혁자 외콜람파디우스와 제네바 종교개혁자 칼빈은 영적인 범죄에 대해 교회가 정부의 간섭 없이 독립적으로 처벌할 수 있다는 교회의 영적 치리권을 주장한다. 처음부터 당회와 노회와 총회라는 교회치리회를 갖춘 장로교회와 개혁교회는 에라스투스주의보다는 오히려 칼빈의 입장에 훨씬 더 가깝다고 볼 수 있다.

국가와 정부의 설립자는 누구인가?

성경은 세상의 모든 통치 권력이 하나님으로부터 나온다는 사실을 분명하게 가르친다. 구약성경은 모든 왕권이 하나님 한 분께만 달려 있다는 사실을 선언한다. "나로 말미암아 왕들이 치리하며 방백들이 공의를 세우며…"(잠 8:15), "그는 … 왕들을 폐하시고 왕들을 세우시며…"(단 2:21), "왕이여, 왕은 여러 왕들 중의 왕이시라. 하늘의 하나님이 나라와 권세와 능력과 영광을 왕에게 주셨고…"(단 2:37). 신약도 구약의 가르침과 동일하다. 총독 본디오 빌라도가 "내가 너를 놓을 권한도 있고 십자가에 못 박을 권한도 있는 줄 알지 못하느냐?"라고 말하면서 협박하자 예수께서는 "위에서 주지 아니하셨더라면 나를 해할 권한이 없었으리니…"(요 19:11)라고 대답하셨다.

구약에서 하나님은 자신을 믿지 않고 자기 백성을 악독하게 핍박하는 최악의 권세조차도 허용하시는 정도가 아니라 친히 세우셔서 자신의 구원계획을 이루시는 도구로 사용하신다. 어떤 형태의 권세도 하나님으로부터 나오지 않은 것은 없다. 신약성경에서 국가와 정부의 권력에 대해 가장 분명하고 확실한 가르침은 로마서 13:1-7이다. "권세는 하나님으로부터 나지 않음이 없나니 모든 권세는 다 하나님께서 정하신 바라"(롬 13:1). 그래서 바울은 모든 그리스도인을 향하여 "위에 있는 권세들에게 복종하라"라고 권고한다. 심지어 하나님을 믿지 않는 최악의 국가와 정부라 해도 그리스도인은 복종의 의무를 거부할 수 없다.

국가와 정부는 하나님께서 친히 세우신 신적 권세와 권력이기 때문에 국가와 정부에 대한 복종을 거부하는 것은 곧 그것을 세우신 하나님의 권위를 거부하는 것이다. 바울의 명령은 한 걸음 더 나아가 그리스도의 통치권과도 연결된다. 왜냐하면 만물이 그리스도에게서 창조되었기 때문이다. "왕군들이나 주권들이나 통치자들이나 권세자들이나 만물이 다 그로 말미암고 그를 위하여 창조되었다"(골 1:16). 그러므로 하나님은 그리스도를 "모든 통치와 권세와 능력과 주권과 이 세상뿐 아니라 오는 세상에 일컫는 모든 이름 위에 뛰어나게 하시고 또 만물을 그의 발 아래 복종하게 하시고 그를 만물 위에 교회의 머리로 삼으셨느니라. 교회는 그의 몸이니 만물 안에서 만물을 충만하게 하시는 충만함이니라"(엡 1:21-23),

마지막 심판의 날, 즉 우리 주 예수 그리스도께서 재림하실 때 "그가 모든 통치와 모든 권세와 능력을 멸하시고 나라를 아버지 하나님께 바칠"(고전 15:24) 것이다. 하나님께서 친히 세우시는 세상의 모든 국가와 정부 형태는 우주의 왕으로 등극하신 그리스도께서 친히 다스리시는 그리스도의 왕국 밖이 아닌, 안에 있다. 에베소서에 따르면 교회는 그리스도께서 자신의 우주적 왕국을 건설하시기 위해 사용하시는 최고의 수단이자 최후의 수단이다. 왜냐하면 그분은 자신의 몸인 교회를 통해 만물 안에서 만물을 충만하게 하실 것이기 때문이다. 우주적 통치권의 주체는 오직 한 분 그리스도시지만 교회는 그분의 확실한 동역자요, 협력자다.

국가와 정부의 설립 목적은 무엇인가?

재세례파의 주장과 달리 국가와 정부는 하나님과 교회를 대적하기 위해 사탄이 세운 기관이 아니다. 하나님께서 자신의 백성을 불러 모으시기 위해 구약에서는 이스라엘이라는 신정 국가를, 신약에서는 교회라는 신정 기관을 세우셨다. 하지만 하나님은 구약시대든 신약시대든 구원의 기관과 달리 인간의 타락 이후 자신의 창조 세계를 보전하기 위한 칼의 권세도 세우셨다. 즉 "인류의 타락 때문에 왕들과 군주들과 통치자들을 세우셨다." 왜냐하면 "인간의 무질서가 통제되고 모든 일이 사람들 사이에서 선한 질서를 통해 수행되도록 세상이 법과 정치 체제로 다스려지기를" 원하셨기 때문이다. 국가와 정부가 세워진 목적은 죄인들의 무질서를 통제하고 또한 인간 사회에 선한 질서를 유지하기 위한 것이다.

국가와 정부는 죄를 억제하기 위한 하나님의 도구다. 세상의 모든 권세들은 법과 질서로 세상을 다스리길 원하시는 하나님 자신의 통치 수단이다. 그래서 하나님은 "악인을 처벌하고 선인을 보호하도록 통치자들의 손에 칼을 쥐어"주신 것이다. 네덜란드 신앙고백에 따르면 국가와 정부, 즉 모든 세상 권세들의 "직무는 정치 체제를 지키고 감시하는 것뿐만 아니라, 또한 거룩한 사역을 유지하는 것인데, 이것은 모든 우상 숭배 및 하나님에 대한 거짓 섬김을 제거하고 소멸하기 위함이요, 적그리스도의 왕국을 파괴하고 예수 그리스도의 왕국을 전진시키기 위함이요, 하나님께서 자신의 말씀을 통해 요구하시는 것처럼 각 사람으로부터 경외를 받으시고 섬김을 받으시도록 모두에게 복음의 말씀을 전하기 위함이다."

재세례파를 제외한 16-17세기 모든 개신교 신앙고백에 따르면 칼의 권세를 가진 국가와 정부는 반드시 구원의 기관인 교회를 보호할 의무와 책임을 다해야 한다. 교회를 보호하기 위해 우상 숭배자와 이단들을 제거하고 소멸하는 일에도 적극적으로 앞장서야 한다고 강조한다. 왜냐하면 그렇게 하는 것이 "적그리스도의 왕국을 파괴하고 예수 그리스도의 왕국을 전진"시키는 일이기 때문이다. 이런 주장은 16세기 유럽이 정교 일치시대, 즉 종교는 오직 기독교 하나뿐이었던 시대정신을 반영한 것이다. 이런 주장이 오늘날 종교 다원주의 국가인 대한민국에서는 사실상 불가능하다. 하지만 국가가 국민들이 믿는 종교를 보호할 의무가 있다고 주장하는 것은 일반론적으로 가능하겠지만 기독교만의 보호를 주장하긴 어렵다.

한국 교회는 우상 숭배와 이단 문제를 스스로 해결해야 한다. 그것도 인권과 명예를 존중하는 범위 안에서만 합법적인 것으로 인정받을 수 있기 때문에 결코 쉽지 않은 일이다. 하지만 네덜란드 신앙고백의 원리는 오늘날 대한민국에서 정부와 교회의 관계를 설정하는 일에도 도움을 준다. 그것은 국가와 정부, 즉 위에 있는 모든 권세가 하나님으로부터 온다는 사실이다. 따라서 우리 그리스도인은 싫든 좋든 정부의 명령에 순종해야할 의무가 있다. 대통령이나 정부 인사가 무신론자든 불자든 기독교에 적대적인 인물이든 상관없이 복종의 의무는 유효하다. 죄를 억제하고 인권을 보호하며 정의를 구현하는 일에 최선을 다하는 국가와 정부가 이상적이다.

그리스도인은 정부에 무조건 순종해야 하는가?

예수님 시대에 로마 황제는 마치 사탄과 같은 하나님의 원수였는가? 그래서 예수님께서 "가이사의 것은 가이사에게, 하나님의 것은 하나님에게 바치라"(막 12:17)라고 말씀하셨는가? 아니다. 그것은 바리새인과 헤롯당이 보낸 사람이 예수님을 시험하려고 질문한 내용 즉 "가이사에게 세금을 바치는 것이 옳으니이까, 옳지 아니하니이까?"에 대한 예수님의 대답이었다. 당시 유대인들에게 세금을 거두는 세리는 이방 죄인 취급을 받을 정도였던 점을 감안하면 그 질문에 가부(可否) 가운데 어떤 대답을 해도 예수님은 올무에 걸릴 수밖에 없었다. 그래서 올무에 걸리지 않은 묘안으로 대답한 내용이 바로 "가이사의 것은 가이사에게"였다.

오늘날 세금을 내지 않겠다고 주장하는 그리스도인이 있다면 그는 아마도 이단일 가능성이 농후하다. 청년이 국방의 의무인 군 입대를 하지 않겠다는 입장 역시 재세례파로부터 연유된 것이다. 국기에 대한 경례는 어떤가? 해방 후 한 동안 고신교회는 국기에 대한 경례를 하지 말아야 한다는 주장이 대세였다. 그것은 일제 강점 시절 강요되었던 천황 숭배 때문이었다. 결국 국기에 대한 경례는 죽은 조상이나 살아 있는 천황에 대한 경례와 같은 우상 숭배와 달리 국가를 사랑하는 충성심을 표시하는 것으로 정리되었다.

코로나시절 전념을 막기 위해 정부가 대면 예배를 금하고 비대면 예배를 강요한 것은 어떤가? 만일 정부가 반기독교적인 자세로 대면 예배를 금지했다면 우리 그리스도인은 정부의 명령에 순종하지 말아야 한다. 왜냐하면 정부에 대한 그리스도인의 순종은 "하나님의 말씀에 위배되지 않는" 한도 내에서 의무적이기 때문이다. 만일 정부의 명령이 하나님의 말씀에 위배되는 내용이라면 목숨을 걸고서라도 불순종해야 한다. 이러한 불순종은 저항권이라 불린다. 불순종의 저항은 16세기 수많은 개신교 순교자들과, 개신교 지역으로 도피하는 수많은 피난민들을 양산했다. 하지만 초대교회처럼 종교개혁시대의 순교도 역시 결코 헛되지 않았다.

순교와 도피는 저항의 수동적 자세다. 이런 수동적 저항을 넘어 장로교회와 개혁교회는 하나님의 말씀에 위배되는 정부의 명령에 능동적으로 저항할 수 있다고 가르쳤다. 이것이 능동적 저항권 이론이다. 이것은 '정당한 전쟁'의 권리와 유사한데, 정부가 부당하게 칼로 위협할 때 칼로 저항할 수 있는 권리를 의미한다. 저항이 능동적이라 해도 그것은 방어와 저항의 수단일 뿐이다. 능동적 저항권은 폭력을 사용하는 폭동이나 혁명으로 남용될 여지가 다분하다. 하지만 이것은 본래의 취지를 넘어선다. 능동적 저항은 합법적으로 이루어져야 한다. 예컨대 능동적 저항으로는 합법적인 서명운동, 불매운동, 평화행진, 평화시위 등이 건전하다.

물론 여기서 합법이란 소크라테스처럼 악법도 법이라는 법정신을 의미하지는 않는다. 악법은 합법적으로 고치든지 아니면 불법적으로 저항 가능하다. 하지만 그 불법은 반드시 하나님의 말씀에 부합하는 내용이어야 한다. 무질서와 무정부를 추구하는 어떤 혁명적 행동도 능동적 저항으로 정당화될 수 없다. 왜냐하면 하나님은 질서의 하나님이시기 때문이다.

제37항

그리스도의 재림과 최후의 심판이란 무엇인가?

Article XXXVII.

Finalement nous croyons selon la parole de Dieu que quand le temps ordonné du Seigneur sera venu (lequel est incognu à toutes creatures) et le nombre des esleus sera accompli, nostre Seigneur Iesus Christ viendra du ciel corporellement et visiblement, comme il y est monté, avec grande gloire et jajeste, pour se declarer estre le Iuge de vivans et des morts, mettant en feu et en flamme ce vieil monde pour le purger. Et lors comparoistront personnellement devant ce grand Iuge toutes creatures himains, tant hommes que femmes et enfans, qui auront esté depuis le commencement du monde jusques à la fin, y estans adjournez par la voix d'archange, et par le son de la trompette divine. Car tous ceux qui auront paravant esté morts, ressusciteront de la terre, estant l'esprit joint et uni avec son propre corps auquel il a vescu. Et quant à ceux qui survivront lors, ils ne mourront point comme les autres; mais seront changez en un clin d'oeil, de corruption en incorruption. Adonc seront les livres ouverts (c'est a dire les Consciences) et seront jugez les morts selon les choses qu'ils auront faictes en ce monde, soit bien, soit mal. Voire les hommes rendront compte de toutes paroles oiseuses, qu'ils auront parlé, lesquelles le monde n'estime que jeux et passetemps: et lors les cachettes et les hypocrisies des hommes seront descouvertes publiquement devant tous. Et pourtant à bon droict la souvenance de ce jugement est horrible et espouvantable aux iniquis et meschans; et fort desirable et de grande consolation aux bons et esleus, d'autant que lors sera accomplie leur redemption totale, et recevront lá les fruits des labeurs et travaux qu'ils auront soustenus, leur innocence sara apertement cogneuë de tous, et verront la vengeance horrible que Dieu fera des meschans, qui les auront tyrannisez, affligez, et tourmentez en ce monde. Lesquels seront convaincus par le propre tesmoignage de leurs consciences, et seront rendus immortels de telle façon que ce sera pour estre tourmentez au feu eternel, qui est preparé au Diable et à ses Anges; et au contraire le fideles et esleus seront couronnez de gloire et d'honneur: le fils de Dieu confessera leur nom

devant Dieu son pere et les saincts Anges esleus, toutes larmes seront essuyées de leurs yeux: leur cause, à present condamnée par plusieurs Iuges et Magistrats comme heretique et meschante, sera cognue estre la cause du fils de Dieu: et pour recompense gratuite le Seigneur leur fera posseder une gloire telle, que jamais coeur d'homme ne pourroit penser. Pource nous attendons ce grand jour avec disir, pour jouir à plein des promesses de Dieu en Iesus Christ nostre Seigneur.

제37항. [그리스도의 재림과 최후 심판의 날]

마지막으로 하나님의 말씀에 따라 우리는 정해진 주님의 시간이 모든 피조물에게 알려지지 않았으나 도래하게 되고 선택받은 자의 수가 차게 될 때, 우리 주 예수 그리스도께서 자신이 산 자와 죽은 자의 심판자이심을 선포하시기 위해, 승천하신 그대로 육체적이고 가시적으로 하늘로부터 큰 영광과 위엄을 가지고 오셔서 이 옛 세상을 불과 불꽃으로 정화하실 것을 믿습니다. 또한 그 때 세상의 태초부터 끝 날까지 존재하게 될 남녀[노]소 모든 인간 피조물은 이 위대한 심판자 앞에 개인적으로 나타나게 될 것이고 천사장의 소리와 하나님의 나팔소리에 의해 그에게로 소환될 것입니다. 왜냐하면 이전에 죽었던 모든 사람들은 땅에서 부활할 것이며, 그들의 영혼은 그들이 살았던 육체와 결합하여 하나가 될 것이기 때문입니다. 그리고 살아남은 사람들은 다른 사람들처럼 죽지 않고 순식간에 부패에서 부패하지 않는 것으로 변화될 것입니다. 그 때 책들(즉 양심들)이 열릴 것이요, 죽은 자들은 이 세상에서 행한 선악에 따라 심판을 받게 될 것입니다. 또한 사람들은 세상이 놀이와 농담으로만 여기는 말들을 했던 그 모든 무익한 말에 대해서도 책임지게 될 것이며 사람들의 은폐와 위선이 만인 앞에 공개적으로 드러날 것입니다. 그러므로 이 심판을 기억하는 것이 불의한 자들과 악인들에게는 끔찍하고 경악스럽겠지만 선인들과 선택받은 자들에게는 매우 희망적이고 큰 위로가 됩니다. 왜냐하면 그 때 [선인들의 완전한 구속이 이루어질 것이고, 그들이 감당했을 노력과 수고의 열매를 받게 될 것이며, 그들의 무죄함이 만인에 의해 분명하게 인정될 것이고, 이 세상에서 그들을 폭압하고 핍박하며 괴롭힌 악인들에게 하나님께서 행하실 끔찍한 복수를 보게

될 것이기 때문입니다. 하지만 [악인]들은 자기들의 양심의 증거로 입증될 것이며 마귀와 그의 천사들을 위해 준비된 영원한 불로 괴롭혀지는 그 방법으로 불멸할 것입니다. 반대로 신실하고 선택 받은 자들은 영광과 영예의 면류관을 받게 될 것입니다. 하나님의 아들이 자신의 아버지 하나님과 거룩한 천사들 앞에서 그들의 이름을 고백하실 것이요, 그들의 눈에서는 모든 눈물이 닦일 것입니다. 수많은 재판관들과 위정자들에 의해 이단과 악인처럼 현재 정죄된 그들의 소송은 하나님의 아들의 소송으로 인정받게 될 것이며, 주님은 은혜로운 보상으로써 인간의 마음이 상상할 수없는 그런 영광을 그들이 소유하게 하실 것입니다. 그러므로 우리는 우리 주 예수 그리스도 안에서 하나님의 약속을 마음껏 누리기 위해 이 위대한 날을 소망함으로 기다립니다.

관련성경

마 13:23, 25:13; 살전 5:1-2; 마 24:36; 계 6:11; 행 1:11; 벧후 3:10; 마 24:30; 계 21:11; 마 25:31; 유 1:15; 벧전 4:5; 딤후 4:1; 살전 4:16; 고전 15:51; 마 11:22; 막 12:18; 마 23:23; 요 5:29; 롬 2:5; 히 6:2; 히 9:27; 마 12:36; 살후 1:5; (히 10:27); 요일 4:17; 계 14:7; 눅 14:14; 고후 5:10; 계 21:8; 지혜서 5장; 계 22:12; 단 7장; 마 25:41; 벧후 2:9; 사 25:8; 마 10:32; 계 21:4; 사 66:5; 눅 14:14; 고전 2:9.

그리스도의 초림과 재림 사이가 종말의 기간을 의미하며 그리스도의 재림은 최후의 종말 사건이다. 온 세상의 머리이시며 동시에 교회의 머리이신 그리스도께서 부활하신 후 제자들을 다시 불러 모으시고 그들에게 "하나님의 나라의 일"을 가르치시면서 얼마 지나지 않아 "성령으로 세례를 받으리라"고 약속하셨는데, 제자들도 "주께서 이스라엘 나라를 회복하심이 이 때니이까?"라고 예수님께 질문하자, "때와 시기는 아버지께서 자기의 권한에 두셨으니 너희가 알 바아니요…"라고 대답하셨다(행 1:3-7).

하나님 나라의 도래와 이스라엘 나라의 회복은 결코 무관하지 않다. 다만 '이스라엘'이란 단어가 단순히 역사적인 '이스라엘 민족과 국가'만을 의미하지 않고 그들을 포함한 '새 이스라엘'을 의미한다. '새로운 이스라엘' 나라, 즉 하나님의 나라의 완전한 도래는 아무도 그 때와 시를 알 수 없는 그리스도의 재림을 통해 이루어질 것이다. 따라서 그리스도께서 재림하시는 날은 세상의 모든 죄악이 하나도 남김없이 심판을 받고 더 이상 아무런 영향력도 발휘할 수 없는 최후의 심판의 날이자 최후 종말의 날이다.

그 날이 언제인지, 또한 그 심판이 하루 만에 끝날지, 몇 날, 몇 년이 걸릴지 아무도 모른다. 확실한 것은 종말의 날이 반드시 온다는 사실이다. 그 종말이 지구를 물리적으로 완전히 파괴하는 새로운 재창조인지, 아니면 지금 살고 있는 지구를 포함한 우주를 완전히 파괴함 없이 다만 알 수 없는 신적인 방식으로 세상을 완전히 새롭게 하는 것인지 아무도 장담할 수 없다. 확실한 것은 세상이 어떻게든 완전히 새로워져서 죄 없는 세상이 된다는 사실이다.

이런 사실을 감안하면 기독교는 확실히 종말의 종교다. 그리스도의 십자가와 부활 없이는 기독교가 없듯이 그리스도의 재림 없는 기독교도 없다. 종말이란 현재의 시간과 공간이 과거로부터 현재를 통과하여 미래로 간다는 선적 역사관을 전제한 사상이다. 거꾸로 미래의 시간과 공간이 현재를 거쳐 과거라는 사실이 되는 것이다. 따라서 두 번째 생은 없으며 마지막 때가 이 세상을 살아가는 우리 그리스도인에게 지금 다가오고 있을 뿐이다.

이것은 하나님의 말씀에 근거한 기독교의 교리이자 진리이다. 예수께서 승천하시는 모습을 제자들이 쳐다보고 있을 때 천사들이 나타나 책망하듯이 말씀하셨다. "어찌하여 서서 하늘을 쳐다 보느냐? 너희 가운데서 하늘로 오려지신 이 예수는 하늘로 가심을 본 그대로 오시리라"(행 1:11). 우리 주 예수 그리스도께서는 하늘로 가신 부활체 그대로 다시 이 땅에 오실 것이다. 그리스도의 재림은 기독교의 핵심 진리 가운데 하나다. 종말 없는 기독교도 없다.

우리가 그리스도의 부활체를 본 적이 없기 때문에 그분이 재림하실 때 그분을 한 눈에 알아볼 수는 없을 것이다. 물론 우리는 그리스도께서 말씀하신 것처럼 마지막 종말의 "그날과 그때를 알지" 못하기 때문에 반드시 깨어 있어야 한다(마 25:13). 성경은 재림의 날을 "주의 날"이라 부르면서 "주의 날이 밤에 도둑같이" 갑자기 오겠지만 그 날이 우리 그리스도인에게는 도둑같이 임하지 않도록 영적인 잠에 빠지지 않도록 경고한다(살전 5:1-4).

그리스도의 초림과 재림은 어떤 관계인가?

부활하신 그리스도께서는 살아 있는 자와 죽은 자를 심판하시기 위해 반드시 다시 이 땅에 오신다. 이것은 그리스도의 재림을 의미한다. 그런데 구약에서 예언한 메시아는 이미 2000년 전 이 땅에 오셨는데, 세상은 그분을 "그리스도"라 부른다. 세상 역사는 그분의 오심 이전과 이후, 즉 기원전과 기원후로 나누어진다. 올해가 2025년이다. 이것은 그리스도께서 이 세상에 태어나신지 2025년째라는 뜻이다. 이처럼 그리스도는 세상 역사의 중심이시다.

'메시아'는 히브리어에서, '그리스도'는 헬라어, 즉 그리스어에서 유래한 명칭이다. 구약성경은 그분이 이스라엘의 구원을 위해 반드시 오시리라 예언하고 신약성경은 그 예언대로 그분이 이 땅에 오셨다고 선언한다. 구약의 예언은 그리스도의 초림을 통해 성취되었다. 하지만 하나님의 선택된 백성으로 구성된 새 이스라엘의 나라, 즉 하나님의 나라는 그리스도의 초림으로 완전히 회복된 것이 아니라, 재림을 통해 완전히 회복될 것이라고 신약은 가르친다.

그래서 우리는 그것을 옛 언약인 구약과 달리 새로운 언약인 약속, 즉 신약이라 부른다. 구약은 메시아의 오심이 한 번인지 두 번인지에 대해서는 침묵한다. 다만 메시아가 반드시 오실 것이라는 하나님의 확실한 약속을 예언할 뿐이다. 그런데 신약에 따르면 그리스도께서 한 번 오신 초림으로 하나님 나라가 완성되지 않고 다시 오실 재림의 때에 완성될 것이다. 즉, 그리스도의 초림은 하나님 나라 완성의 출발점이고 재림은 그 완성의 종착점이라는 뜻이다.

종말의 시간은 그리스도께서 이 땅에 오신 초림을 통해 이미 시작되었는데, 그 시간이 멈추는 때가 바로 그리스도의 재림입니다. 따라서 그리스도께서 다시 오실 재림의 날은 최후 종말의 날, 최후 심판의 날이다. 그리고 그 날은 주의 날, 주일로 불린다. 그것이 주일이라 불린다고 해서 그리스도께서 일주일 가운데 첫 번째 날인 주일에 오실 것이라는 의미는 아니다. 여기서 주의 날은 주님만 아시는, 하나님 나라가 완성되는 날을 뜻한다.

그리스도의 초림과 재림 사이에 사는 우리 그리스도인들은 그리스도께서 가신 그대로 다시 오실 것을 믿기 때문에 항상 영적으로 깨어 있어야 한다. 죄의 유혹에 빠져 잠들면 곤란하다. 신랑이신 우리 주님을 맞이하기 위해 신부인 우리 신자와 교회는 등불을 들고 신랑이 올 때까지 깨어 있어야 한다. 깨어서 세상을 향해 복음의 진리를 외쳐야 하고, 동시에 세상 속에서 그 진리를 삶으로 살아내어야 한다. 이것이 그리스도의 지상명령을 따르는 순종의 삶이다.

최후의 심판과 일상에서의 심판은 어떤 관계인가?

최후 심판의 날에 "우리 주 예수 그리스도께서는 자신이 산 자와 죽은 자의 심판자이심을 선포하시기 위해, 승천하신 그대로 육체적이고 가시적으로 하늘로부터 큰 영광과 위엄을 가지고 오셔서 이 옛 세상을 불과 불꽃으로 정화하실 것"이다. 그리스도 재림의 날, 최후 종말의 날은 심판의 날인 동시에 구원의 날이다. 심판의 대상과 구원의 대상이 가시적으로 확연하게 구분되는 날이다. 심판 받을 자에게는 저주의 날이요, 구원 받을 자에겐 복된 날이다.

최후 심판의 날에는 "이전에 죽었던 모든 사람들이 땅에서 부활할 것이며, 그들의 영혼은 그들이 살았던 육체와 결합하여 하나가 될 것"이다. 또한 "살아남은 사람들은 다른 사람들처럼 죽지 않고 순식간에 부패에서 부패하지 않는 것으로 변화될 것"이다. 이것은 하나님의 영원한 선택에 따라 구원받을 자에게 일어나는 변화다. 그리스도를 믿는 자는 재림의 때에 육체로 죽은 자든 산 자든 영생의 구원을 받을 것이며 구원 받을 육체로 변할 것이다.

하지만 심판의 대상은 죽은 자든지 산 자든지 저주를 받을 것이다. 그때 그들은 자신의 양심에 기록된 대로 "이 세상에서 행한 선악에 따라 심판을 받게 될 것"이다. 심판 받을 자들 가운데 이미 죽은 자들도 지옥에서 고통 받던 그들의 영혼이, 하나님의 선택된 백성처럼, 육체와 결합하여 하나가 되겠지만, 그 결합은 곧장 영원한 저주의 고통이 될 것이다. 왜냐하면 그들의 영혼만 받던 지옥의 고통을 육체도 받게 될 것이기 때문이다.

최후의 종말이 그리스도를 구원자로 믿지 않는 모든 불신자에게는 가장 잔인한 저주의 고통이 시작되는 영원한 심판의 날이지만 그리스도를 받아들이는 모든 신자에게는 가장 즐거운 천상의 행복이 시작되는 영원한 구원의 날이다. 지상의 그리스도인들은 이 최후의 심판이 어떠할지 일상에서 벌어지는 일시적인 악과 저주를 통해 깨닫게 된다. 하나님은 죄악을 반드시 심판하시는 심판의 하나님이시다. 어떤 사소한 죄악조차도 하나님의 심판에서 제외되지 않는다.

그리스도인이 그 심판에서 제외되는 이유는 단 하나, 그리스도 안에 있기 때문이다. 그리스도께서 우리 안에 계시고 우리가 그리스도 안에 사는 것, 이것이 신자의 삶이다. 그리스도는 어떤 악과도 함께 하시지 않는다. 만일 우리 그리스도인이 죄를 짓는다면 그 순간 그리스도는 우리 바깥에 계실 것이고 슬픔과 근심에 찬 얼굴로 우리의 마음 문을 두드리실 것이다. 우리가 짓는 일상의 죄는 반드시 세상의 어디선가 불행과 재앙으로 나타난다.

인간의 문명과 과학이 어느 시대보다 발달한 21세기에도 기근과 전쟁과 전염병 같은 재난과 재앙은 이전과 다름없이 계속해서 발생할 뿐만 아니라, 어떤 경우에는 이전보다 훨씬 심각하다. 성경에 따르면 세상의 모든 종류의 재난과 재앙을 일으키는 근본 원인은 인간의 죄다. 우리 자신의 불행뿐만 아니라, 우리 주변의 불행과 재앙도 죄로 인해 발생하는 것이다. 죄는 지금 이 세상에서 벌어지고 있는 모든 불행과 재난의 주요 원인이다.

거짓말과 같이 사소하고 일상적인 죄들이 모여 엄청난 재난과 재앙을 불러일으킨다는 사실을 심각하게 받아들이지 않는 자는 최후의 심판에 대해서도 무감각할 것이 분명하다. 그리스도를 삶의 주인으로 모신 우리 그리스도인은 일상적인 죄가 얼마나 심각한 결과를 낳는지 확실하게 깨달아야 한다. 그렇지 않으면 그리스도의 재림을 기대하고 소망하며 기다리지 않을 것이다. 최후 심판은 일상에서 겪는 세상의 어떤 심각한 재난과 재앙과도 비교 불가의 최악이다.

최후의 심판과 개인의 종말인 죽음은 어떤 관계인가?

최후의 "심판을 기억하는 것이 불의한 자들과 악인들에게는 끔찍하고 경악스럽겠지만 선인들과 선택받은 자들에게는 매우 희망적이고 큰 위로"가 아닐 수 없다. 최후의 심판은 가장 끔찍하고 경악스러운 저주의 고통이다. 이것을 계시록은 "두 번째 죽음"으로 표현한다. 하지만 우리 신자는 그 영원한 저주의 고통, 즉 두 번째 죽음을 겪지 않을 것이다. 그럼에도 불구하고 첫 번째 죽음을 피할 길은 없다.

첫 번째 죽음은 영혼과 육신의 분리를 의미한다. 신자인 우리도 예외 없이 이 첫 번째 죽음의 관문을 통과해야 한다. 지상에 사는 모든 육체를 가진 영혼은 언젠가 반드시 육체와 분리되는 죽음의 고통을 겪게 될 것이다. 이 죽음은 분리의 고통이자 공포의 고통이다. 죽음은 극강의 두려움, 즉 공포를 불러일으킨다. 개인의 종말인 죽음은 누구에게나 반드시 찾아온다. 신자에게만 아니라 불신자에게도 지상의 삶은 단 한 번뿐이다.

우리 모두는 최후의 심판 전에 죽음을 맞이할 가능성이 크다. 죽음 역시 죄에 대한 심판이다. "죄의 삯은 사망"이기 때문이다. 죽음은 사실상 죄에 대한 최고의 형벌이다. 개인의 죽음은 누구나 죄인으로 태어나고 죄인으로 살다가 죄인으로 생을 마감한다는 기독교 진리와 상통한다. 세상 사람들은 자신의 죽음을 포함한 모든 세상의 죽음이 어디서부터 오는 것이지 아무도 모르지만 성경은 죽음이 죄의 최종 결과라는 사실을 분명하게 밝힌다.

죽음은 개인이 맞이하는 최후의 심판이다. 최후의 심판은 개인의 죽음과 함께 결정된다. 누구든 이생을 마감하기 전에 하나님을 믿는 지혜로운 천국 백성이 되든지, 아니면 하나님 대신 자신을 믿고 살다가 생을 마감하는 어리석은 지옥 백성이 된다. 신자는 최후의 심판에서 제외된 천국 백성으로 사는 사람이고 불신자는 최후의 심판 대상인 지옥 백성으로 사는 사람이다. 천국 백성은 그의 소망 때문에 이 땅에서도 지옥 백성보다 훨씬 행복한 삶을 사는 주인공이다.

그리스도인은 죽음을 두려워하지 않는다. 인간적으로는 죽음이 두려울 수밖에 없지만 우리는 성령의 도우심 덕분에 죽음의 공포를 믿음으로 충분히 이겨낼 수 있기 때문이다. 심판의 죽음이 도달하는 바로 그 순간 신자의 영혼은 천국에 계신 그리스도의 곁으로 직행한다.